UTB **3154**

Eine Arbeitsgemeinschaft der Verlage

Böhlau Verlag · Köln · Weimar · Wien
Verlag Barbara Budrich · Opladen · Farmington Hills
facultas.wuv · Wien
Wilhelm Fink · München
A. Francke Verlag · Tübingen und Basel
Haupt Verlag · Bern · Stuttgart · Wien
Julius Klinkhardt Verlagsbuchhandlung · Bad Heilbrunn
Lucius & Lucius Verlagsgesellschaft · Stuttgart
Mohr Siebeck · Tübingen
C. F. Müller Verlag · Heidelberg
Orell Füssli Verlag · Zürich
Verlag Recht und Wirtschaft · Frankfurt am Main
Ernst Reinhardt Verlag · München · Basel
Ferdinand Schöningh · Paderborn · München · Wien · Zürich
Eugen Ulmer Verlag · Stuttgart
UVK Verlagsgesellschaft · Konstanz
Vandenhoeck & Ruprecht · Göttingen
vdf Hochschulverlag AG an der ETH Zürich

Martin Kornmeier

Wissenschaftlich schreiben leicht gemacht

für Bachelor, Master und Dissertation

Haupt Verlag
Bern · Stuttgart · Wien

Prof. Dr. Martin Kornmeier: Studium der Betriebswirtschaftslehre an der Universität Mannheim. 2002 Promotion zum Dr. rer. pol. an der Technischen Universität Dresden. Seit 2002 Professor an der Berufsakademie Mannheim (Studiengang „International Business"). Lehraufträge im In- und Ausland, Beratungsprojekte sowie zahlreiche Publikationen in den Bereichen International, Intercultural, Domestic Marketing/Management und Wissenschaftstheorie/wissenschaftliches Arbeiten.

1. Auflage: 2008

Bibliografische Information der Deutschen Nationalbibliothek:

Die Deutsche Nationalbibliothek verzeichnet diese Publikation in der Deutschen Nationalbibliografie; detaillierte bibliografische Daten sind im Internet über http://dnb.d-nb.de abrufbar.

ISBN 978-3-8252-3154-5

www.haupt.ch

„Das ist ein häßliches Gebrechen,
wenn Menschen wie die Bücher sprechen.
Doch reich und fruchtbar sind für jeden
die Bücher, die wie Menschen reden."
(Oskar Blumenthal, 1852–1917)

Danksagung

Ein Lehrbuch zu verfassen ist ein aufwendiger Prozess. Während dieser Phase bin ich dankenswerterweise auf Menschen gestoßen, die mich auf unterschiedliche Weise unterstützt bzw. gefördert haben.

Ein sehr herzlicher Dank geht an Herrn Schuldekan StD Hanspeter Schwenninger, Neuried-Müllen, der das Manuskript gelesen hat (Gäbe es in Deutschland mehr Lehrer seines Kalibers, müssten wir uns hierzulande vor den zukünftigen Ergebnissen der PISA-Studien nicht fürchten!).

Auch Herrn Dr. phil. Manuel Bachmann (MBA) vom Haupt Verlag danke ich sehr herzlich für die vertrauensvolle, konstruktive und überaus angenehme Zusammenarbeit.

Nicht minder dankbar bin ich Herrn Prof. Dr. Rainer Beedgen, stellvertretender Direktor der BA Mannheim, sowie Herrn Prof. Michael Scharr, Mitglied des Vorstands der SV SparkassenVersicherung AG; sie haben es ermöglicht, dass die ÖVA-Stiftung – Wissenschafts- und Kulturförderung an der Berufsakademie Mannheim das vorliegende Werk mit einem nennenswerten Geldbetrag fördert. Nicht zuletzt deshalb kann dieses Buch zu einem äußerst günstigen und für jedermann erschwinglichen Preis angeboten werden.

Niemand ist frei von Schwächen:
Haben Sie Fehler gefunden (Inhalt, Stil, Form)?

Kritik ist Ansporn:
Haben Sie Hinweise / Anregungen, die helfen, die Qualität des Buches zu verbessern?

Praxisbezug ist wichtig:
Haben Sie weitere konkrete Beispiele aus Seminar-, Studien-, Diplom-, Bachelor- oder Masterarbeiten? Stilblüten? Floskeln? Phrasen? Satz- oder Wortmonster?

Dann besuchen Sie bitte die **Webseite**

www.utb-mehr-wissen.de

In einem dort eingerichteten Forum können Sie bspw. Ihre Hinweise, Kritik, Beispiele und Fragen der Öffentlichkeit zugänglich machen.

Auf der Webseite finden Sie außerdem weitere Informationen zum Thema und Sie können mich dort kontaktieren.

Ich freue mich auf Ihre Zuschrift!

Inhalt

Inhaltsverzeichnis

5 Der Inhalt einer wissenschaftlichen Arbeit (Teil III): Rühren Sie Ihre Zutaten richtig zusammen!

1

Vorwort: ein Backrezept?

Darf man das? Ein Buch, das sich einem überaus bedeutsamen und ernsthaften Thema widmet, mit einem **Rezept** beginnen? Ja, man darf: Zum einen rechtfertigt bereits die Anleitung zum Backen dieses Kuchens den Buchpreis; Sie werden dies feststellen, wenn Sie das Rezept „in die Praxis umsetzen". Zum anderen – und dies ist das Entscheidende – erfüllt das Backrezept in diesem Buch eine sehr **wichtige Funktion**: Zusammen mit dem „Drama mit dem Gugelhupf" steckt es den **Rahmen** ab. Ursprünglich war deshalb der Titel „Wissenschaftlich schreiben nach dem Gugelhupf-Prinzip" vorgesehen.

Am Beispiel Kuchenbacken erläutert „Wissenschaftlich schreiben leicht gemacht", **wie** man eine wissenschaftliche Arbeit schreiben sollte und **warum** dabei gewisse Anforderungen und Vorschriften zu erfüllen sind. Von der herkömmlichen, bisweilen schwer verdaulichen Literatur unterscheidet sich dieses Buch in vielerlei Hinsicht. Sein Schwerpunkt liegt NICHT bei jenen Themen, die häufig derart in die Breite und Länge gewalzt werden, dass der eigentliche Kern – das Schreiben (!) einer wissenschaftlichen Arbeit – mitunter kaum mehr sichtbar ist.

- Wer im Folgenden Vorschriften zu Form und Formatierung (z.B. Seitenränder) sucht, wird **enttäuscht** sein.
- Erwarten Sie auch **keine nähere Information** zum Unterschied zwischen Autorenkatalog, Schlagwort-, Signaturgruppen-, Interims- oder bspw. Zeitschriftenkatalog.
- Erläuterungen zu den diversen Bibliotheksverzeichnissen und Diensten des Internets werden Sie ebenfalls **nicht finden**.

- Greifen Sie auf **andere einschlägige Werke** zurück, wenn Sie sich über optimale Arbeitsbedingungen sowie über detaillierte Konzepte zu Projekt- und Zeitplanung wissenschaftlicher Arbeiten informieren wollen.

Diese und viele weitere ähnlich gelagerte „Fragen und Probleme" zur Form und zur generellen Herangehensweise an wissenschaftliche Studien dürften Sie aber auch ohne „Tipps" und dicke Bücher weitgehend problemlos bewältigen. Ihnen allen traue ich nämlich eine gehörige **Portion Grips** zu – schließlich hat man Ihnen die (Fach-)Hochschulreife bescheinigt, oder!? Lassen Sie mich an dieser Stelle einige **Vorurteile** aus dem Weg räumen.

1. Wissenschaftler sind **keine** – pardon – **Korinthenkacker,** die in Ihrer Arbeit **Formfehler zählen!** Die eigentliche Funktion der Form ist wesentlich tiefgründiger als man gemeinhin glaubt und reicht weit darüber hinaus, dem Durchschnittsstudenten seine Schwächen in Orthografie und Interpunktion vor Augen zu führen. Eine Arbeit ist grundsätzlich dann formal korrekt, wenn der Leser die gebotene Information **leicht aufnehmen** kann. Im Übrigen ist eine formal korrekte Arbeit eine notwendige, aber **keine hinreichende** Bedingung für ein gutes wissenschaftliches Werk: Wer vorschriftgemäß und fehlerfrei zitiert, hat damit noch **keinen Beweis** für seine etwaige Qualität als Student oder angehender Wissenschaftler erbracht.

2. Wissenschaftliche Einrichtungen sind keine Außenstellen von **Werbeagenturen** und wissenschaftliches Schreiben ist nicht in erster Linie eine Frage der Kreativität. Gefragt ist vor allem **analytisches Denken!** Niemandem ist daran gelegen, dass Sie in Ihrer Arbeit ein „hippes", brandaktuelles Forschungsthema bearbeiten, welches Sie mit Kreativitätstechniken aus der Taufe gehoben haben (Motto: „Ich habe kein Problem, also suche ich eines."). Die Darstellung einschlägiger Methoden (z.B. Strukturbaum, Analogierad) ist deshalb überflüssig und wäre in diesem Buch **fehl am Platz.**

3. Kein Wissenschaftler würde allen Ernstes von Ihnen verlangen, dass Sie sich mit Ihrer wissenschaftlichen Arbeit um den nationalen Preis für **Buchdesign** bewerben: Wer Nonsens in eine außergewöhnlich schöne Hülle verpackt, wird damit den Nonsens nicht kaschieren können.

„Harry Potter", „Tintenherz", „Der kleine Eisbär", „Winnie Puuh", „Winnetou" oder „Benjamin Blümchen" sind nicht vergleichbar mit „Erfolgsfaktoren der Geschäftsanbahnung im B2B", „Einflussfaktoren auf die Wahl der Markteintrittsstrategie" oder „Verfahren zur Bestimmung von Preis / Absatz-Funktionen". Als wissenschaftlich Arbeitende(r) müssen Sie sich **keine spannenden Geschichten** ausdenken und auch keinen Roman verfassen. Aus diesem Grund benötigen Sie grundsätzlich auch **keine** „Tipps und Tricks gegen Schreibblockaden". Dies ist jedenfalls die Erfahrung, die ich in meiner wissenschaftlichen Laufbahn gesammelt habe. Man mag diesbezüglich eine andere Auffassung vertreten; wer aber die folgenden Seiten aufmerksam liest, wird erkennen, dass Schreibblockaden im Regelfall nur dann auftreten, wenn man seine **Forschungsfrage** nicht hinreichend konkretisiert (und verstanden!) hat. Sie – die Blockierungen – können Sie deshalb im Wesentlichen dadurch lösen, dass Sie Ihr Thema **präzise** formulieren und **strukturiert** arbeiten (Chaos vermeiden). Wie Ihnen dies gelingt, erfahren Sie in diesem Buch.

In „Wissenschaftlich schreiben leicht gemacht" geht es vorzugsweise um **Inhalt** und **Stil** einschlägiger Werke (z.B. Bachelor-, Master- oder Diplomarbeiten, Dissertationen) sowie um die **Gründe** für all die Anforderungen an Form, Inhalt und Stil. Das Buch folgt dabei folgender Philosophie: Wer seine Leser davon überzeugen will, in einer gewissen Weise zu handeln (hier = wissenschaftlich schreiben), muss ihr **Bewusstsein** dafür schärfen, **warum** bestimmte Vorschriften zu erfüllen sind bzw. warum eine bestimmte Vorgehensweise naheliegt. Im Mittelpunkt stehen deshalb folgende Fragen:

- Warum benötigen wissenschaftliche Arbeiten eine **Forschungsfrage**? Und worin unterscheiden sich z.B. **deskriptiver** und **explikativer Forschungsansatz**?
- Wie sollte eine **Gliederung** aufgebaut sein? Und warum?
- Weshalb ist ein „**Theorieteil**" erforderlich? Braucht man ihn auch dann, wenn man keine theoretische, sondern „nur" eine praxisorientierte Arbeit schreibt? Unterscheiden sich diese beiden Typen wissenschaftlicher Arbeiten überhaupt?
- Was ist mit „**Stand der Forschung**" (= „State of the Art") gemeint?
- Wozu benötigt man **Definitionen**? **Hypothesen**? Wie formuliert man sie?
- Warum ist **Literatur** so bedeutsam? Welche ist zu bevorzugen (z.B. Fachzeitschriften / Journals)? Wie bewertet man die **Qualität** der verschiedenen Literaturquellen?
- Was sind **Aussagen**? Welche Funktion haben sie?

- Warum erfordern wissenschaftliche Arbeiten einen bestimmten **Stil** (z.B. Argumentation, Schreibstil)?
- Wie gelingt es, eine wissenschaftliche Arbeit **leserfreundlich** zu schreiben?
- Welche **Gründe** sprechen dafür, bestimmte Formvorschriften einzuhalten?

All diese bedruckten Seiten verfehlen ihre Wirkung nicht, wenn Sie am Ende des Buches verstanden haben, dass Vorschriften zu Form, Stil und Inhalt **nicht eingeführt** wurden, um Ihnen das Leben möglichst schwer zu machen – im Gegenteil: Die vielfältigen Regeln und Hinweise sollen Ihnen **dabei helfen**, Ihr Wissen möglichst klar und präzise mitzuteilen – nicht mehr und nicht weniger.

„Wissenschaftlich schreiben leicht gemacht" folgt einem handlungs- bzw. **anwendungsorientierten** Ansatz. Anhand einer Vielzahl konkreter **Beispiele** kann der Leser nachvollziehen, welche Möglichkeiten sich ihm bei der Gestaltung seiner wissenschaftlichen Arbeit bieten. Das Werk wendet sich an alle **Studierenden** an Universitäten, Fachhochschulen und Berufsakademien; auch **Doktoranden** finden viele Anregungen, z.B. zur Herangehensweise an umfangreichere Arbeiten und zum Schreibstil.

Die meisten der im Folgenden beschriebenen Beispiele stammen zwar aus den Wirtschaftswissenschaften; sie sind aber derart ausführlich dargelegt und **allgemein verständlich**, dass Vertreter **aller Wissenschaften** den Inhalt problemlos nachvollziehen und für sich nutzen können.

So, nun aber wird's Zeit für das Rezept, mit welchem Sie garantiert einen exzellenten Gugelhupf backen werden. Sie werden sehen, es ist gar nicht so einfach, diesen schlichten Kuchen auf den Kaffeetisch zu zaubern. Man braucht Zeit, Geduld, die richtigen Zutaten und auch ein gutes Händchen für das „Zusammenmischen".

In diesem Sinn: Viel Spaß und Erfolg beim Anfertigen Ihrer wissenschaftlichen Arbeit! Sie „backen" das schon!

Mannheim, im Juli 2008
Martin Kornmeier

P. S.: Falls Sie mich zu Kaffee und Gugelhupf einladen wollen: Ich komme sehr gerne!

Backrezept: der klassische Gugelhupf

Die Zutaten

1 Pfund Mehl
1 Teelöffel Salz
½ Pfund Butter
6 Eier
100 g Zucker
1/8 l Milch
60 g Rosinen
35 g Hefe
Etwas geriebene Zitronenschale

Die Zubereitung

Ein wichtiger Hinweis vorweg: Es ist überaus bedeutsam, dass Sie alle Zutaten lange und gut verrühren. Nur dann wird Ihr Gugelhupf auch garantiert gelingen.

In einem ersten Schritt müssen Sie die Butter schaumig rühren. Anschließend geben Sie abwechselnd Zucker, Mehl und Eier darunter – und zwar unter stetem Rühren, bis Sie alle Zutaten verwendet haben. Nun die mit lauwarmer Milch aufgelöste Hefe sowie die Zitronenschale daruntermischen. Danach wird der Teig so lange geschlagen, bis er Blasen wirft; anschließend die gewaschenen und gebrühten Rosinen dazugeben.

Die Gugelhupfform mit Butter bestreichen, mit Mehl bestäuben und mit geschälten Mandeln auslegen. Anschließend den Teig einfüllen und die Form an einen warmen Platz stellen. Der Teig muss nun 1 bis 1 ½ Stunden „gehen"; danach den Gugelhupf bei mäßiger Hitze (ca. 140 bis 160° C) ca. 45 Minuten backen.

Das Drama mit dem Gugelhupf

2.1 Thema Ihrer Bachelorarbeit: „Backen Sie einen Gugelhupf!"

Stellen Sie sich vor, Sie studieren „Bäckereiwesen" und sollen eine Bachelorarbeit schreiben – Thema: „Backen Sie einen Gugelhupf". Ihre Bearbeitungszeit beträgt drei Stunden; Sie gehen nach Hause und denken sich „Klar, Gugelhupf! Kein Thema! Kenn ich! Da gibt's im Internet bestimmt „echt geile" Rezepte. Und Zutaten hab ich ja auch zu Hause."

Nach so viel Nachdenken setzen Sie sich erst einmal zehn Minuten aufs Sofa, um sich entspannt zurückzulehnen: „Gott sei Dank! Gugelhupf backen als Thema der Bachelorarbeit – und nicht etwa Berliner, Amerikaner, Kipferl oder ähnlich Kompliziertes. Hätte sonst echt voll schwierig werden können. Aber so! Wird echt voll easy!" Nach zwanzig Minuten – Sie waren dann doch mal kurz eingenickt, was aber nicht weiter schlimm ist (geht ja dann doch alles ziemlich fix) – setzen Sie sich an Ihren Computer, um im Internet nach einem Rezept zu surfen.

Sie staunen nicht schlecht, als Sie feststellen, dass es nicht nur EIN Gugelhupfrezept gibt, sondern Hunderte! So finden Sie neben dem Elsässer Original u.a. das von der „Uroma überlieferte Rezept" sowie den „Gugelhupf nach Großmutters Art". Bereits Mozart scheint ein einzigartiges Rezept entwickelt zu haben; jedenfalls bietet man Ihnen das Rezept für einen „Mozart-Gugelhupf" an. Neben Rezepten für Mohren- und

Möhren-Gugelhupf stoßen Sie auf den Advent- und den Dominostein-Gugelhupf, der „schön weihnachtlich" schmeckt. Wie wär's mit einem Eierlikör-Gugelhupf – gerne auch in der Eierlikör-Mandel- oder Eierlikör-Schoko-Variante? Stutzig macht Sie der gerollte Quarkteig-Gugelhupf mit saftigem Teig und „variabler Füllung" (ohne Ei!). Schließlich finden sich unter den Internetleckereien auch zahlreiche „deftige Gugelhupfs":

- Glühwein-Gugelhupf,
- Pizza-Gugelhupf,
- Gugelhupf mit Bier,
- Schinken-Gugelhupf (zu Wein),
- Brez'n Gugelhupf.

Dann vielleicht doch lieber die „Lightversion vom Gugelhupf"? Kein Problem – alles da.

Nach kurzem Überlegen – die Zeit läuft – entscheiden Sie sich ganz spontan für den Klassiker. Der Betreuer hat ja nix von einer „Spezialversion" erzählt. Und außerdem: Wenn schon all die Bäcker dieser Welt sich nicht einigen können, wie ein echter Gugelhupf aussehen und schmecken muss, kommt's wohl bei Ihnen als kleinem, unbedarftem Studenten des Bäckereiwesens schon gar nicht so genau drauf an, sich mit all den Varianten auseinanderzusetzen – so sinnvoll oder sinnlos all die Gugelhupfrezepte auch sein mögen.

Sie eilen zum Vorratsschrank, um die Zutaten zusammenzustellen. Wie war das noch gleich?

- Ein Pfund Mehl? 500 Gramm – so viel!? Nun ja: 200 Gramm sind noch da. Muss reichen.
- 1 Teelöffel Salz? Massig da. Passt.
- ½ Pfund Butter. Butter? Nicht da; aber dafür hinreichend Margarine. Glück gehabt.
- 6 Eier? Jawohl. Haltbarkeitsdatum abgelaufen? Wurscht. Merkt der Korrektor ohnehin nicht.
- 100 g Zucker. Kandiszucker wird's wohl auch tun. Sooo kleinlich wird der Betreuer der Bachelorarbeit ja wohl nicht sein.
- 1/8 l Milch? Heute morgen den Rest getrunken, aber die kann man sich ja vom WG-Nachbarn „leihen".
- 35 g Hefe. Nicht da. Aber was sind schon 35 Gramm, da kann man mal locker drauf verzichten.

- 60 g Rosinen? Nö, Weintrauben tun's auch.
- Etwas geriebene Zitronenschale? War da nicht noch irgendwo eine Mandarine von Weihnachten?
- Mandeln? Fehlanzeige. Ist aber ohnehin nur Schnickschnack, den Kuchen zu verzieren.

In null Komma nix haben Sie alle Zutaten zusammengetragen – und atmen erst einmal tief durch. Die Zeit, die Sie durch das Einnicken auf dem Sofa verpennt haben, konnten Sie durch das Internet zumindest teilweise wettmachen. Und die Zutaten haben Sie ja auch alle parat. Logo!

So. Nun aber nix wie ran an die Buletten. Der Kuchen sollte nämlich möglichst ein bisschen früher fertig werden; denn schließlich wollen Sie heute mit Kommilitonen schon mal auf den zukünftigen Bachelor anstoßen. Und mit dickem Kopf backt's sich schlecht.

Sie hauen also erst einmal alle Zutaten in die Schüssel. Zwar steht auf dem Rezept, dass es wichtig sei, Zucker, Mehl und Eier abwechselnd und unter ständigem Rühren unter die Butter zu geben; aber zum einen haben Sie's eilig, zum anderen – so besagt ein altes Sprichwort – kommt im Magen ja sowieso alles zusammen. Und außerdem: Wichtig ist, wie der Kuchen am Schluss aussieht – und da haben Sie schon eine echt total tolle Idee, mit der Sie Ihren Betreuer echt voll total überraschen werden! Der kann dann einfach nur ne echt total gute Note drauf geben, es sei denn der hat keine Ahnung von Desktop-Publishing – sorry: von modernem Kuchendesign.

Das Rühren des Teigs macht Ihnen dann doch etwas Mühe, da Sie keinen elektrischen Rührbesen besitzen. Um beim Verrühren mit dem Kochlöffel nicht allzu sehr ins Schwitzen zu geraten, brechen Sie den „Prozess" nach gut einer Minute ab, da dann alles schon „ziemlich gut vermischt aussieht". Nun geben Sie noch eine gehörige Portion Salz hinzu. War zwar nicht erforderlich, haben Sie aber hinreichend im Vorratsschrank. Warum also nicht!?

Damit der Gugelhupf auch als solcher erkennbar ist, sollte er (eigentlich) in einer typischen, hohen Kranzform (aus Metall oder Keramik mit einem „Kamin" in der Mitte) gebacken werden; diese ähnelt der klassischen Puddingform und lässt den Teig gleichmäßig garen. Da Sie eine solche Form nicht besitzen („Ist voll teuer!") und Ihren Betreuer ja ohnehin mit einem speziellen Äußeren überraschen wollen, beschließen Sie, einen Kontrapunkt zu setzen: Sie nehmen die Kastenform, die Ihnen Ihre

Mutter zu Studienbeginn aus dem Altbestand überlassen hat. Das wird den Korrektor aber überraschen! Der vermutet bestimmt, dass Sie damit was ganz Besonderes ausdrücken wollen. Dass Sie gar keine passende Form haben, erkennt der im Leben nicht.

So. Nun den Gugelhupf noch kurz gehen lassen. Da Sie sich beim „Erstellen" des Kuchens in der Zeit verschätzt haben, müssen 45 Minuten, in denen der Kuchen gehen kann, einfach reichen. Das Werk muss auf jeden Fall pünktlich fertig werden … Bachelor-Vorfeiern steht ja heute noch auf dem Programm!

Nach einer Dreiviertelstunde hat sich der Kuchen keinen Millimeter nach oben bewegt (wie auch – ohne Hefe!), weshalb Sie beschließen, Trick 17 anzuwenden: Sie lassen den Kuchen einfach etwas länger backen und drehen die Backtemperatur hoch! Die Hitze wird dem guten Stück schon Beine machen (he, he!). Als der Gugelhupf nach der vorgesehenen Backdauer noch immer nicht gegangen ist, werden Sie langsam unruhig und rufen – selbstverständlich rein prophylaktisch – Ihren Betreuer an: Er soll sich keine Sorgen machen. Sie haben alles im Griff – Sie wollen den Kuchen einfach etwas länger backen lassen, weil eben … künstlerische Freiheit. 15 Minuten später als ursprünglich vorgesehen holen Sie Ihr Meisterstück aus dem Ofen, aus dem es bereits gewaltig raucht. Allerdings hat die extra Hitze – das erkennen Sie auf den ersten Blick – nicht zu dem erhofften Resultat geführt. Angesichts der zahlreichen verkohlten Stellen beschließen Sie, den Titel Ihrer Arbeit leicht zu modifizieren: Sie verkaufen ihn einfach als „Dunklen Zwerg-Gugelhupf: Backresultat unter besonderer Berücksichtigung zusätzlicher Hitzezufuhr".

Glücklich reichen Sie Ihr Werk nach drei Stunden und 15 Minuten bei Ihrem Betreuer ein. Dieser reibt sich verwundert die Augen, flucht (weil er sich an dem noch heißen Kuchen die Finger verbrennt), schneidet auf, probiert – und lässt Sie durchfallen. Die ganze Mühe – umsonst.

Was war schiefgelaufen?

Es ging das schief, was auch bei manch einer wissenschaftlichen Arbeit danebengeht. Wie Sie der Gegenüberstellung in Abb. 1 (s. Seite 26) entnehmen können, sind zwischen dem Backen eines Kuchens und dem Anfertigen einer wissenschaftlichen Arbeit (hier = Bachelorarbeit) zahlreiche Parallelen zu erkennen. Beispielsweise sind in beiden Fällen die Zutaten sehr bedeutsam – statt Eiern, Mehl usw. eben Literatur, Ergebnisse empirischer Studien oder etwa Resultate einer eigenen Befragung. Eine ganz entscheidende Rolle spielt überdies die Art der Zubereitung (d.h. Gliederung, Argumentation, Stil usw.). All dies sind äußerst wichtige Elemente, die im Folgenden beschrieben werden und deren Bedeutung eingehend zu diskutieren sein wird.

2.2 „Scientific Googlehoopf": Erfolgsfaktoren einer wissenschaftlichen Arbeit

Was versteht man unter „wissenschaftlichem Arbeiten" bzw. dessen Ergebnis (= wissenschaftliche Arbeit)? Folgt man der Auffassung des Niedersächsischen Finanzgerichts, so ist nicht nur wissenschaftlich tätig, wer „schöpferische oder forschende Arbeit leistet (reine Wissenschaft), sondern auch, wer das aus der Forschung hervorgegangene Wissen und Erkennen auf konkrete Vorgänge anwendet (angewandte Wissenschaft). Wissenschaftliches Arbeiten i.S. der angewandten Wissenschaft liegt aber nur dann vor, wenn grundsätzliche Fragen oder konkrete Vorgänge methodisch in ihren Ursachen erforscht, begründet und in einen Sinnzusammenhang gebracht werden, wie z.B. in einem wissenschaftlichen Gutachten über schwierige Fragen. [...] Zu einer wissenschaftlichen Tätigkeit gehört ferner, dass sie von der Methode her nachprüfbar und nachvollziehbar ist."

Sie sehen: Wer lediglich aufzählt, beispielhaft argumentiert, Aussagen anderer kritiklos übernimmt, unsystematisch beschreibt o.Ä., erbringt keine wissenschaftliche Leistung i.e.S. Selbstverständlich spielt auch all dies eine wichtige Rolle; um aber tatsächlich von wissenschaftlichem Arbeiten sprechen zu können, müssen zahlreiche Kriterien erfüllt sein, die sich drei Kategorien zuordnen lassen: Inhalt, Stil und Form. Deren wichtigsten Ausprägungen sind in Abb. 2 (s. Seite 28) zusammengestellt.

Abb. 1: Kuchen backen und wissenschaftliches Arbeiten:
Gemeinsamkeiten

Was beim Backen schieflief:	Was beim Verfassen einer Bachelorarbeit geschehen würde:
Sie „verpennen" einen Teil Ihrer Zeit und schenken der Vorbereitung auf das Backen zu wenig Aufmerksamkeit.	Sie nehmen sich zu wenig Zeit, um Ihre wissenschaftliche Arbeit **vorzubereiten** (z.B. Suche nach einem geeigneten Thema / nach einer unbeantworteten Forschungsfrage; Literaturrecherche). Sie verpassen damit die Gelegenheit, Ihre Forschungsfrage zu **präzisieren**. Außerdem **vertrödeln** Sie wertvolle Zeit, die Ihnen später fehlen wird.
Sie verzichten auf Hefe.	In einer wissenschaftlichen Arbeit ist die **Forschungsfrage** das Backtreibmittel; denn wenn Sie keine **konkrete Vorstellung** davon haben, was Sie tatsächlich erforschen wollen, dann fehlen Ihnen auch **Ziel** und **Antrieb** (= Impetus). Fragen Sie sich also: „Welche Forschungsfrage bewegt mich wirklich? Was will ich mit meiner wissenschaftlichen Arbeit erreichen?"
Sie verwenden weniger Mehl als vorgeschrieben.	Ihrer Arbeit **mangelt** es an **Substanz**: Da Sie viel **zu wenig** Literatur verarbeiten, können Sie nicht oder nur **wenig fundiert** argumentieren.
Statt Butter nehmen Sie Margarine.	Sie verarbeiten keine oder **zu wenig hochwertige** Literatur bzw. Information (z.B. Beiträge aus Fachzeitschriften / Journals).
Sie verwenden Eier mit abgelaufenem Haltbarkeitsdatum.	Ihre theoretischen und empirischen Befunde stammen überwiegend aus **alten** bzw. **älteren Quellen.** Wegen der Halbwertszeit des Wissens und der Schnelllebigkeit mancher Themen ist es jedoch unabdingbar, (auch) aktuelle Befunde zu verarbeiten. Diese finden sich vorzugsweise in **Journals** bzw. **Fachzeitschriften** (z.B. Zeitschrift für Betriebswirtschaft, Journal of Management).
Sie verzichten auf die Zitronenschale; statt Rosinen nehmen Sie Weintrauben.	Die Qualität Ihrer Arbeit hängt nicht nur von der verwendeten Literatur ab: Sie können den Inhalt auch dadurch **anreichern** und **aufwerten,** dass Sie bspw. eine eigene **Primärstudie** durchführen (z.B. Befragung) oder vorhandene Daten auswerten (= **Sekundäranalyse**).
Sie versalzen den Kuchen.	Praxisbeispiele, d.h. konkrete Fälle und Ereignisse, die sich in der **Realität** (z.B. in Unternehmen, bei Konsumenten, in der Politik) zugetragen haben, sind das „Salz in der Suppe" vieler wissenschaftlicher Arbeiten. Aber eben nur das Salz. Zu viel davon verdirbt den guten Geschmack: Auch mit noch so vielen Beispielen können Sie letztlich **nichts beweisen.** Grundsätzlich gilt: Sie benötigen zunächst ein theoretisches Fundament und **erst dann** – quasi zur **Illustration** – reale Beispiele, die Ihre Darstellung greifbar machen.
Die Milch „leihen" Sie sich vom Nachbarn.	Eine wissenschaftliche Arbeit müssen Sie eigenständig verfassen. **Eigenständigkeit** meint selbstverständlich auch, dass SIE für Inhalt und Beschaffung der Quellen bzw. Informationen (= Zutaten) zuständig sind.

(wird fortgesetzt)

Was beim Backen schieflief:	Was beim Verfassen einer Bachelorarbeit geschehen würde:
Anstatt Schritt für Schritt vorzugehen, geben Sie alle Zutaten zugleich in einen Topf.	Weil Ihrer Arbeit ein **entscheidungslogischer Aufbau** fehlt, können Sie nicht strukturiert vorgehen. Dies ist jedoch unabdingbar; denn ohne eine schlüssige (äußere) **Gliederung** ist eine konsistente (innere) **Struktur** nicht möglich.
Sie nehmen nicht den feinen Zucker, sondern groben, schwer verdaulichen Kandiszucker.	Sie verzichten darauf, zu argumentieren und die in der Literatur gefundenen Aussagen „auseinanderzunehmen". Stattdessen legen Sie dem Leser die Brocken **unverdaut** vor. SIE aber sind gefordert, sich mit Ihrem **Thema auseinanderzusetzen,** Lösungen zu erarbeiten, Konsequenzen abzuleiten, Statements zu begründen, Probleme aufzudecken und und und. Kurzum: Machen Sie aus dem Kandiszucker Feinstaub!
Sie rühren lediglich ein paar Mal um.	Mit Ihrem Text und Ihrem eigentlichen Thema beschäftigen Sie sich nur **sehr oberflächlich.** Eine intensive **Auseinandersetzung** ist aber gerade bei wissenschaftlichen Arbeiten unabdingbar. Es genügt auf keinen Fall, Zitat um Zitat aneinanderzureihen. Entscheidend ist vielmehr, was Sie daraus machen, d.h. WIE Sie mit diesen Zutaten umgehen (z.B. Art der Argumentation, Kritik usw.).
Statt moderner Hilfsmittel (hier = Rührbesen) nehmen Sie den Kochlöffel.	**Moderne Hilfsmittel** wie PC, Drucker und Internet erleichtern Ihnen die Arbeit und sind deshalb auch und gerade in der Wissenschaft nahezu unverzichtbar. Allerdings kommt es immer darauf an, wie Sie diese Instrumente einsetzen. Es versteht sich z.B. von selbst, dass Sie im Internet veröffentlichte Arbeiten Dritter nicht verwenden dürfen, ohne die entsprechende(n) Quelle(n) anzugeben.
Sie setzen auf ein eigenes Design: Statt der für den Gugelhupf typischen Kranzform verwenden Sie eine Kastenform.	Sie halten sich nicht an **Formvorschriften** (z.B. Korrekturrand, Seitenränder, Zitierweise, Gestaltung der einzelnen Seiten). Diese Regeln haben jedoch äußerst **wichtige Funktionen.** Beispielsweise dient der Seitenrand dazu, Korrekturen anzubringen.
Sie verzichten auf Mandeln als „Appetizer".	Abbildungen und Tabellen fertigen Sie „nach Gusto" an, ohne deren Wirkung und **Bedeutung** für Ihre **Argumentation** zu beachten. Allerdings sind Grafiken für eine wissenschaftliche Arbeit äußerst wichtig: Sie • fassen das Gesagte **zusammen,** • eignen sich zur Darstellung **komplexer** Zusammenhänge, • sind **„Eye-catcher",** die den Leser neugierig machen.
Sie haben zu wenig Zeit, den Kuchen gehen zu lassen.	Wegen mangelhaften Zeitmanagements haben Sie am Ende **keine Gelegenheit,** Ihre Arbeit ein paar Tage ruhen zu lassen bzw. Freunden und Bekannten zu geben, die einen kritischen Blick darauf werfen könnten.
Sie überschreiten die Backzeit.	Wer zu lange an seiner Arbeit „herumdoktert", läuft Gefahr, sie zu **„verschlimmbessern".** Der Satz „Viel hilft viel." trifft nicht immer zu.
Sie wählen eine zu hohe Backtemperatur.	**Mangel** an **Zeit** erhöht den **Druck** und führt u.a. zu einem Schlafdefizit. Die Konsequenz sind z.B. Flüchtigkeitsfehler aufgrund von ungenügender Konzentration.

Abb. 2: Wesentliche Qualitätskriterien einer wissenschaftlichen Arbeit

---

Inhalt (Bedeutung = ca. 70%)

- Qualität und Relevanz des Themas, z.B. Beitrag für die Wissenschaft, methodischer Ansatz, theoretisches Fundament
- Eigentliches Ziel der wissenschaftlichen Arbeit (= zentrale Forschungsfrage), z.B. Beschreibung, Erklärung, Prognose, Gestaltung
- Qualität / Quantität der recherchierten Literatur
- Nutzung sonstiger Erkenntnisquellen, z.B. Sekundärdaten; Primärstudie (Befragung, Experiment, …)
- Stringenter (z.B. entscheidungslogischer) Aufbau der Arbeit
  - ▷ Einleitung, z.B. Analyse der Themenrelevanz; Abgrenzung / Ziel der Arbeit
  - ▷ Grundlagenteil, z.B. Umgang mit Definitionen; Diskussion des „State of the Art" (= Stand des verfügbaren Wissens); kritische Würdigung der theoretischen und empirischen Befunde
  - ▷ Hauptteil, z.B. Bildung von Hypothesen, Umgang mit Aussagen (Themenbezug, Quellenbeleg von Aussagen, Schlüssigkeit der Argumentation, Qualität der Beispiele zur Konkretisierung von Aussagen, Vermeiden von Tautologien, …); Objektivität (z.B. im Umgang mit Zitaten); Ableitung von Konsequenzen für Wissenschaft und Praxis; Analyse empirischer Daten
  - ▷ Schluss (z.B. kritische Würdigung des eigenen Forschungsansatzes)

Stil (= ca. 20%)

- Korrekte Verwendung von Wörtern
  - ▷ Verben, z.B. Ausdruck, Tempus, Modus, Aktiv- statt Passivformulierungen
  - ▷ Substantive, z.B. keine Nominalkonstruktionen, keine Pleonasmen (alter Greis, tote Leiche usw.)
  - ▷ Adjektive, z.B. Anzahl / Auswahl der Adjektive; Adjektiv vs. Adverb
  - ▷ Präpositionen
- Wissenschaftliche („gewählte") Diktion, z.B. Verwendung von Fachtermini; Umgang mit Fremdwörtern / Amerikanismen
- Sprachlogik
- Ästhetik der verwendeten Sprache
- Prägnanz, Anschaulichkeit, Verständlichkeit
- „Lebendigkeit" der Präsentation, z.B. durch
  - ▷ Wortwahl, Variabilität der Sprache
  - ▷ Sprachbilder, Redewendungen
  - ▷ Gestaltung der Sätze, Satzbau

Form (= ca. 10%)

- Konsistenz der Gliederung (Struktur der Kapitel / Unterkapitel)
- Zitierweise (Prüfbarkeit der Aussagen)
- Rechtschreibung, Grammatik, Zeichensetzung
- Angabe der Quellen im Literaturverzeichnis (v.a. fehlerfreie Angabe der Quellen, Vollständigkeit, Einheitlichkeit / Konsistenz, übersichtliche Darstellung)
- Qualität der Präsentation (z.B. Abbildungen, Tabellen, mathematische Formeln, Symbole)
- Schriftsatz (z.B. Zeilenabstand)
- Transparenz / Übersichtlichkeit (z.B. Absätze, Hervorhebungen durch Fettdruck, Kursivschrift, Aufzählungen)
- Gesamteindruck („schlampig" vs. ordentlich)

Abb. 2 gibt zu erkennen, dass die Qualität maßgeblich vom **Inhalt** abhängt. Wichtig ist dabei vor allem, ob und wie Sie die wissenschaftlichen Anforderungen erfüllen (z.B. Güte der Aufarbeitung der vorliegenden Literatur / Diskussion des „State of the Art"). Wie bei allen schriftlichen Leistungen ist der Inhalt aber auch mit

- Form (z.B. Orthografie, Zeichensetzung u.v.a.m.) und
- Stil

(untrennbar) verwoben. Wer anderen eine Botschaft (hier = neue Erkenntnisse; Aussagen) zugänglich machen will, sollte seine Gedanken möglichst interessant darstellen und es seinen Lesern erleichtern, den Inhalt nachzuvollziehen, zu verstehen und zu prüfen. Folglich ist vor allem auch der Stil ein sehr wichtiges Gütekriterium Ihrer wissenschaftlichen Leistung; denn Elemente wie Logik, Ästhetik und Prägnanz der verwendeten Sprache sowie deren Anschaulichkeit und Variabilität helfen dabei, den Inhalt Ihrer Aussagen zu vermitteln.

Freilich sollte auch eine wissenschaftliche Arbeit ansprechend und verständlich gestaltet sein. Deshalb hat die Form gleichfalls eine wichtige Funktion. Allerdings ist ein perfektioniertes Layout (bzw. Erscheinungsbild) weniger bedeutsam als gemeinhin angenommen.

3

Der Inhalt einer wissenschaftlichen Arbeit (Teil I): SIE bestimmen, welchen Gugelhupf Sie servieren

Erinnern Sie sich noch an die Ausgangssituation im „Gugelhupf-Drama"? Mehrere Hundert Varianten und Rezepte. Für welche(s) sollte man sich entscheiden? Auch bei wissenschaftlichen Arbeiten – zumindest bei umfangreicheren Werken (z.B. Bachelorarbeit, Masterarbeit, Dissertation) – hat man häufig die Qual der Wahl: Sie müssen ein wissenschaftlich relevantes Thema finden und das entsprechende Forschungskonzept bzw. das eigentliche Ziel Ihrer Arbeit darlegen. Oder um beim Beispiel zu bleiben: Sie müssen entscheiden,

- welchen **Kuchen** Sie servieren möchten und
- nach welchem **Rezept** Sie diesen Kuchen backen wollen.

3.1 Die Suche nach dem generellen Thema: Welchen Kuchen wollen Sie backen?

3.1.1 Hilfe bei der Themensuche

Nehmen wir das Beispiel einer Bachelorarbeit. Zu Beginn steht man nicht selten vor dem Problem, ein Thema zu finden,

- das für die veranschlagte Dauer (i.d.R. drei bis sechs Monate) ausreichend **motivieren** kann,

- das die Chancen für den **Berufseinstieg** verbessert,
- das noch **niemand bearbeitet** hat,
- das **aktuell genug** ist, zu dem aber dennoch bereits hinreichend **Literatur** zur Verfügung steht.

Zugegeben: Die Aussage, dass SIE bestimmen, welchen Gugelhupf Sie servieren, ist etwas hochgegriffen. Jedoch werden Sie beim Lesen der folgenden Zeilen feststellen, dass Sie Thema und Ausrichtung Ihrer wissenschaftlichen Arbeit zu einem beträchtlichen Teil selbst **bestimmen** können. Seien Sie also mutig! Ihre persönlichen Vorschläge und Wünsche sind sehr oft gefragt. Allerdings stellt gerade diese Freiheit manche Studierende vor ein großes **Hindernis**.

Folgende **Überlegungen** helfen Ihnen bei der Suche nach einem adäquaten und **interessanten** Forschungsthema:

(1) Lehnen Sie sich zurück und denken Sie in aller Ruhe darüber nach, für welche Themen Sie sich ganz generell interessieren. Das Thema sollte nämlich Ihren **persönlichen Neigungen** bzw. **Interessen** entsprechen; denn nur wenn Ihr Involvement sichergestellt ist, werden Sie auch während der gesamten Bearbeitungszeit motiviert und engagiert an Ihrem wissenschaftlichen Projekt arbeiten – was sich letztlich auch im Ergebnis (= Qualität der Arbeit; Note) niederschlagen dürfte.

(2) Gibt es Themen, bei denen Sie erworbenes **Detailwissen nutzen** könnten?

(3) Erinnern Sie sich an Fragen, auf die Sie während Ihres Studiums gestoßen sind, die Ihnen die Literatur jedoch **nie hinreichend beantwortet** hat?

(4) Sammeln Sie **Ideen**: Nutzen Sie hierzu bspw. „Mind mapping" und tragen Sie auf diese Weise die wichtigsten **Gedanken** zu einem bestimmten Themengebiet zusammen.

(5) Durchforsten Sie aufmerksam die letzten Jahrgänge verschiedener **Fachzeitschriften**. In deutschen Beiträgen finden sich Anregungen für die eigene wissenschaftliche Arbeit in Kapiteln, die bspw. mit **„Desiderata"** oder „Weiterer Forschungsbedarf" gekennzeichnet sind und sich am

Ende der wissenschaftlichen Aufsätze befinden; in angloamerikanischen Journals werden noch zu beantwortende Fragen in den **„Implications for Future Research"** (vgl. Abb. 3) diskutiert. Wenn Sie die dort erkannten Probleme herausarbeiten und abgrenzen, haben Sie die Stufe der Themenfindung bereits weitgehend bewältigt.

Abb. 3: Typische Gliederung angloamerikanischer Beiträge

1.	Abstract
2.	„Intro"
3.	Literature Review
4.	Methodology and Sample
5.	Results / Findings
6.	Summary and Discussion
7.	Implications for Future Research

(6) Ihren Einstieg ins Berufsleben können Sie möglicherweise dadurch erleichtern, dass Sie ein Forschungsgebiet wählen, welches für Ihre spätere **Tätigkeit relevant** ist. Die hier angesprochenen **„praxisbezogenen Themen"** können zwar, müssen aber nicht zwangsläufig von Unternehmen gestellt bzw. für Unternehmen erarbeitet werden. Im Übrigen gilt: Mit einer Bachelorarbeit, Diplomarbeit oder Dissertation sollen Sie Ihre **Befähigung zum wissenschaftlichen Arbeiten** belegen. Dies bedeutet, dass Sie auch bei einem praxisbezogenen Thema strukturiert arbeiten und den in der Literatur dokumentierten Erkenntnisstand (= „State of the Art") aufbereiten müssen; denn das in der Literatur „vergrabene Wissen" (Theorien, empirische Befunde) spielt selbstverständlich auch bei der Bearbeitung und Lösung sog. Praxisprobleme eine wesentliche Rolle. Außerdem kann Ihre Leistung nicht allein darin bestehen, dass Sie für **ein einziges Unternehmen** ein singuläres Problem lösen (z.B. „Das Potential der XY-AG auf dem spanischen Markt für Nassrasierer"). Zumindest sollte aus Ihrer Studie hervorgehen, inwieweit das von Ihnen gewonnene Wissen über den Einzelfall **hinausreicht;** denn wissenschaftliches Arbeiten bedeutet, nach **Gesetzmäßigkeiten** bzw. **Generalisierungen** zu suchen. Sie sehen: Die häufig genannte Unterscheidung zwischen „theoretischen" und „praktischen" Arbeiten ist wenig sinnvoll – ja sogar **unsinnig.** „Wissenschaftlichkeit" und „Praxisrelevanz" sind keine Gegensätze, sondern zwei Seiten

derselben Medaille: Sie können keine gehaltvolle, für die Praxis bedeutsame Arbeit schreiben, ohne dabei auch wissenschaftlich vorzugehen. Der wesentliche Unterschied mag allenfalls im jeweils gesetzten **Schwerpunkt** liegen: Im Regelfall sind praxisbezogene Arbeiten sogar aufwendiger, aber **keinesfalls weniger wissenschaftlich.**

Bei Ihrer Entscheidung darf **keine Rolle** spielen, wie „hip" oder aktuell das Thema ist. Rennen Sie keinen **Modethemen** hinterher! Die ein oder andere Publikation zum wissenschaftlichen Arbeiten regt dazu an, Themen mit Kreativitätstechniken zu finden. Davon ist – von Ausnahmen abgesehen – nichts zu halten. Sie stehen mit Ihrer Arbeit im Dienst der Wissenschaft – jedenfalls sollte es so sein – und schreiben nicht fürs Kuriositätenkabinett!

Bei der Themensuche bzw. **Themeneingrenzung** können Ihnen die in Abb. 4 dargestellten **Optionen** helfen.

3.1.2 Was tun, wenn es Ihren Kuchen bereits gibt?

Haben Sie ein tragfähiges Thema gefunden, dann sollten Sie vor allem in der **Literatur** einschlägige Informationen sammeln. Ganz generell kommen verschiedene Quellen in Betracht (vgl. hierzu Kap. 4). Die breit gefächerte Suche nach Wissen ist aus verschiedenen Gründen zweckmäßig.

- Sie können Ihr Themengebiet **konkretisieren** und Ihr Thema derart **eingrenzen**, dass es sich mit Blick auf Zeit, Seitenumfang und Verfügbarkeit der Informationen auch tatsächlich bearbeiten und handhaben lässt.
- Sie lernen Ihr Fachgebiet aus der „**Hubschrauberperspektive**" kennen – ein unschätzbarer Vorteil, wenn Sie erfahren wollen, mit welchen Themen sich die „Scientific community" derzeit und in der jüngeren Vergangenheit beschäftigt (hat).

Hinzu kommt ein weiterer Grund. Mit einer intensiven Literaturrecherche können Sie prüfen, ob eine Bearbeitung Ihres Problems überhaupt erforderlich und sinnvoll ist. Vielleicht hat sich ja bereits ein Dritter mit Ihrer ins Auge gefassten Frage beschäftigt? Oder um bei unserem Beispiel zu bleiben: Vielleicht hat schon jemand einen Gugelhupf „Elsässer Art" gebacken. In diesem Fall wäre es u.U. nicht sinnvoll, noch einen solchen Gugelhupf abzuliefern; denn das wesentliche Ziel einer jeden Wissen-

Abb. 4: Möglichkeiten zur Eingrenzung des Themas einer wissenschaftlichen Arbeit

Kriterium zur Eingrenzung	Beispielhaftes Thema
Anwendungsbereich konkretisieren („am Beispiel von")	Die Bedürfnisse von Stromkunden: eine empirische Analyse am Beispiel Ökostrom
Aspekt auswählen („vor dem Hintergrund von")	Stellenwert des Ökomarketings vor dem Hintergrund der sich verändernden sozioökonomischen Struktur
Betrachtungsebene festlegen	Einfluss des Ökomarketings auf das Konsumentenverhalten: Eine soziologische Betrachtung
Beziehungen herstellen	Ursachen für das Scheitern von Ökomarketingkonzepten: Beitrag von Principal / Agent-Ansatz und verhaltenswissenschaftlichen Theorien
Einzelfall hervorheben („am Beispiel von")	Möglichkeiten und Probleme des Ökomarketings am Beispiel „Frosch-Reiniger"
Institutionen / Personen auswählen	Bedeutung des Club of Rome für die Entwicklung des Ökomarketings
Neues hervorheben	Stellenwert des Internets für das Ökomarketing
Quellen eingrenzen („im Spiegel der")	Entwicklungslinien des Ökomarketings im Spiegel der angloamerikanischen (deutschsprachigen; französischsprachigen) Literatur
Schwerpunkt setzen („unter besonderer Berücksichtigung von")	Möglichkeiten des Ökomarketings unter besonderer Berücksichtigung der Umweltgesetzgebung
System eingrenzen	Einfluss von Umwelt- und Prestigebewusstsein auf die Bereitschaft zum Kauf von Ökoprodukten
Überblick geben	Neuere empirische Studien zum Einfluss des Ökomarketings auf den Unternehmenserfolg: Ein Überblick
Variablen / Einflussfaktoren spezifizieren	Determinanten der Umsetzung von Ökomarketingkonzepten in klein- und mittelständischen Unternehmen
Zeitlich eingrenzen	Entwicklung des Ökomarketings von 1980 bis 2000

schaft besteht bekanntermaßen darin, **neue Erkenntnisse** zu gewinnen. Eine Forschungsfrage, die von anderen bereits aufgeworfen und beantwortet wurde, ist deshalb weniger zweckmäßig: Wie ein „Klassischer Gugelhupf Elsässer Art" schmeckt, wissen wir halt schon – leider.

Und dennoch: Selbst wenn ein Thema bereits bearbeitet wurde, ist noch längst nicht aller Tage Abend! Am Anfang dieses Buches haben wir gesehen, dass auch ein Gugelhupf nicht nur in **einer** Variante angeboten wird. Ähnlich ist es bei wissenschaftlichen Themen: Man kann sie aus verschiedenen Perspektiven betrachten und ihnen damit eine ganz **neue**, ganz **persönliche Note** verleihen. Wir könnten bspw.

- den Kuchen in einem Backsteinofen garen lassen, weil er dann einen besonderen Geschmack annimmt, was ihn (in gewisser Weise) zu etwas Neuem macht,
- in den Teig bspw. kandierte Mandeln geben,
- die Zutaten in einer anderen Reihenfolge zusammenrühren und damit etwas Neues kreieren,
- ….

Übertragen auf wissenschaftliche Arbeiten ist damit gemeint, dass wir ein bestimmtes Thema aus einer neuen **Perspektive** betrachten (vgl. Abb. 5):

- mit einem neuen **methodischen** Ansatz und / oder
- mit einem neuen **theoretischen** Fundament und / oder
- mit einer neuen **Forschungsfrage** (vgl. hierzu Kap. 3.2).

Mit „neu" ist in diesem Fall gemeint, dass der methodische Ansatz oder das theoretische Fundament zumindest für das zu lösende Forschungsproblem neu ist.

Im Übrigen ist es **grundsätzlich** möglich, ein bereits bearbeitetes Thema (dennoch) erneut auf ein und dieselbe Art und Weise zu lösen, etwa dann, wenn Sie mit einer **Replikationsstudie** prüfen wollen, ob sich die früher ermittelten Werte verändert haben.

Abb. 5: Ansätze zur Konzeption von Forschungsthemen

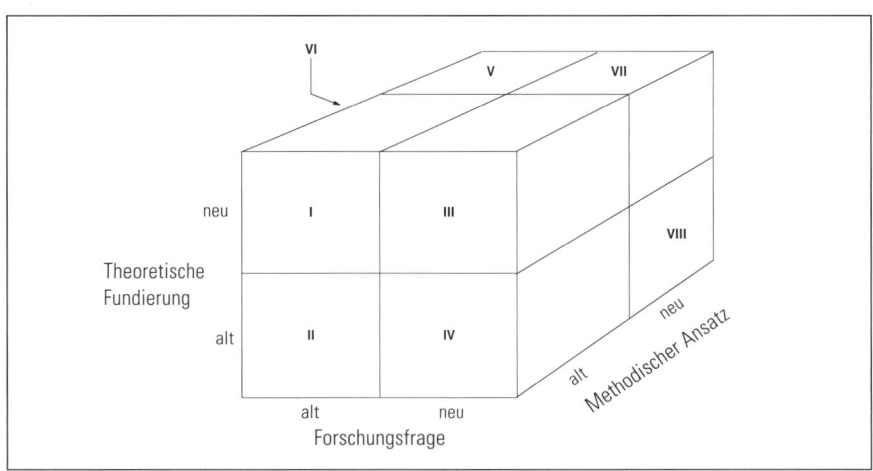

Neuer methodischer Ansatz

Die meisten Themen kann man mit unterschiedlichen **Methoden** bearbeiten. Wurde in einer Studie bspw. die schriftliche Befragung eingesetzt, so könnte man dasselbe Forschungsproblem u.U. auch mit einem Experiment oder per Beobachtung lösen.

Beispiele

(1) Zur Messung bzw. Bewertung von Kundenzufriedenheit steht eine **Vielzahl** von Verfahren zur Verfügung. Die am weitesten verbreiteten **nachfragerorientierten Messansätze** rücken die Perspektive der Kunden in den Mittelpunkt und lassen sich in objektive und subjektive Messansätze unterteilen. Abb. 6 vermittelt einen Eindruck von den mannigfaltigen Möglichkeiten, mit denen man die Zufriedenheit von Kunden bewerten könnte.

Abb. 6: Verfahren zur Bewertung der Kundenzufriedenheit

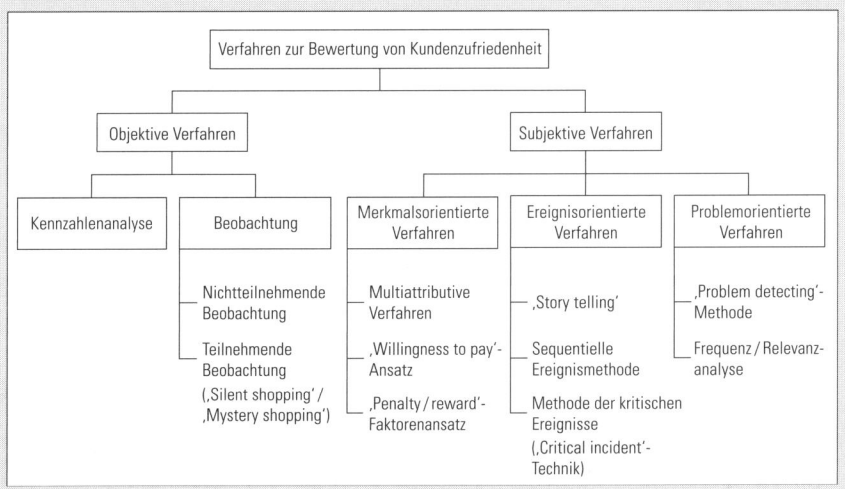

Quelle: Schneider/Kornmeier (2006, S. 48).

(2) Auch zur Bewertung des Zusammenhangs zwischen Absatzmenge und Preis (= Preis / Absatz-Funktion) kann man auf **verschiedene Ansätze** zurückgreifen. Diese beruhen teils auf primär-, teils auf sekundärstatistischen Daten. Überdies werden zu deren Analyse unterschiedliche Verfahren herangezogen, z.B. Regressionsanalyse (bspw. mit linearem oder multiplikativem Funktionsverlauf), Conjoint

Analyse, probabilistische Preis-Response-Modelle usw. Die Daten wiederum können z.B. aus Kundendatenbanken, Expertenbefragungen, Feldstudien oder Experimenten stammen.

Sie sehen: Ein und dasselbe Thema (hier: Kundenzufriedenheit; Preis / Absatz-Funktionen) lässt sich mit **unterschiedlichen Methoden** bearbeiten. Selbst wenn ein Forschungsobjekt bereits Gegenstand einer Studie war, so bedeutet dies folglich nicht, dass kein Raum für weitere Analysen bliebe. Im Gegenteil: Greifen Sie zu!

Neues theoretisches Fundament
Folgende Beispiele verdeutlichen, dass sich die Herangehensweise an ein Thema auch dann ändert, wenn man auf ein theoretisches Fundament zurückgreift, das zur Lösung des Forschungsproblems bislang nicht verwendet wurde.

Beispiele
(1) Die Frage, warum Unternehmen **Auslandsmärkte** betreten, lässt sich aus vollkommen unterschiedlichen theoretischen Perspektiven betrachten, z.B. aus Sicht der
- klassischen Außenhandelstheorie (z.B. Vorteile in der Faktorausstattung),
- Entscheidungstheorie (z.B. Risikofreude),
- Verhaltenswissenschaften (z.B. psychische Nähe / Distanz).

(2) Die Betriebswirtschaftslehre hat u.a. das Potential der sog. **Neuen Institutionenökonomie** für sich nutzbar gemacht (v.a. Principal / Agent-Ansatz, Transaktionskostenansatz, „Property rights"-Ansatz). Große Bedeutung erlangte diese theoretische Ausrichtung zunächst in Teilbereichen wie Finanzierung und Rechnungswesen, bald darauf in anderen Funktionsbereichen, z.B. Organisationslehre, Personalwirtschaft und Marketing. Dort verknüpfte man u.a. folgende Themen mit dem Theoriengebäude der Neuen Institutionenökonomie:
- Personalmarketing,
- Make-or-buy-Entscheidungen im Marketing bzw. der Distributionspolitik,
- Marketing für die Unternehmensberatung,
- Wahl internationaler Markteintrittsstrategien.

(3) Winter (2005, S. 83ff.) erarbeitete ein Gerüst an theoretischen Ansätzen, um die vielfältigen Beziehungen zwischen **Mitarbeiter- und Kundenzufriedenheit** zu erklären (vgl. Abb. 7). Beispielsweise lässt sich der Einfluss der Zufriedenheit von Mitarbeitern und Kunden auf deren Verhalten mit der Equity-Theorie begründen, aber auch mit der Instrumentalitätstheorie (vgl. hierzu im Detail Winter 2005, S. 85ff.). Der Einfluss von Kundenverhalten auf Mitarbeiterzufriedenheit sowie von Mitarbeiterverhalten auf Kundenzufriedenheit kann wiederum mit

- Inhaltstheorien der Zufriedenheit,
- Dissonanztheorie und
- Rollentheorie

erklärt werden. Auch „Emotional contagion" ist ein wesentlicher theoretischer Baustein; da es auf der Annahme beruht, dass Zufriedenheit wechselseitig übertragen wird, eignet sich dieses Konzept, um den Einfluss der Mitarbeiter- auf die Kundenzufriedenheit zu begründen et vice versa.

Abb. 7: Theoretische Ansätze zum Zusammenhang zwischen Mitarbeiter- und Kundenzufriedenheit

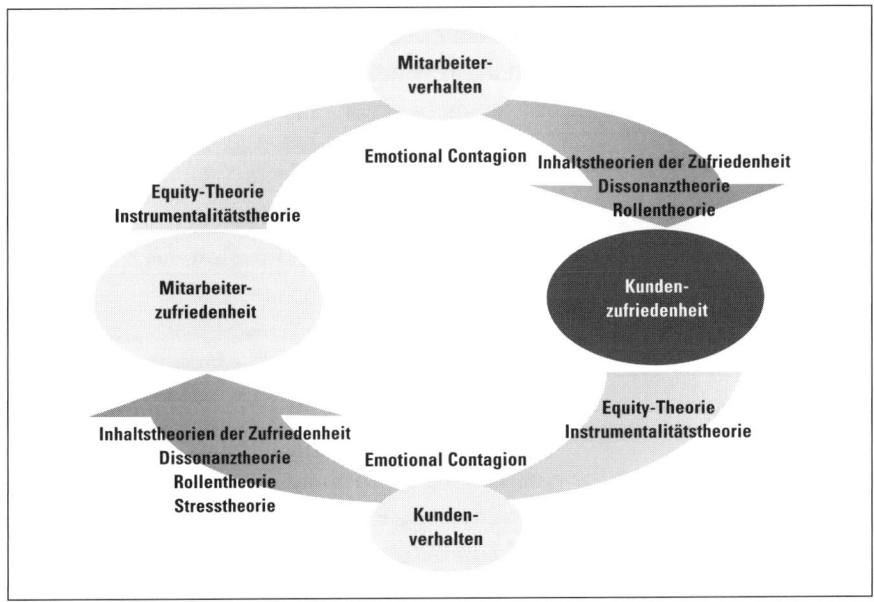

Quelle: Winter (2005, S. 84).

3.2   Die Suche nach der zentralen Forschungsfrage: Welches Rezept soll's denn sein?

Wer seine Forschungsfrage möglichst konkret formulieren will, sollte frühzeitig folgende Überlegungen schriftlich festhalten – idealerweise in einem einzigen eindeutigen, prägnanten Satz:

„**Welche Forschungsfrage** will ich beantworten?"
oder anders gesagt:
„**Worüber** will ich in meiner Arbeit schreiben?"

Nur wer hierzu präzise Stellung bezieht, kann all jene fundamentalen Entscheidungen treffen (z.B. in Bezug auf Literatur, Gliederung, Inhalt der Arbeit, Untersuchungsdesign), die sich allesamt an der eigentlichen Forschungsfrage orientieren (vgl. zum Folgenden v.a. Nienhüser/Magnus 2003, S. 4ff.).

In den Wissenschaften unterscheidet man folgende Arten von Fragestellungen bzw. Forschungsansätzen (vgl. Abb. 8, S. 44/45):

(1) **Beschreibung** (Deskription): Wollen Sie einen bestimmten Sachverhalt (Zustand / Prozess) beschreiben?
    Beispiel: „Mit welchen Strategien betreten Großunternehmen den chinesischen Markt?"

(2) **Erklärung** (Explikation): Wollen Sie die für den Sachverhalt (Zustand / Prozess) verantwortlichen Ursachen erforschen (= theoretisch begründen und / oder empirisch analysieren)?
Beispiel: „Warum entscheiden sich Großunternehmen, die den chinesischen Markt betreten, für unterschiedliche Strategien? Welche erweisen sich als erfolgreich?"

(3) **Prognose:** Wollen Sie ein Ereignis vorhersagen?
Beispiel: „Welche Strategien werden Großunternehmen in Zukunft nutzen, um den chinesischen Markt zu betreten?"

(4) **Gestaltung:** Wollen Sie Gestaltungsmaßnahmen ermitteln, mit denen sich bestimmte Ziele erreichen lassen?
Beispiel: „Welche Maßnahmen / Strategien sollten Großunternehmen ergreifen, wenn sie auf dem chinesischen Markt erfolgreich bestehen wollen?"

Darüber hinaus dürfen – und sollen – auch folgende Ansätze einfließen – eine **fundierte Argumentation** vorausgesetzt:
- **Kritik** am Bestehenden,
- Entwurf von **Utopien.**

All diese Fragen unterscheiden sich im jeweils gesetzten Schwerpunkt und in ihrer Relevanz für die Wissenschaft. Beispielsweise halten die meisten Vertreter der Betriebswirtschaftslehre die Beschreibung (= Deskription) für weniger bedeutsam als die Erklärung eines Sachverhalts (= Explikation); denn damit lassen sich Aussagen über Ursache / Wirkungs-Beziehungen gewinnen (vgl. Lingnau 1995, S. 125). Im Allgemeinen aber ist eine wissenschaftliche Arbeit ein Hybrid, der sich nicht nur ausschließlich mit Beschreibung oder Erklärung oder etwa Prognose beschäftigt, sondern mit mindestens zwei Arten von Forschungsfragen.

3.2.1 Beschreibung (Deskription)

Ziel deskriptiver Arbeiten ist es, einen bestimmten Zustand oder Prozess zu beschreiben:
- Wie lässt sich die derzeitige Lage der Dinge konkret beschreiben?
- Was ist der Fall?
- Wie sieht „die Realität" aus?
- Sieht „die Realität" wirklich so aus?

Auf den ersten Blick erscheint diese Aufgabe zwar relativ anspruchslos und damit einfach und trivial; tatsächlich aber verlangt der deskriptive Ansatz weit mehr als nur das (sinnlose) Aufzählen im Stile von „es gibt …, es gibt …, es gibt …". Deskription ist u.a. dann sehr bedeutsam, wenn ein in der Realität beobachtbares Phänomen
- relativ neu ist oder
- bislang nur wenig Aufmerksamkeit in der Forschung gefunden hat.

Denn in diesen Fällen ist der Bedarf an einer möglichst genauen Dokumentation besonders groß.

Beispiel

Zu Beginn der Siebzigerjahre beschäftigten sich verschiedene Forscher intensiv damit, ob die im Zuge der Internationalisierung zu beobachtenden Erscheinungsformen des Markteintritts (z.B. Export, Lizenzvergabe, eigene Produktion im Ausland) einem **vorhersagbaren Muster** folgen (vgl. hierzu Müller/Kornmeier 2002, S. 230f.). Wie andere Disziplinen (z.B. Strategische Unternehmensführung) wollte auch die Internationalisierungsforschung anfangs die relevanten **Phänomene**

- definieren (z.B. Internationalisierungsgrad),
- beschreiben (z.B. Motive der Internationalisierung),
- klassifizieren (z.B. Markteintrittsstrategien).

Dabei wurden zunächst die konkreten Erscheinungsformen des Erkenntnisobjekts (hier = Erschließung ausländischer Märkte) **systematisch erfasst**. Sodann versuchte man, die zwischen diesen bestehenden Beziehungen (im Sinne einer inneren Ordnung) aufzudecken und modellhaft abzubilden, häufig in Form von **Phasenmodellen**. Erst in den Achtzigerjahren, als der Ruf nach einer Theorie der internationalen Unternehmung (bzw. Unternehmenstätigkeit) immer lauter wurde, löste man sich langsam von der (deskriptiven) „**Jäger-und-Sammler-Phase**", zunächst im angloamerikanischen, später auch im deutschsprachigen Raum. Viele Wissenschaftler begannen nun, die im Zuge der Internationalisierung der Geschäftstätigkeit auftretenden Phänomene zu **erklären**, zu **prognostizieren** und **Gestaltungsempfehlungen** abzuleiten.

Der deskriptive Ansatz kann auch dann angezeigt sein, wenn man prüfen will, ob die vorherrschende Meinung tatsächlich der **Realität** entspricht oder aber bspw. **interessengeleitet** – und damit verzerrt – ist. Denn aus der Tatsache, dass sich zahlreiche Wissenschaftler mit einem bestimmten Phänomen auseinandersetz(t)en, kann man keineswegs folgen, dass dieses bereits gut erklärt ist.

Beispiel

Lange Zeit ging man davon aus, dass Kundenzufriedenheit die Basis für den Unternehmenserfolg bildet, weil sie Kundenbindung, Kundentreue bzw. positive Mundpropaganda nach sich zieht. Unzufriedenheit hingegen verursache beim betroffenen Unternehmen häufig Kosten (z.B. Aufwendungen für die Befriedigung von Regressansprüchen; Opportunitätskosten infolge von Abwanderung, negativer Mundpropaganda und Beschwerden). Tatsächlich aber ist der Zusammenhang weit weniger eindeutig als man i.d.R. meint (vgl. Schneider/Kornmeier 2006, S. 38).

Wer einen Sachverhalt umfassend beschreiben will, muss empirische Studien suchen, lesen und auswerten. Der große Stellenwert der Deskription sei im Folgenden beispielhaft dargelegt.

Winter (2005, S. 63f.) analysierte den Zusammenhang zwischen Mitarbeiterverhalten („Commitment", Zufriedenheit) und Kundenverhalten (Zufriedenheit, Kundenbindung, Beschwerden) und trug deshalb die einschlägigen empirischen Studien zusammen. Dabei zeigte sich (vgl. Abb. 9), dass die jeweiligen Forscher

- ihre Studien in verschiedenen **Jahren** und auch in verschiedenen **Disziplinen** durchführten (z.B. Psychologie, Personal/Organisation, Marketing, Rechnungswesen),
- Unternehmen verschiedener **Branchen** betrachteten,
- eine unterschiedlich große **Anzahl** an Probanden (hier = Mitarbeiter, Kunden) befragten,
- unterschiedlich viele **Schnittstellen** (z.B. Kontaktpunkte zwischen Unternehmen und Kunden) analysierten,
- verschiedene **Ebenen** untersuchten (z.B. Individualebene, Abteilung),
- den Zusammenhang mit verschiedenen **Methoden** analysierten (z.B. Korrelations-, Regressionsanalyse),
- die zentralen Begriffe in den einzelnen Studien teilweise unterschiedlich **definierten** und **operationalisierten**.

Abb. 8: Arten von Forschungsfragen in wissenschaftlichen Arbeiten

	Beschreibung	Erklärung	Prognose
Wesentliche Aufgabe	Differenziert wahrnehmen Beschreibung eines bestimmten Zustands / Prozesses	Begreifen / Erklären durch Verstehen der Zusammenhänge	Zukünftige Ereignisse / Zustände vorhersagen Bewerten der Folgen
Zentrale Frage(n)	Wie lässt sich die derzeitige Lage der Dinge konkret beschreiben? Was ist der Fall? Wie sieht „die Realität" aus? Sieht „die Realität" wirklich so aus?	Warum ist dieses Ergebnis eingetreten? Warum ist etwas der Fall?	Was wird geschehen, wenn A eintritt? Wie wird etwas zukünftig sein / aussehen? Welche Veränderungen werden eintreten?
Typische Elemente	Definition von Begriffen Klassifikation (z.B. Bildung von Kundensegmenten) Deskriptive Datenanalyse	Erklärung realer Sachverhalte Suche nach Ursache / Wirkungs-Beziehungen Hypothesen- / Theorienbildung	Vorhersage von Ereignissen, Verhalten, (Markt-) Entwicklungen usw. Vorhersage von Wirkungen (z.B. Werbewirkung)
Beispielhafte Forschungsfragen	Wie hat sich die Zahl der Senioren in Deutschland seit Ende des Zweiten Weltkriegs entwickelt? Mit welchen Strategien betreten Großunternehmen den chinesischen Markt?	Warum hat sich in Deutschland seit Ende des Zweiten Weltkriegs die Zahl der Senioren / die Bevölkerungsstruktur verändert? Warum entscheiden sich Großunternehmen, die den chinesischen Markt betreten, für unterschiedliche Strategien? Welche erweisen sich dabei als erfolgreich?	Wie wird sich die Zahl der Senioren in Deutschland in Zukunft entwickeln? Welche Konsequenzen gehen damit einher? Welche Strategien werden Großunternehmen zukünftig nutzen, um den chinesischen Markt zu betreten?

	Gestaltung	Kritik (Bewertung)	Utopie
Wesentliche Aufgabe	Gestaltungsmaßnahmen zur Zielerreichung	Kritik am Bestehenden üben	Spekulieren, querdenken, wissenschaftliche Überlegungen zu Sinn / Ethik
Zentrale Frage(n)	Welche Maßnahmen (z.B. Strategien, Instrumente) sind geeignet, um ein bestimmtes Ziel zu erreichen?	Wie ist ein bestimmter Zustand vor dem Hintergrund explizit genannter Kriterien zu bewerten?	Wie wird die Welt von morgen aussehen?
Typische Elemente	Praktische Probleme aufgreifen und lösen Gestaltungsempfehlungen für die Praxis Verbesserung betrieblicher Entscheidungen	Konkrete Situationen / Maßnahmen betrachten, analysieren und kritisieren Verbesserungsvorschläge unterbreiten	Langfristige Vorhersage von Ereignissen, Verhalten, (Markt-) Entwicklungen usw. Langfristige Vorhersage von Wirkungen (z.B. Konsequenzen der Ölknappheit)
Beispielhafte Forschungsfragen	Wie lässt sich das Bevölkerungsgleichgewicht in Zukunft sicherstellen? Welche Maßnahmen / Strategien sollten Großunternehmen ergreifen, wenn sie auf dem chinesischen Markt erfolgreich bestehen wollen?	Wie ist die derzeitige Bevölkerungsentwicklung in Deutschland vor dem Hintergrund der zu bewältigenden Aufgaben (z.B. Sicherung der Renten, Arbeitsplätze) zu bewerten? Welche Probleme gehen mit dem stark wachsenden chinesischen Markt einher (z.B. Umweltverschmutzung, soziale Verwerfungen, ökonomisches Ungleichgewicht)?	Wie werden alte (und junge) Menschen in 50 Jahren (zusammen-) leben? Welche Rolle nehmen Länder wie die BRIC-Staaten (= Brasilien, Russland, Indien, China) in 50 Jahren in der Weltwirtschaft ein? Welche Konsequenzen erwachsen daraus für die deutsche Wirtschaft?

Abb. 9: Synopse empirischer Studien zum Zusammenhang zwischen dem Verhalten von Mitarbeitern und Kunden (Auszug)

Autoren	Jahr	Forschungs-gebiet	Land	Branche	Anzahl befragter Mitarbeiter	Anzahl befragter Kunden	Anzahl der Schnitt-stellen	Analyse-ebene	Methode	Ergebnis
Schneider	1973	Personal/Organisation	USA	Banken	–	674	–	Individuen	Korrelations-analyse	Serviceklima ↔ Wechsel-bereitschaft
Schneider/Parkington/Buxton	1980	Personal/Organisation	USA	Banken	263	1657	23	Filialen	Korrelations-analyse	MAZ ↔ SQ; wahrg. SQ ↔ SQ
Kelley	1990	Marketing	USA	Banken	249	–	–	Individuen	Korrelations-/Re-gressionsanalyse	MAZ ↔ KO
Schlesinger/Zornitsky	1991	Personal/Organisation	USA	Versicherung	1277	–	–	Individuen	Korrelations-/Re-gressionsanalyse	wahrg. KUZ ↔ MAZ; wahrg. Servicefähigkeit ↔ MAZ
Tornow/Wiley	1991	Marketing	USA	Software-unternehmen	667	633	30	Regionen	Korrelations-analyse	MAZ ↔ KUZ
Schwetje	1999	Marketing	D	Handel	77	171	77	Individuen	Regressions-analyse	Personalintensität → MAZ, KUZ
Banker/Konstans/Mashruwala	2000	Rechnungswesen	USA	Handel	k.A.	k.A.	>500	Filialen	Korrelations-/Re-gressionsanalyse	MAZ ↔ KUZ
Stock	2001, 2003	Marketing	D	B2B	111	222	111	Individuen	Kausalanalyse	MAZ → KUZ (direkter und indirekter Effekt)
Dormann/Kaiser	2002	Psychologie	D	Kindergärten	36	102	36	Individuen	Korrelations-/Re-gressionsanalyse	Arbeitsbedingungen ↔ KUZ
Krause/Dunckel	2003	Psychologie	D	Reinigungs-unternehmen	k.A.	k.A.	33	Reviere	Korrelations-analyse	Veränderung KUZ ↔ MAZ ↔ Leistung
Koop	2004	Psychologie	D	Dienstleis-tungsunter-nehmen	1764	2488	59	Abteilungen	Korrelations-analyse	kein Zusammenhang zwischen MAZ/KUZ

Legende:
KUZ = Kundenzufriedenheit
KO = Kundenorientierung

MAZ = Mitarbeiterzufriedenheit
SQ = Servicequalität
wahrg. = wahrgenommene(r)

↔ = Zusammenhang zwischen
→ = Einfluss auf

Quelle: Winter (2005, S. 63f.); modifiziert.

Mit anderen Worten: Die Studien zum Verhalten von Mitarbeitern und Kunden sind viel zu heterogen, als dass man sie bzw. ihre Ergebnisse in einen Topf werfen könnte. Wer auf Basis der Befunde den Stand der Forschung dokumentieren (= beschreiben) und damit den Zusammenhang zwischen den fraglichen Größen (hier = Kunden- und Mitarbeiterzufriedenheit) konkretisieren will, muss folglich

- alle verfügbaren **Analysen** genau **kennen,**
- die verschiedenen **Methoden** zur Erfassung des Zusammenhangs zwischen den Größen berücksichtigen,
- auf Basis dieser Studien ein **Gesamtbild** entwerfen.

Erst indem Winter (2005, S. 77) alle relevanten Studien auswertete, offenbarte sich der überaus bedeutsame Befund: Der Zusammenhang zwischen Mitarbeiter- und Kundenzufriedenheit ist keineswegs so eindeutig wie man glaubte.

Für eine Beschreibung (hier = Beziehung zwischen Kunden- und Mitarbeiterzufriedenheit) genügt es demnach nicht, lediglich eine – womöglich die zuletzt erschienene – Studie heranzuziehen oder selektiv Ergebnisse darzustellen. Vielmehr müssen Sie

- die **Qualität** der verschiedenen Befunde sowie die jeweils angewandten Methoden **berücksichtigen** und
- die vielfältigen Resultate **vergleichen** und **kommentieren.**

Wer nun seinen Blick nochmals über die ersten Absätze dieses Abschnitts schweifen lässt, wird auf den Hinweis stoßen, dass die Deskription im Allgemeinen weniger wichtig ist als etwa die Explikation. Wie Sie jedoch gesehen haben, bedeutet dies nicht, dass das Beschreiben von Phänomenen irrelevant sei. Im Gegenteil! Die Deskription ist – bspw. bei Studien mit heterogenem Untersuchungsdesign – sehr bedeutsam und überdies äußerst anspruchsvoll. Ergo: Die häufig genannte Befürchtung „Wo bleibt bei der Beschreibung mein eigener Beitrag?" ist auch bei einem simpel erscheinenden Forschungsansatz i.d.R. nicht gerechtfertigt.

3.2.2 Erklärung (Explikation)

Wer den explikativen Ansatz in den Mittelpunkt rückt, beantwortet im Wesentlichen die Frage „Warum ist dieses Ergebnis eingetreten?" bzw. „Warum ist etwas der Fall?" (vgl. zum Folgenden v.a. Nienhüser/Magnus 2003, S. 4ff.). Betrachten wir beispielhaft die Forschungsfrage: „Welche Faktoren beeinflussen die Stabilität von Kooperationen?" Wer sie beantworten will, kann nicht lediglich auf *eine* Theorie zurückgreifen, zumal es *die* Theorie der Kooperationen nicht gibt. Vielmehr bedarf es eines differenzierten Kanons von Theorien, die sich jeweils mit Teilen des Erkenntnisobjekts auseinandersetzen und so zur Gewinnung von Erkenntnissen beitragen (vgl. Abb. 10, S. 49). Beispielsweise lässt sich aus dem Principal/Agent-Ansatz ableiten, dass der Erfolg nicht unwesentlich vom Handeln des Agenten (z.B. Lizenznehmer) abhängt; denn dieses beeinflusst das Wohlergehen des Principals (z.B. Lizenzgeber). Außerdem haben Agenten einen Informationsvorsprung, den sie zur Durchsetzung eigener Ziele nutzen können, was die Stabilität der Beziehung gleichfalls gefährdet. Die Theorie des organisationalen Lernens wiederum besagt u.a., dass auch das (Un-)Gleichgewicht der Partner den Erfolg einer Kooperation beeinflusst.

Mehr noch als bei der Deskription ist beim explikativen Ansatz Ihr eigener Beitrag offenkundig: Sie gehen **problemorientiert** und **theoriegeleitet** vor und verwenden unterschiedliche **Aussagen** und Arbeiten, um Ihr Forschungsproblem zu lösen.

   Das **Vorgehen** beim explikativen Ansatz lässt sich – vereinfacht gesprochen – wie folgt skizzieren.

Vorgehensweise beim explikativen Ansatz

1. **Beschreiben** Sie zunächst, was sich ereignet hat (z.B. manche Kooperationen scheitern, andere bestehen seit vielen Jahren).
2. Suchen Sie nach einer **Theorie**, welche im **Dann-Teil** den Sachverhalt „Stabilität von Kooperationen" thematisiert.
3. Entnehmen Sie dem **Wenn-Teil** jene Faktoren, die als Ursache(n) anzusehen sind.

Abb. 10: Einflussfaktoren der Stabilität von Kooperationen:
Beitrag verschiedener Theorien

Theorie	Aussage
Principal / Agent-Ansatz	In Kooperationen kommen „Agency"-Probleme auf zweifache Weise zum Tragen: Innerhalb der Kooperation sowie zwischen dem gemeinsamen Leitungsgremium und den Führungskräften in der Kooperation.
	Das Handeln des Agenten (z.B. Lizenznehmer) beeinflusst das Wohlergehen des Principals (z.B. Lizenzgeber).
	Agenten haben einen Informationsvorsprung, den sie zur Durchsetzung eigener Ziele nutzen können.
Spieltheorie	Kooperationspartner verhalten sich u.a. dann nicht opportunistisch, wenn die Zusammenarbeit mit einer Kapitalbeteiligung unterlegt wird; denn dieses „Commitment" signalisiert die Bereitschaft zu kooperativem Verhalten. Dadurch entsteht eine „Win-win-Situation".
Theorie des organisationalen Lernens	Die Kooperation dient in erster Linie dem Zugriff auf das Know-how des Partnerunternehmens.
	Der Erfolg einer Kooperation hängt vom Gleichgewicht der Partner ab.
Transaktionskostenansatz	Unternehmen kooperieren, wenn die Zusammenarbeit sowohl hierarchischen Transaktionsformen als auch Transaktionen über den Markt überlegen ist.

Quelle: Pausenberger/Nöcker (2000, S. 395); stark modifiziert.

Zu den **Aufgaben** des explikativen Ansatzes gehört nicht nur, ein theoretisches Gerüst zu erarbeiten (hier = Principal / Agent-Ansatz; Spieltheorie; Theorie des organisationalen Lernens; Transaktionskostenansatz); vielmehr sollen Sie mit diesen Theorien auch **Hypothesen** entwickeln – und selbstverständlich prüfen (vgl. Kornmeier 2007, S. 75ff.). Letzteres ist dadurch möglich, dass Sie

- eine eigene **Studie** durchführen (= Primärstudie) und / oder
- verfügbare **empirische Ergebnisse** verwerten (= Sekundärstudie), die Sie auf Ihre Hypothese(n) beziehen.

Sekundärforschung ist zwar weitaus weniger zeitaufwendig und bietet zahlreiche andere Vorteile (vgl. Kornmeier 2007, S. 153ff.), sie hat aber auch diverse Schwächen und **Probleme**:

- In den Studien, in welchen die von Ihnen verwendeten Theorien gleichfalls herangezogen wurden (z.B. Transaktionskostentheorie), werden sehr wahrscheinlich nicht genau jene **Befunde** stehen, die Sie benötigen.
- Die verfügbaren Ergebnisse werden **nicht immer unmittelbar** auf Ihre Forschungsfrage zu beziehen sein.

In all diesen Fällen müssen Sie sehr **sorgfältig begründen** und argumentieren, warum die betreffenden Daten Ihre Hypothese(n) stützen. Weiß Gott keine einfache Aufgabe!

3.2.3 Prognose

Mit Prognosen will man (verständlicherweise) zukünftige Ereignisse erkennen:

* Wie wird etwas künftig sein / aussehen?
* Welche Veränderungen werden eintreten?
* Was wird (mit B) geschehen, wenn A eintritt?

Wenn Sie die Prognose als Forschungsansatz nutzen wollen, sollten Sie grundsätzlich wie folgt vorgehen:

Vorgehensweise bei der Prognose

1. **Beschreiben** Sie zunächst die Ausgangssituation.
2. Suchen Sie nach einer oder mehreren passenden **Theorien**, in deren **Dann-Teil** Ihre Forschungsfrage beantwortet wird.
3. Prognostizieren Sie den Dann-Teil, indem Sie im **Wenn-Teil** Ihrer Theorie(n) die derzeitigen und / oder vermuteten künftigen **Bedingungen** einspeisen.

Dieser Ansatz ist selbstverständlich idealtypisch und in seiner reinen Form nicht immer konsequent durchzuhalten. Nehmen wir das Beispiel einer jüngst angefertigten Diplomarbeit, in der eine meiner Studentinnen die äußerst anspruchsvolle Forschungsfrage „Möglichkeiten zur Prognose der Nachfrage nach Wolfram" mit Bravour beantwortet hat. Auch in diesem Fall war ein **theoretisches** Konzept unabdingbar:

* Welche **Prognoseverfahren** gibt es generell? Und welche davon eignen sich für das vorliegende Problem?
* Welche **Faktoren beeinflussen** den Verbrauch von Wolfram (dieses Metall wird z.B. im Automobilbau eingesetzt)?

Da es keine „Theorie der Nachfrage nach Wolfram" gibt, entwickelte die Diplomandin ein **Modell** – und zwar auf Basis einer eingehenden Literaturrecherche, die in diesem Fall nicht nur aus Studien wissenschaftlicher Institutionen bestand, sondern u.a. auch aus Analysen kommerzieller Einrichtungen (z.B. Studien der Deutsche Bank Research). Auf diesem Weg entstand ein **System an Wirkungsfaktoren**, sodass man sich der „richtigen Lösung" (= Nachfrage nach Wolfram) von zwei Seiten nähern konnte:

- **direkt** über **unmittelbare Einflussgrößen**, z.B. die voraussichtliche Produktionsmenge von Pkws in den kommenden Jahren (→ Wenn die Zahl der Pkws steigt, wächst der Bedarf an Wolfram, das zur Herstellung der Fahrzeuge benötigt wird.),
- **indirekt** über **Vorlaufindikatoren**. Beispielsweise stellte die Verfasserin der Diplomarbeit korrelationsanalytisch fest, dass zwischen dem Wachstum der Weltwirtschaft und dem Verbrauch von Wolfram eine signifikante positive Beziehung besteht, wenn man ein Timelag berücksichtigt (→ Wenn die Weltwirtschaft um x% wächst, nimmt der Bedarf an Wolfram um y% zu.).

Es versteht sich von selbst, dass alle Annahmen, etwa über die künftige Herstellung von Produkten auf Wolframbasis ausführlich diskutiert und begründet wurden. Sie sehen: Auch Prognosen müssen auf einem **stabilen theoretischen Fundament** stehen.

3.2.4 Gestaltung

Gerade für eine angewandte Wissenschaft wie die Betriebswirtschaftslehre ist es wichtig, sog. Ziel / Mittel-Aussagen zu entwickeln. Wer mit dem **gestaltungsorientierten Ansatz** arbeitet, beantwortet demnach die Frage: „Welche Maßnahmen (z.B. Strategien, Instrumente) eignen sich, um ein bestimmtes Ziel zu erreichen?" Eine solche Arbeit kommt vorzugsweise dann in Betracht, wenn die in der Literatur vorgeschlagenen Mittel zur Zielerreichung (z.B. Senkung der Produktkosten, Ausweitung des Marktanteils, Steigerung des Bekanntheitsgrades) nicht zufriedenstellen (vgl. zum Folgenden Nienhüser/Magnus 2003, S. 6ff.). Dies könnte etwa dann der Fall sein, wenn ein Unternehmen ein **avisiertes Ziel**

- bislang **nicht** oder nicht in dem **gewünschten** Maß erreicht hat,
- einfacher, günstiger und / oder mit weniger negativen **Nebenwirkungen** erreichen kann, falls es sich für ein anderes Instrument oder einen anderen Weg entscheidet.

Sog. technologische Aussagen lassen sich am einfachsten entwickeln, wenn man in einer **praxisorientierten** (Bachelor- / Master-)Arbeit eine **konkrete** Situation vor Augen hat, z.B. ein bestimmtes Unternehmen, dessen Bedingungen man genau kennt. Ist dies nicht der Fall, bietet es sich an, **prototypische Maßnahmen** zu entwerfen, die man anschließend „nur noch" an die spezifischen Bedingungen (z.B. eines Unternehmens) anpassen muss. Zu denken wäre bspw. an

- Instrumente zur Senkung der Produkt(ions)kosten,
- Maßnahmen zur Steigerung des Bekanntheitsgrads eines Produkts oder Unternehmens,
- Handlungsoptionen zur Vergrößerung der Entsendungsbereitschaft,
- personalpolitische Konzepte zur Ausweitung der kulturellen Offenheit,
- Maßnahmen zur Verbesserung der Kundentreue.

Ein wesentlicher Unterschied zwischen Seminar- und bspw. Bachelorarbeit besteht darin, dass es in einer Seminararbeit genügen würde, die in der Literatur genannten Instrumente zu systematisieren, deren Eignung kritisch zu diskutieren und nach Maßgabe ihrer Tauglichkeit differenziert darzustellen. In einer Bachelorarbeit hingegen müssten Sie überdies die **Effektivität** der Maßnahmen bewerten, indem Sie bewährte Theorien und einschlägige empirische Studien zurate ziehen und kritisch hinterfragen. Verwendbar wären dann letztlich nur jene Ziel / Mittel-Aussagen, die dieser Prüfung standhalten.

Mithin sind auch beim gestaltungsorientierten Ansatz Theorien **unverzichtbarer** Bestandteil. Demnach gilt eine behauptete Wirkung (z.B. „Eine gute Arbeitsatmosphäre verbessert die Zufriedenheit der Mitarbeiter und damit auch deren Produktivität."; „Die Ausweitung der Werbeausgaben für ein Produkt steigert dessen Bekanntheitsgrad.") als (vorübergehend) akzeptiert, falls

- bewährte Theorien bzw. theoretische Aussagen sie **nicht widerlegen** können und

- die **Voraussetzungen** (= Mittel) und auch sämtliche **Konsequenzen**, d.h. Ziele und Nebenwirkungen, als „akzeptabel" gelten (z.B. auch ethisch, moralisch).

In einer wissenschaftlichen Arbeit müsste man folglich auch
- begründen, **warum** man ein oder mehrere Ziele **anstrebt**,
- klären, welches **Niveau** für die Beurteilung der **Zielerreichung** ausreichend oder wünschenswert ist,
- darlegen, ob und in welchem Maße **Nebenwirkungen** zugelassen sind (z.B. negative Auswirkungen übermäßig viel Werbung auf Kinder).

3.2.5 Kritik (Bewertung) und Utopie

Wissenschaft soll nicht nur Wissen schaffen und Gestaltungsempfehlungen geben, sondern vielmehr auch **Kritik am Bestehenden** üben und außerdem **Utopien** entwerfen. Als Forschungsansatz will man mit Kritik im Wesentlichen die Frage beantworten, wie ein bestimmter Zustand vor dem Hintergrund explizit genannter Kriterien (z.B. Umweltverträglichkeit) zu bewerten ist. Da sie **immer** erforderlich ist, repräsentiert Kritik **keine eigenständige** Art von Forschungsfrage; lediglich der Schwerpunkt ist anders gesetzt. Nehmen wir an, das Thema unserer Arbeit lautete „Abnehmende Rohstoffvorräte und wachsendes Umweltbewusstsein: Künftiger Stellenwert der Luxusgüterindustrie", dann müssten wir u.a.
- den Begriff „Luxusgüter" definieren,
- darlegen, welche Rohstoffe durch den Kauf bzw. Konsum von Luxusgütern verbraucht werden,
- den derzeitigen und künftigen Verbrauch der entsprechenden Rohstoffe einschätzen,
- prüfen, inwieweit die „normale" Bevölkerung die Konsumenten von Luxusgütern für den weltweiten Ressourcenverbrauch verantwortlich macht.

Utopien zu entwerfen bedeutet, dass Spekulieren und Querdenken ebenso Bestandteile der Arbeit sein können wie wissenschaftliche Überlegungen zu **Sinn** und **Ethik**; denn wer lediglich auf das Bestehende zurückgreift, d.h. nur das Vorhandene beschreibt, erklärt usw., wandert ausschließlich auf ausgetretenen Pfaden und kann plausiblerweise keine neuen Wege zeigen.

Mit anderen Worten: Die Wissenschaft **hinkt** dann (der Praxis) **hinterher.** Wer Utopien konzipiert, versucht die Frage zu beantworten, wie die Welt von morgen aussieht, z.B. in 10 bis 20 Jahren; das „morgen" reicht dabei weit über das hinaus, was die Prognose (vgl. Kapitel 3.2.3) leisten will. Bei der Suche nach utopischen Aussagen helfen bspw. **qualitative Verfahren.**

- Bei der **Delphi-Methode,** einer Form der Expertenbefragung, wertet man die Antworten der einzeln befragten Experten aus, um jenen anschließend die aggregierten Ergebnisse zuzusenden (i.d.R. anonym). Wer diesen Prozess mehrfach wiederholt (ggf. mit präzisierter Fragestellung), erhält letztlich ein gemeinsames Urteil aller Experten zu dem interessierenden Sachverhalt (vgl. Nieschlag u.a. 2002, S. 160).

- Ausgehend von der gegenwärtigen Situation will man mit der **Szenario-Technik** (vgl. von Reibnitz 1987) den künftigen Zustand des zu prognostizierenden Gegenstands (z.B. Absatz von Pkw) ermitteln. Hierzu werden verschiedene konsistente Zukunftsbilder (= Szenarios) entwickelt und jeweils mögliche Konsequenzen (für das Untersuchungsobjekt) abgeleitet. Wer bspw. den Pkw-Absatz in zehn Jahren prognostizieren will, könnte in den Szenarios u.U. Rahmenbedingungen wie knapper werdende Ölvorkommen oder steigende Benzinpreise berücksichtigen.

Allerdings muss und soll es nicht bei den entwickelten Welten bleiben; je nach Schwierigkeitsgrad der Arbeit ist denkbar und wünschenswert, dass Sie für Ihre Utopia entsprechende **Konsequenzen ableiten,** z.B. für Konsumenten, Staat, Unternehmen und / oder deren Politik. Auch hier spielt eine ganz entscheidende Rolle, ob es Ihnen gelingt, Ihre Ideen und die damit einhergehenden Konsequenzen zu begründen, sei es logisch, sei es durch Rekurs auf vorhandene Theorien.

3.3   Formulieren Sie Ihr Thema möglichst präzise!

Setzen Sie sich eingehend damit auseinander, worüber Sie schreiben wollen und formulieren Sie Ihr Thema so präzise wie möglich. Abschließend finden Sie ein Beispiel, welches nochmals die große Bedeutung der Forschungsfrage verdeutlicht.

Ob sich ein Autor Gedanken gemacht hat, worüber er schreiben will, erkennt man im Allgemeinen bereits an der Präzision der Themenstellung.

Je mehrdeutiger, diffuser (und zumeist länger) das formulierte Thema ist, desto größer ist die Wahrscheinlichkeit, dass der Autor nicht genau weiß:

Welches Thema will (oder muss) ich bearbeiten?
Welche Art von Forschungsfrage will ich beantworten?

Deshalb: Suchen Sie nicht nach beeindruckenden Floskeln und Phrasen, sondern formulieren Sie Ihr Thema so einfach und konkret wie möglich. Der darin angesprochene Sachverhalt sollte ausdrücken, mit welcher Frage Sie sich beschäftigen.

Mit einem gestelzt oder komplex klingenden Thema werden Sie Ihren Prüfer nicht beeindrucken können.

Vor etlichen Jahren bat mich ein Kollege, eine Diplomarbeit zu folgendem Thema zu betreuen:

„Analyse und Optimierungsansätze durch Process Reengineering im Sinne des Customer Relationship Management für die ‚Wohn- und Schmuck-Beratung‘: eine Abteilung im Konfliktfeld zwischen Kundenorientierung und Wirtschaftlichkeit“

Mit Blick auf die Themenstellung, welche äußerst komplex erscheint, ist es zweckmäßig, sich nochmals die Anforderungen an wissenschaftliche Arbeiten zu vergegenwärtigen. Zentraler Gegenstand ist bekanntermaßen, eine eindeutig fixierte Frage – ggf. mit konkretem Bezug zur Praxis – auf wissenschaftlichem Weg zu beantworten. Vor diesem Hintergrund hatte ich den Verfasser der Arbeit damals (frühzeitig) darauf aufmerksam gemacht, dass das von ihm gewählte Thema ambivalent und unwissenschaftlich sei und kein Ergebnis erwarten ließe, das den Anforderungen an eine wissenschaftliche Arbeit entspreche.

   Der Diplomand war indessen nicht bereit, das einmal gewählte Thema den Erfordernissen anzupassen. Das Ergebnis war grauenhaft … aber absehbar. Warum? Hier nur einige wenige Gründe für das Scheitern, die sich bereits aus dem Titel ergaben:

- Der darin verwendete Begriff „Analyse“ hat zu keinem anderen Bestandteil einen erkennbaren Bezug.

- Manche Formulierungen sind sprachlich unsauber (z.B. „im Konflikt-feld zwischen") bzw. ergeben sprachlogisch keinen Sinn (z.B. „Opti-mierungsansätze durch Process Reengineering").
- Was hat man unter „Process Reengineering ‚im Sinne des' Customer Relationship Management" zu verstehen?
- Muss zwischen Kundenorientierung und Wirtschaftlichkeit notwen-digerweise ein Konflikt bestehen?
- Ein wissenschaftlicher Gehalt (z.B. empirische Analyse zur Prüfung einer bestimmten Theorie; erkennbarer Beitrag zur Kundenzufrieden-heitsforschung) ist dem Thema nicht zu entnehmen.

Nehmen wir der **Einfachheit** halber an, das Thema sei sinnvoll gewesen: Der Diplomand hätte sich dann im Grundlagenteil seiner Arbeit zumin-dest mit folgenden **Fragen** beschäftigen müssen:

- Was bedeutet Customer Relationship Management? Allerdings setzte sich der Autor mit diesem zentralen Konstrukt nicht einmal rudimen-tär auseinander; vielmehr subsumierte er diesem Konzept die Begriffe „Kundenorientierung", „Kundenzufriedenheit" und „Kundenbin-dung", ohne dies zu begründen oder dafür einschlägige Quellen zu nennen. Dabei übersah er sogar, dass diese Bezeichnungen allenfalls Konsequenzen des Customer Relationship Management sind, keines-wegs jedoch Instrumente zur Durchsetzung eines adäquaten Manage-mentkonzepts.
- Was bedeutet „Process Reengineering"? Und welche Optionen nennt die wissenschaftliche Literatur, um Prozesse zu „re-engineeren"? Auch diese Frage blieb unbeantwortet.
- Welche Erkenntnisse liefert die einschlägige wissenschaftliche Litera-tur in Bezug auf
  ▷ Analyseinstrumente, mit denen Unternehmen grundsätzlich „Process Reengineering" betreiben können?
  ▷ Ansätze zur Optimierung des Customer Relationship Manage-ments?
- Was versteht man unter Wirtschaftlichkeit? Und muss Wirtschaftlich-keit tatsächlich mit Kundenorientierung konfligieren – wie der Autor im Titel seiner Arbeit behauptet?

All diese (und zahlreiche weitere hier nicht zu diskutierende) Defizite geben zu erkennen, dass ein wissenschaftlicher Hintergrund nahezu vollkommen fehlt.

- Die übergroße Mehrheit der im Titel verwendeten Begriffe hat der Verfasser in seiner Diplomarbeit nicht definiert, geschweige denn diskutiert.
- Theorien bzw. theoretische Ansätze erwähnte er nicht einmal.
- Den „State of the Art" zum Thema „Customer Relationship" oder gar zum „Customer Relationship Management" stellte er ebenfalls nicht dar – auch nicht ansatzweise. Neue (oder neuere) wissenschaftliche bzw. empirische Erkenntnisse fehlten vollkommen.
- Die Arbeit war deskriptiv und hatte für die Praxis so gut wie keinen Nutzen, da sich auch Konsequenzen, die aus den empirischen Daten hätten abgeleitet werden können, nur vereinzelt fanden.
- und und und

Viele der skizzierten Mängel wären vermeidbar gewesen, wenn der Verfasser dieser „wissenschaftlichen" Arbeit von vornherein eine konkrete Forschungsfrage formuliert und bearbeitet hätte. Ergo: Voraussetzung für ein gutes wissenschaftliches Werk ist demnach, dass man genau weiß, worüber man schreibt.

Fassen wir den Inhalt von Kap. 3 zusammen:
- Wir wissen nun, **womit** wir uns beschäftigen (= Thema).
- Wir wissen außerdem, **was** wir wissen bzw. **wie** wir grundsätzlich vorgehen wollen (= Forschungsfrage).

Begeben wir uns nun auf **Einkaufstour**; wir benötigen **erstklassige** Zutaten!

Der Inhalt einer wissenschaftlichen Arbeit (Teil II):
Verarbeiten Sie nur Zutaten,
die man für einen Gugelhupf benötigt!

4.1 Das Leid mit der Literatur

4.1.1 Qualität ist das beste Rezept

Ein bekannter Spruch besagt sinngemäß, dass man aus Kuhmist kein Gold machen kann. Mist bleibt Mist, egal wie Sie ihn formen und wie lange Sie darin rühren. Auch Ihr Gugelhupf kann allenfalls so gut werden wie die Zutaten, die Sie dafür verwenden. Wer zweitklassiges Mehl verarbeitet und Eier, deren Haltbarkeitsdatum abgelaufen ist, muss sich nicht wundern, wenn niemand den Kuchen essen will. Auch für das Gelingen einer wissenschaftlichen Arbeit ist entscheidend, dass Sie bei den Zutaten, d.h. bei den Informationen, die Sie zur Beschreibung, zur Erklärung bzw. zur Argumentation benötigen, auf **Qualität** achten.

Die von Ihnen verarbeiteten Ingredienzien müssen dem **Niveau einer wissenschaftlichen Arbeit** entsprechen. **Nicht** geeignet sind deshalb bspw. Nachschlagewerke bzw. Lexika für den „Hausgebrauch" (z.B. Brockhaus; Meyers Großes Taschenlexikon); denn diese wenden sich an Leser ohne wissenschaftliche Erfahrung und erklären Begriffe bewusst einfach und knapp – i.d.R. zu einfach und zu knapp, um wissenschaftlichen Ansprüchen zu genügen. Weitaus bedeutsamer ist es, dass Sie auf **hochwertige Informationen** zurückgreifen, wie sie in Abb. 11a/b überblicksartig dargestellt sind. Der Übersicht ist allerdings auch zu entnehmen, dass diese Publikationen bzw. Quellen gleichfalls nicht ohne **Schwächen** sind; vor allem die **Qualität** schwankt mitunter ganz erheblich.

Abb. 11a: Literatur- bzw. Informationsquellen für wissenschaftliche Arbeiten: Typische Eigenschaften und Verwendungsmöglichkeiten

Art der Quelle	Typische Eigenschaft	Verwendungsmöglichkeit
Allgemeines Lehrbuch	Breiter Überblick über das generelle Themengebiet; verarbeiteter Inhalt vergleichsweise alt; Qualität von Lehrbüchern variiert tw. erheblich	Thema einordnen (z.B. in die Allgemeine Betriebswirtschaftslehre)
Spezielles Lehrbuch	Überblick über das eigentliche Themengebiet; verarbeiteter Inhalt vergleichsweise alt; Qualität der Lehrbücher variiert tw. erheblich	Thema in das eigentliche Themengebiet einordnen (z.B. Marketing)
Journal / Fachzeitschrift (referiert)	Wissenschaftlich; aktuell; hochwertige, von anderen Wissenschaftlern referierte Beiträge	Spezifisches Wissen zu konkreten Themen sammeln (inkl. theoretische Erkenntnisse, empirische Befunde)
Sammelband / Handbuch	Breites Spektrum an diskutierten Themen, die von verschiedenen Autoren (i.d.R. Wissenschaftler und Praktiker) bearbeitet werden; die einzelnen Themen stehen i.d.R. unverbunden nebeneinander; Qualität variiert tw. erheblich	Überblick über die verschiedenen Forschungsrichtungen / Teilbereiche einer Disziplin gewinnen
Dissertation	Tiefer, umfassender Einblick in ein vergleichsweise eng umrissenes Themengebiet; Qualität variiert tw. erheblich	Spezifisches Wissen zu konkreten Themen sammeln (inkl. theoretische Erkenntnisse, empirische Befunde)
Lexikon	Knappe Darstellung zahlreicher Begriffe; Qualität der Lexika bzw. Beiträge variiert tw. erheblich	Zentrale Begriffe nachschlagen
Arbeitspapier	Umfassende Abhandlung eines sehr speziellen Themengebiets; „neues Wissen", das zur Diskussion gestellt wird	Spezifisches Wissen zu konkreten Themen sammeln und weiter vertiefen
Branchenbezogene Zeitschrift	Aktuell; konkrete, praxisnahe, aber deskriptive und i.d.R. oberflächliche Beiträge	Aktuelle Praxisprobleme erkennen und in den wissenschaftlichen (theoretischen) Kontext stellen; Aussagen durch Fallstudien / Praxisbeispiele untermauern

(wird fortgesetzt)

Art der Quelle	Typische Eigenschaft	Verwendungsmöglichkeit
Wochenzeitung	Aktuell	Aktuelle Praxisprobleme erkennen und in den wissenschaftlichen (theoretischen) Kontext stellen
Tageszeitung	Aktuell	Aktuelle Umfrageergebnisse bzw. Zahlen / Daten aus der Wirtschaft (z.B. Stat. Bundesamt, ifo-Institut) einbinden
Experten-gespräch	Inhalt subjektiv gefärbt; Validität schwer zu prüfen	An unveröffentlichtes Wissen gelangen
Internet	Inhalt häufig nicht bzw. schwer zu prüfen; Qualität variiert tw. erheblich	(Theoretische) Aussagen durch Daten, Fallstudien / Praxisbeispiele und sonstige Informationen ergänzen

Grundsätzlich gilt, dass Sie für wissenschaftliche Arbeiten vor allem in **Fachzeitschriften** veröffentlichte Beiträge (sog. **Aufsätze**) nutzen sollten, denn:

* In den führenden Journals findet ein wichtiger, wenn nicht gar der wichtigste und überwiegende Teil der **wissenschaftlichen Auseinandersetzung** statt.
* Angesichts der geringen Halbwertzeit des Wissens sind Fachzeitschriften häufig besser geeignet als andere wissenschaftliche Publikationen; denn in Journals ist ein Großteil des **aktuell verfügbaren Wissens** dokumentiert.
* Die Herausgeber achten in besonderem Maße darauf, dass die **wissenschaftlichen Standards** eingehalten werden, was i.d.R. qualitativ **hochwertige Fachbeiträge** garantiert (Dies wiederum bedeutet natürlich **nicht**, dass Sie sich mit den Ergebnissen und Aussagen dieser wissenschaftlichen Artikel nicht mehr kritisch auseinandersetzen müssten!).

Wer auf Aufsätze zurückgreifen will, kann im **Literaturverzeichnis** z.B. von Monografien (neuere Dissertationen, Habilitationsschriften usw.) recherchieren. Weitaus effektiver und effizienter ist es i.d.R. aber, in speziellen **Datenbanken** zu suchen, z.B. in Business Source Premier, Econ-Lit, LEGIOS, LexisNexis, WISO. In Betracht kommt natürlich auch, einzelne Jahrgänge „von Hand" zu durchforsten. Wer erfahren will, womit sich Forschung und Praxis beschäftigt, muss im Allgemeinen zumindest die zurückliegenden **fünf bis zehn Jahrgänge je Fachzeitschrift** durchsehen (bisweilen genügt es, das Inhaltsverzeichnis zu „scannen").

Abb. 11b: Beispielhafte Literatur- bzw. Informationsquellen für wissenschaftliche Arbeiten

Art der Quelle	Beispiel
Allgemeines Lehrbuch	Wöhe, G.; Döring, U. (2005): Einführung in die Allgemeine Betriebswirtschaftslehre, 22. Aufl., München 2005.
Spezielles Lehrbuch	Nieschlag, R.; Dichtl, E.; Hörschgen, H. (2002): Marketing, 19. Aufl., Berlin 2002.
Journal / Fachzeitschrift (referiert)	Journal of International Business Studies; Journal of Marketing, Administrative Science Quarterly, Zeitschrift für betriebswirtschaftliche Forschung, Die Betriebswirtschaft
Sammelband / Handbuch	Macharzina, K.; Oesterle M.-J. (Hrsg.) (2002): Handbuch Internationales Management: Grundlagen, Instrumente, Perspektiven, 2. Aufl., Wiesbaden 2002.
Dissertation	Geppert, D. (1998): Interaktives Fernsehen als Promotor des Home-Shopping: Die Akzeptanz der Verbraucher als Engpaß der Diffusion. Ein empirischer Beitrag zur Innovationsforschung, Diss., Technische Universität Dresden, Dresden 1998.
Lexikon	Diller, H. (Hrsg.) (2001): Vahlens Großes Marketinglexikon, 2. Aufl., München 2001.
Arbeitspapier	Hassel, A.; Höpner, M.; Kurdelbusch, A.; Rehder, B.; Zugehör, R. (2001): Two Dimensions of the Internationalization of Firms, Working Paper No. 3 / 2001, Max-Planck-Institut für Gesellschaftsforschung, Köln 2001.
Branchenbezogene Zeitschrift	absatzwirtschaft; manager magazin; Wirtschaftswoche
Wochenzeitung	Die ZEIT
Tageszeitung	Frankfurter Allgemeine Zeitung; Süddeutsche Zeitung
Expertengespräch	z.B. mit Geschäftsführer / Vorstandsmitglied / Personalchef der X-AG
Internet	Wikipedia; unveröffentlichte Forschungsbefunde; Skripte; …

Dabei sollte man jedoch beachten, dass die Qualität der einzelnen Journals mitunter erheblich variiert.

- Wer bspw. Artikel aus (stärker) **praxisorientierten** Zeitschriften verwenden will (z.B. Harvard Business manager, Personalwirtschaft, absatzwirtschaft), sollte prüfen, ob die darin getroffenen Aussagen die geforderten **Voraussetzungen** erfüllen – was z.B. wegen der mitunter **ungenügenden Belegweise** nicht immer der Fall sein dürfte.
- Die besten Fundstellen für gehaltvolle Aufsätze sind sehr häufig die führenden Zeitschriften aus dem **angloamerikanischen Sprachraum**. Den mit der Lektüre verbundenen Mehraufwand (z.B. aufgrund

von Sprachschwierigkeiten) kompensiert der **überdurchschnittliche Informationsgehalt** der Fachbeiträge. Und wer diese Informationsquellen regelmäßig nutzt, wird schnell erkennen, dass sich der Inhalt amerikanischer Journals dem Leser oft leichter erschließt als in Deutsch publizierte Artikel.

Die (unvollständige) Zusammenstellung in Abb. 12 (S. 64) vermittelt einen Eindruck von der **Vielfalt** an einschlägigen wissenschaftlichen Zeitschriften zur Allgemeinen Betriebswirtschaftslehre (ABWL). Sie belegt außerdem die übergroße Bedeutung **angloamerikanischer** Journals für die deutschsprachige Betriebswirtschaftslehre. Abb. 12 beleuchtet jedoch nur einen kleinen Ausschnitt einer Studie, in welcher der Verband der Hochschullehrer für Betriebswirtschaft e.V. (VHB) im Jahr 2004 insgesamt 651 Mitglieder und Habilitanden zur wissenschaftlichen Qualität von Fachzeitschriften befragt hatte (zu den Ergebnissen im Detail sowie zur zugrunde liegenden Methodik vgl. Hennig-Thurau u.a. 2007 sowie Hennig-Thurau u.a. 2004, S. 520ff.). Die in Abb. 12 erfassten Periodika zur ABWL wurden mit einem „A+", „A" oder „B" bewertet: Sie sind **besonders hochwertig**.

Die Studie des VHB ergab u.a. folgendes Bild:

- Journals aus dem englischsprachigen, insb. US-amerikanischen Raum wird grundsätzlich eine deutlich bessere **Qualität** attestiert als den im deutschen Sprachraum publizierten Zeitschriften.
- Im Gesamtranking **aller** für die Betriebswirtschaftslehre relevanten Journals (vgl. Hennig-Thurau u.a. 2007) findet sich **keine deutschsprachige** Zeitschrift in den Kategorien A+ oder A. Periodika, die hierzulande i.d.R. als **Referenz** gelten (z.B. Zeitschrift für betriebswirtschaftliche Forschung, Zeitschrift für Betriebswirtschaft, Die Betriebswirtschaft), belegen die Plätze 116, 161 und 174. Sogar einige der in Deutschland herausgegebenen englischsprachigen Zeitschriften schneiden in der Rangliste besser ab, z.B. Journal of Institutional and Theoretical Economics (= 65), FinanzArchiv (= 66) und OR Spectrum (= 74).
- Auffällig ist überdies, wie stark die **Qualität** der Fachzeitschriften in den verschiedenen speziellen Betriebswirtschaftslehren **schwankt**: Unter den Top Ten (Gesamtranking) sind vor allem Zeitschriften aus

den Bereichen Marketing (= 4), Finanzierung (= 3) und Organisation / Personal (= 2). Betrachtet man die Qualität getrennt nach speziellen Betriebswirtschaftslehren, so fällt auf, dass lediglich in Marketing, Logistik / OR / Produktion sowie Finanzierung Top-Zeitschriften mit exzellenter Qualität zu finden sind. In den Bereichen Technologie- und Innovationsmanagement sowie Hochschulmanagement stehen hingegen weder „A+"- noch „A"-Journals als Veröffentlichungsplattform zur Verfügung.

Abb. 12: Die 29 besten Fachzeitschriften zur Allgemeinen Betriebswirtschaftslehre:

Ergebnisse einer Befragung deutschsprachiger Wissenschaftler

Rang	Titel	Rang	Titel
1	Administrative Science Quarterly	15	British Journal of Management
2	Management Science	16	Scandinavian Journal of Management
3	Academy of Management Journal	17	Schmalenbach Business Review
4	Strategic Management Journal	18	Long Range Planning
5	Journal of Economics and Management Strategy	19	Journal of Management
		20	Journal of Business Research
6	Academy of Management Review	21	Zeitschrift für Betriebswirtschaft (ZfB)
7	International Journal of the Economics of Business	22	Journal of Business Ethics
		23	Sloan Management Review
8	International Journal of Industrial Organization	24	Die Betriebswirtschaft (DBW)
		25	International Studies of Management and Organization
9	Journal of Industrial Economics		
10	Journal of Management Inquiry	26	Journal of Applied Management Studies
11	Journal of Management Studies	27	Management International Review
12	Journal of Business Venturing	28	Journal of Economics and Business
13	Journal of Business	29	Management Decision
14	Zeitschrift für betriebswirtschaftliche Forschung (ZfbF)		

Über **www.utb-mehr-wissen.de** stoßen Sie auf die **Webseite** zu diesem Buch. Dort finden Sie neben einem Blog und vielen nützlichen Hinweisen und Links auch eine **Übersicht** über wichtige Fachzeitschriften in **verschiedenen wissenschaftlichen Disziplinen (z. B. Medizin).**

Unter www.utb-mehr-wissen.de finden Sie u.a. auch eine Zusammenstellung aller für die Betriebswirtschaftslehre relevanten Fachzeitschriften sowie Bestenlisten für die Allgemeine Betriebswirtschaftslehre und für einzelne Fachbereiche (vgl. hierzu auch Hennig-Thurau u.a. 2007), und zwar für

- Betriebswirtschaftliche Steuerlehre,
- Dienstleistungsmanagement / Handelsmanagement,
- Electronic Commerce,
- Finanzierung / Bankbetriebslehre,
- Internationales Management,
- Logistik, Operations Research, Produktion,
- Marketing,
- Öffentliche BWL & Not-for-Profit-Management,
- Organisation und Personal,
- Rechnungswesen & Controlling,
- Technologie- und Innovationsmanagement,
- Wirtschaftsinformatik & Informationsmanagement.

Vermutlich werden Sie nicht immer alle Periodika eines bestimmten Fachbereichs benötigen. Details zu relevanten Journals sollten Sie mit dem **Betreuer** Ihrer wissenschaftlichen Arbeit besprechen.

Fassen wir zusammen:
Wir wissen nun, welche Literatur für wissenschaftliche Arbeiten besonders gut geeignet ist, d.h. wir kennen die Einkaufsstätte bzw. das **Delikatessengeschäft**, in welchem wir unsere Zutaten erwerben sollten (das „delikate" Thema „Internet als Einkaufsstätte" behandeln wir etwas später). Wie aber finden wir in diesen Quellen die richtigen Informationen (= Zutaten)? Diese Frage ist Gegenstand des folgenden Kapitels.

4.1.2 Die besten Zutaten finden: Strategien der Literaturrecherche

Für die Literaturrecherche kommen mehrere **Strategien** in Betracht (vgl. hierzu Becker 2006, o.S.; Rossig/Prätsch 2006, S. 62ff.; Nienhüser/Magnus 2003, S. 26f.); diese unterscheiden sich im Wesentlichen im **Ausgangspunkt**, aber auch in der **Qualität** der Suche.

4.1.2.1 Methode der konzentrischen Kreise
Wer sich dieser Methode bedient – sie wird auch als **rückwärts gerichtete Suche** oder als **Schneeball- oder Lawinensystem** bezeichnet – wählt einen

sehr einfachen Ansatz. Die Recherche beginnt, indem man zunächst eine (oder mehrere) **zentrale** Quellen aufspürt und über deren Literaturverzeichnis weitere Literatur erschließt. Ist ein solcher zentraler Aufsatz oder Beitrag nicht verfügbar (oder nicht zu ermitteln), kann man zum Einstieg auch das Literaturverzeichnis folgender **Quellen** nutzen:

- Lehrbücher,
- Übersichtsartikel,
- neuere **Monografien** zum fraglichen Themenkomplex, z.B. Dissertationen oder Habilitationsschriften, in denen aktuelle, qualitativ hochwertige Literatur verarbeitet wird,
- Beiträge aus **Enzyklopädien** bzw. **Handwörterbüchern** zur Betriebswirtschaftslehre (vgl. Abb. 13), bspw.
  ▷ Handwörterbuch der Betriebswirtschaft,
  ▷ Handwörterbuch des Marketings / Personalwesens / Rechnungswesens usw.,
  ▷ Handbücher zu betrieblichen Teilbereichen (z.B. Handbuch des Internationalen Managements / der Bilanzierung / der Kostenrechnung).

Abb. 13: Ausgewählte Handwörterbücher zur Betriebswirtschaftslehre

• Handwörterbuch der Betriebswirtschaft • Handwörterbuch der Finanzwirtschaft • Handwörterbuch der Führung • Handwörterbuch der Öffentlichen Betriebswirtschaft • Handwörterbuch der Organisation • Handwörterbuch der Planung • Handwörterbuch der Produktionswirtschaft • Handwörterbuch der Rechnungslegung und -prüfung • Handwörterbuch der Revision	• Handwörterbuch des Bank- und Finanzwesens • Handwörterbuch des Marketings • Handwörterbuch des Personalwesens • Handwörterbuch des Rechnungswesens • Handwörterbuch Export und internationale Unternehmung • Handwörterbuch Unternehmensführung und Organisation • Handwörterbuch Unternehmensrechnung und Controlling

Indem der Autor die in der Einstiegsquelle angegebene Literatur recherchiert, entdeckt er **weitere Literatur**; auch darin wird er auf für ihn unbekannte Quellen stoßen usw. Auf diese Weise wächst die Zahl seiner Fundstellen zunächst stark an, bis er immer häufiger Bekanntes findet. Der Vorteil dieser Vorgehensweise ist darin zu sehen, dass die wichtigsten (hier = die am häufigsten zitierten) Quellen in vergleichsweise kurzer Zeit zu ermitteln sind. Problematisch aber ist, dass die **nicht zitierte** Literatur

nicht gefunden werden kann. Auch die Gefahr, einem „**Zitierkartell**" zum Opfer zu fallen, ist nicht von der Hand zu weisen, nämlich dann, wenn bestimmte Denkschulen (fast) ausschließlich die Arbeiten der „Gleichgesinnten" zitieren. Außerdem kann man mit der „Methode der konzentrischen Kreise" meist nur wenige Quellen aus **Nachbardisziplinen** entdecken. Ebenso bedeutsam ist, dass die gefundenen Beiträge zwangsläufig **älter** als die Ausgangsschrift sind, was wiederum – wegen der fehlenden **Aktualität** – den Erkenntnisstand mindert. Aus den genannten Gründen genügt die rückwärts gerichtete Suche i.d.R. nicht. Wesentlich Erfolg versprechender – wenngleich auch zeitaufwendiger – ist die „systematische Suche" in Zeitschriften und in Literaturdatenbanken.

4.1.2.2 Systematische Suche

Neben Fachzeitschriften sollten auch Monografien, Sammelwerke, Literaturdokumentationen und Nachschlagewerke Gegenstand der Suche sein; hinzu kommen elektronische Medien, Verlagsprospekte, Rezensionen von Neuerscheinungen und Zeitschriftenverzeichnisse. Dieses Verfahren ist **Pflicht** für jeden, der seine Aussagen auf ein solides Fundament stellen will.

Im Allgemeinen beginnt man die – zugegebenermaßen recht mühsame, aber durchaus erfolgsträchtige – Literaturrecherche in jenen **Fachzeitschriften**, die für das Thema relevant sind (vgl. zum Folgenden auch Nienhüser/Magnus 2003, S. 26). Dabei darf man sich jedoch nicht nur mit den aktuellen Ausgaben begnügen, sondern muss sich – und darin liegt die eigentliche Anstrengung – zu den älteren Jahrgängen (i.d.R. **mindestens** fünf bis zehn zurückliegende Jahrgänge) „durcharbeiten". Selbstverständlich wird man nicht immer alle Artikel lesen können – und auch nicht müssen. Häufig liefern

- der **Titel** eines Beitrags,
- die **Zusammenfassung** (in angloamerikanischen Journals = „Abstract") bzw.
- der **Schlussteil** eines Fachbeitrags („Summary and discussion") (vgl. Abb. 3)

wichtige Hinweise, ob der fragliche Artikel für die eigenen Zwecke nützlich ist. Auch das „**Querlesen**" erweist sich in diesem Zusammenhang als bedeutsames **Suchinstrument** (vgl. hierzu auch Kap. 4.2: „Lesen und Exzerpieren von Texten").

Wenn Sie prüfen wollen, ob sich die von Ihnen recherchierten Beiträge bzw. Literaturquellen zur Lösung Ihres Forschungsproblems **eignen**, sollten Sie die in Abb. 14 zusammengestellten **Fragen** beantworten.

Abb. 14: Qualität von Fachbeiträgen bzw. Literaturquellen: Bewertungskriterien

Bewertungskriterium	Fragen zur Bewertung der Qualität
Titel des Beitrags	Besteht zwischen dem Titel der gefundenen Publikation und dem Thema der eigenen wissenschaftlichen Arbeit tatsächlich ein Zusammenhang?
Provenienz / fachlicher Hintergrund des Verfassers	Welchen Beruf hat der Verfasser der recherchierten Literaturquelle? Womit beschäftigt er sich gewöhnlich? Ist er Wissenschaftler, Praktiker, Journalist oder Laie?
Erscheinungsjahr der Quelle	Wann wurde die gefundene Publikation veröffentlicht?
Alter der in der Publikation verarbeiteten Quellen bzw. empirischen Befunde	Sind die in der Publikation dargestellten Befunde aktuell oder „veraltet"? Verarbeitet der Verfasser des Beitrags vorwiegend alte Quellen?
Titel / Art / Zielgruppe der Publikation	Wendet sich die recherchierte Literatur eher an Wissenschaftler oder an Praktiker?
Anzahl der Seiten	Bearbeitet der Verfasser sein Thema oberflächlich oder tiefgründig?
Anzahl der verarbeiteten Quellen	Wie viele Quellen sind Basis des Beitrags?
Ausgewogenheit der verarbeiteten Quellen	Verarbeitet der Autor der gefundenen Publikation lediglich eine Quellenart (z.B. Lehrbücher)? Verwendet er auch Ergebnisse aus Fachzeitschriften?
Herkunft der verarbeiteten Quellen	Verarbeitet der Verfasser lediglich Autoren aus dem eigenen Sprachraum? Oder nimmt er auch die relevante fremdsprachige Literatur zur Kenntnis?
Berücksichtigung der Schlüsselquellen	Hat der Autor die wichtigsten Quellen zum Thema verarbeitet?
Berücksichtigung der wesentlichen Autoren	Hat der Verfasser die wichtigsten Fachvertreter berücksichtigt, d.h. diejenigen, die auf einem bestimmten Gebiet intensiv Forschung betreiben?
Spektrum der zitierten Denkrichtungen	Zitiert der Verfasser nur eine bestimmte „Schule" / Denkrichtung?

All jenen, die sich der zeitaufwendigen systematischen Literatursuche nicht verweigern, sei versichert, dass sie i.d.R. nicht nur die **besten Beiträge** finden, sondern obendrein das eigene Fachgebiet aus der „**Hub-**

schrauberperspektive" kennenlernen. Bei der systematischen Suche muss man übrigens immer seltener in den Printausgaben der „Journals" blättern, da mittlerweile zahlreiche **Literaturdatenbanken**

* **online** und / oder auf **CD-Rom** verfügbar sind und
* einen **Großteil** der in den vergangenen Jahren erschienenen **Artikel** elektronisch zur Verfügung stellen, z.B. WISO für deutschsprachige, EconLit für englischsprachige **Periodika**.

Diese Datenbanken bieten einen nahezu idealen **Zugang** zu den für die wissenschaftliche Arbeit relevanten und aktuellen Zeitschriften, zumal i.d.R. nicht nur nach Schlagwörtern, Titel, Verfasser usw., sondern auch nach Stichwörtern gesucht werden kann. Einziges „Manko": Weil die Literaturdatenbanken teilweise **unterschiedliche Quellen** erfassen, sollte man sich vor der Recherche über **Eignung** und **Verfügbarkeit** der einzelnen Medien erkundigen. Außerdem ist man noch ab und an auf die **„Hardcopy"-Variante** angewiesen, da viele „topaktuelle" Ausgaben erst nach einer gewissen Zeit (teilweise erst nach mehreren Wochen) in die Datenbank eingepflegt werden.

4.1.2.3 Vorwärts gerichtete Suche

Neben den beiden skizzierten Recherchestrategien kommt ein **dritter Ansatz** in Betracht: die **vorwärts gerichtete** Suche (vgl. Nienhüser/ Magnus 2003, S. 27). Der „Methode der konzentrischen Kreise" vergleichbar sucht man zunächst einen **geeigneten** Aufsatz (ggf. sogar mehrere) als **Ausgangspunkt**. Im Gegensatz zur „rückwärts gerichteten" Suche fahndet man anschließend aber

* nicht nach der Literatur, mit welcher der fragliche **Autor** gearbeitet hat, sondern vielmehr
* nach **Autoren**, die **später** mit dem gefundenen „zentralen" Aufsatz **gearbeitet haben**.

Entsprechende Hinweise liefert bspw. der sog. **„Social Science Citation Index"** (SSCI), der überwiegend englischsprachige Zeitschriftenliteratur erfasst. Der SSCI ist auf CD-ROM (und auch online) verfügbar, sodass man auf die vollständigen Literaturverzeichnisse jener Autoren, die den „zentralen" Aufsatz später verarbeiteten, unmittelbar zugreifen kann.

4.1.3 Kaufen Sie Ihre Zutaten nicht im nächstbesten Internetshop

Zu Beginn des Buches hatten wir festgestellt, dass es erforderlich ist, mit modernem Handwerkszeug zu arbeiten. Teig mit einem Handrührbesen zu bearbeiten ist mühselig – und vor allem **zeitraubend**. Mit Blick auf Effektivität und Effizienz ist es nahe liegend, PC und Drucker zu nutzen. Zu einer modernen Ausstattung gehört selbstverständlich auch ein Zugang zum Internet, da man dort mittlerweile auch für wissenschaftliche Arbeiten Literatur, Daten und sonstige Informationen recherchieren kann. Was früher auf herkömmlichem Weg nur schwer zu beschaffen war, lässt sich nunmehr binnen kürzester Zeit bewerkstelligen. Neben **elektronischen Texten** (z.B. wissenschaftliche Diskussionsbeiträge, Zeitschriftenartikel, Bücher, Dissertationen im Web) finden sich im World Wide Web auch Bibliothekskataloge, Datenbanken, Bibliografien, Firmenveröffentlichungen und vielfältige **Informationen** aus verschiedenen Bereichen, z.B. Hinweise auf Forschungsprojekte / -vorhaben.

Freilich eignen sich zur **Recherche** einschlägiger Literatur (neben Fachzeitschriften z.B. Dissertationen, Habilitationsschriften, Fachbücher, Arbeitspapiere usw.) auch – und vor allem –

* Bibliotheken von Universitäten, Fachhochschulen, Berufsakademien,
* Fernleihe (z.B. „Subito"),
* Fachbuchhandel,
* Landesbibliotheken.

Da jedoch Bibliotheken i.d.R. nicht das gesamte Spektrum an relevanter Literatur anbieten können und angesichts des Fortschritts in der EDV ist es im Regelfall hilfreich, sich bei der Literaturrecherche einschlägiger **(Literatur-)Datenbanken** (z.B. Business Source Premier, EconLit) zu bedienen.

Erwerben Sie die Zutaten für Ihren Kuchen **nicht** im erstbesten Internetshop; denn mit dem World Wide Web sind noch immer zahlreiche Probleme verbunden (z.B. Kontrolle der Qualität der veröffentlichten Daten). Angesichts seiner Relevanz wird das Potential des Internets im Folgenden ausführlich vorgestellt. Zusätzlich zu den gedruckten Medien können Sie es prinzipiell bei folgenden **Arbeitsschritten** nutzen (vgl. Rossig/Prätsch 2006, S. 35):

- bei der Suche und Auswertung von **Quellenübersichten**, z.B. (virtuelle) Bibliotheken wie KVK,
- beim **Recherchieren** („Navigieren") von Quellen, Informationen, Daten usw.,
- für den **Informationsaustausch**, z.B. durch Korrespondenz via E-Mail.

Wer von den Vorzügen des Internets profitieren will, sollte aber dennoch Vorsicht walten lassen, nicht zuletzt weil die publizierten Informationen keiner institutionalisierten **Kontrolle** unterliegen, wie es bei Verlagen, Zeitschriftenredaktionen usw. der Fall ist. Aus diesem Grund sind Statistiken, Informationen und Aussagen, die dem „Cyber space" entstammen, besonders kritisch zu prüfen. Allerdings indiziert auch im Internet eine **renommierte Adresse** (z.B. nationale / internationale Organisationen, bekannte Firmen, Verlage, Fachzeitschriften) i.d.R. zumindest eine gewisse Qualität, da man annehmen darf, dass Informationen, die auf entsprechenden Webseiten bereitgestellt werden, einer mehr oder minder ausgeprägten **Qualitätskontrolle** unterzogen werden. Außerdem **aktualisieren** viele Institutionen regelmäßig ihre im Internet veröffentlichten Daten. Aber unabhängig von der WWW-Adresse gilt, dass auch die via Internet bezogenen Informationen in Bezug auf **Reliabilität** und **Validität** zu prüfen sind. Ist dies nicht der Fall oder nicht möglich, **eignen** sich diese Informationen grundsätzlich nicht für eine wissenschaftliche Arbeit.

Wer Informationen aus dem Internet nutzen will, sollte folgende **Unterschiede** zur gedruckten Literatur beachten (vgl. Rossig/Prätsch 2006, S. 31ff.).

- Der im Internet veröffentlichte **Inhalt** kann jederzeit verschoben, gelöscht oder u.U. sogar (unbefugt) verändert werden. Dies erschwert oder verhindert es nicht selten, die aus dem Internet stammenden Informationen zu prüfen.
- Da **grundsätzlich jeder** die Möglichkeit hat, Informationen aller Art im Internet zu veröffentlichen, sollte man diese stets kritisch hinterfragen. Vorsicht ist vor allem bei solchen Informationen geboten, die privaten Homepages entstammen, bei denen keine Firma oder Organisation die Qualität des Inhalts verbürgt. Hinweise auf die Reliabilität der aufgespürten Informationen lassen sich ggf. finden,

wenn man den Lebenslauf des Verfassers näher begutachtet (Angaben prüfen!) oder mithilfe von Suchmaschinen weitere Informationen über den Verfasser heranzieht.

In den vergangenen Jahren hat sich die Qualität der im Internet angebotenen Informationen stark verbessert.

- Der **Karlsruher virtuelle Katalog** (KVK) bietet einen Überblick über nahezu die gesamte weltweit verfügbare Literatur (http://www.ubka. uni-karlsruhe.de/kvk.html).
- Immer mehr renommierte **Nachrichtendienste** und **öffentliche Institutionen** (z.B. Universitäten, IHKs) verbreiten via Internet wertvolle Informationen; hochwertige länder-, branchen- und marktspezifische Daten finden sich z.B. unter http://globaledge.msu.edu.
- Zahlreiche exzellente **Datenbanken** sind online abrufbar. Beispielsweise kann man über **ReDI** (= Regionale Datenbank-Information Baden-Württemberg) viele Onlineausgaben von Fachzeitschriften lesen und downloaden (https://www-fr.redi-bw.de), häufig jedoch nur, wenn man sich vor Ort, d.h. in der Bibliothek einer Hochschuleinrichtung, befindet. Für Wirtschaftswissenschaftler sind vor allem folgende **Datenbanken** sehr bedeutsam:
  - ▷ Business Source Premier,
  - ▷ EBSCO,
  - ▷ Journal Citation Reports,
  - ▷ LEGIOS,
  - ▷ LexisNexis,
  - ▷ WISO.
- Einige sehr gute **Fachzeitschriften** sind (i.d.R. auszugsweise) online kostenfrei verfügbar. Unter http://www.jibs.net lassen sich bspw. bestimmte Beiträge des „Journal of International Business Studies" herunterladen; und über **www.jstor.org** stößt man auf ältere Jahrgänge (Onlineausgaben) zahlreicher namhafter Journals (pdf oder html).
- Immer mehr Hochschulen bieten ihren Doktoranden die Möglichkeit, ihre **Dissertation** über das Internet zu veröffentlichen. Wer mit der Suchmaschine **OASE** (http://www.ubka.uni-karlsruhe.de/oase) in den bibliografischen Daten der wichtigsten Dokumentenserver in Deutschland und im Ausland recherchiert, findet z.B. online verfügbare Dissertationen und Forschungsberichte.

- Eine sehr gute Alternative zur normalen Fernleihe bieten sog. **Dokumentlieferdienste**. Mit deren Literaturschnellbeschaffung („Expressfernleihe") kann der Besteller die benötigten Aufsätze (mitunter auch Bücher) bei anderen Bibliotheken oder Unternehmen anfordern. Die Bestellung wird gewöhnlich online – via E-Mail oder Web-Formular – aufgegeben. Hervorzuheben ist hierbei insbesondere **Subito** (http://www.subito-doc.de), eine Datenbank der deutschen Bibliotheken, die Zugriff auf nahezu alle Buch- und Zeitschriftentexte haben. Auf Antrag erhält man Passwort und Zugangskennung. Die entsprechenden Kosten für das Zusenden von Zeitschriftenbeiträgen sind äußerst moderat. Einen Überblick über **Dokumentlieferdienste** findet man i.d.R. auf der Webseite jeder Hochschulbibliothek, z.B. unter http://www.bib.uni-mannheim.de/5.html.

4.2 Die Zutaten bereitlegen: Lesen und Exzerpieren von Texten

„Ich hab da schon mal was vorbereitet." Diesen Spruch aus dem Munde erfahrener Fernsehköche haben Sie sicherlich schon des Öfteren gehört. Ähnlich sollten auch Sie beim Verarbeiten Ihrer Literatur vorgehen; denn die wertvollsten Beiträge aus den namhaftesten Journals und auch die besten Ergebnisse aus anderen hochwertigen wissenschaftlichen Publikationen sind letztlich nichts wert, wenn es Ihnen nicht gelingt, die **wesentlichen Erkenntnisse**, die in diesen Quellen stecken, herauszuarbeiten. Mit anderen Worten: Legen Sie sich Ihre Zutaten in der gewünschten Qualität und Quantität zurecht, indem Sie die gesammelten Beiträge bzw. Texte zunächst lesen und exzerpieren.

Tipp:
Beginnen Sie ganz bewusst mit einigen **wenigen zentralen Quellen**; denn ein übergroßer Berg an Büchern, kopierten Aufsätzen und „Downloads" (z.B. pdf-Dateien) hemmt nicht selten die Motivation, mit der eigentlichen Arbeit zu beginnen: Je mehr zu verarbeitende Information sich vor Ihnen stapelt, desto größer ist mitunter die Angst, an der Aufgabe zu scheitern.

Bevor Sie mit dem Exzerpieren beginnen, sollten Sie sich folgende **Fragen** stellen:

- Was **weiß** ich bereits?
- Ist ein Teil des Wissens, das ich durch die bisherige Lektüre gewonnen habe, **mehrdeutig** (z.B. weil verschiedene Autoren zu unterschiedlichen Ergebnissen gelangt sind)?
- Welches **zusätzliche** Wissen muss ich mir aneignen? Welches Wissen bedarf einer **Vertiefung**?

Anschließend bietet sich grundsätzlich folgender **Ablauf** an (vgl. hierzu u.a. auch Esselborn-Krumbiegel 2008, S. 77ff.):

1. **Überfliegen Sie den Text.**
- Sichten Sie das **Inhaltsverzeichnis** (z.B. bei einer Dissertation) bzw. die **Überschriften** der einzelnen Kapitel (z.B. bei einem Artikel in einer Fachzeitschrift). Nicht selten lässt sich bereits an den Überschriften ablesen, ob eine Publikation dabei helfen kann, die eigene Forschungsfrage zu beantworten.
- **Blättern** Sie durch die Arbeit. Wird Ihr Eindruck, den Sie anhand der Überschriften gewonnen haben, bestätigt?
- Bleiben Sie bewusst an einem sog. **Blickfang** „hängen", z.B. an Abbildungen, Tabellen, Zusammenfassungen, an durch Fettdruck hervorgehobenen Begriffen o.Ä.

2. **Sehen Sie „etwas genauer" hin.**
- Lesen Sie die **Zusammenfassung** der Arbeit (= sog. „**Abstract**"). Diese steht entweder ganz am Anfang oder am Ende einer Arbeit (i.d.R. bei Fachzeitschriften) und informiert über die zentralen Ergebnisse / Aussagen des Textes.
- Lesen Sie die **Einleitung**. Darin steht detailliert, welcher Forschungsfrage sich der Autor zugewandt und wie er sein Forschungsproblem gelöst hat. Mehr noch als die Zusammenfassung informiert die Einleitung darüber, ob die Studie bei der Beantwortung der eigenen Forschungsfrage hilfreich ist.
- Lesen Sie die **zentralen Befunde** des Textes bzw. der Studie. Sind die Ergebnisse (die plausiblerweise in einem der letzten Kapitel der Arbeit beschrieben werden) für Sie grundsätzlich relevant?
- Lesen Sie das **abschließende Kapitel**.

3. Lesen Sie den Text.

- Markieren Sie die **zentralen** Begriffe / Ergebnisse. Die so hervorgehobenen Passagen dienen als Erinnerungsstütze für das später anzufertigende Exzerpt.
- Schreiben Sie **eigene Gedanken** an den Rand der Arbeit oder gesondert auf ein Blatt; hierzu gehören bspw. auch kritische Anmerkungen zum Text, Fragen, Ergänzungen, Assoziationen mit anderen Themen.
- Viele Studierende haben große Schwierigkeiten damit, die (**mathematisch-statistischen**) Ergebnisse empirischer Studien zu lesen und zu verstehen. **Keine Sorge**: Auch wenn manche Abbildungen und Tabellen nur so vor Signifikanzniveaus, Korrelationen, Kovarianzen, Beta-Koeffizienten und dergleichen strotzen – im eigentlichen Text einer guten wissenschaftlichen Arbeit werden all diese abstrakten Daten und Fakten auch für diejenigen verständlich aufbereitet, die mit Statistik, multivariaten Analysemethoden u.Ä. auf Kriegsfuß stehen.

4. Fassen Sie den Inhalt der Texte zusammen.

- Lesen Sie die zentralen Passagen **erneut**.
- Fassen Sie das Gelesene **in eigenen Worten** zusammen und **speichern** Sie diesen Text z.B. in einer Word-Datei. Übernehmen Sie KEINE wörtlichen Zitate; denn wer die Gedanken Dritter in seiner eigenen „Sprache" ausdrückt, kann mit dieser Information weitaus souveräner umgehen, weil er dieses Wissen bereits kognitiv verarbeitet hat. Selbstverständlich müssen Sie in Ihrer wissenschaftlichen Arbeit zu erkennen geben, von wem die Gedanken, welche Sie in eigene Worte gefasst haben, stammen.
- Überlegen Sie, in welchem Zusammenhang Ihre Exzerpte **nützlich** sein können, d.h. Ihre Argumentation stützen, Argumente Dritter widerlegen usw. Ordnen Sie deshalb Ihre bearbeiteten Texte einzelnen Kapiteln zu; markieren Sie ggf., wenn sich der Inhalt auf mehrere Abschnitte bezieht. Auf diese Weise sparen Sie viel Zeit, da Sie beim Schreiben nicht jedes Mal alle Exzerpte durchsehen müssen. Haben Sie zahlreiche Literaturstellen zu verarbeiten, kann es hilfreich sein, ein sog. **Literaturverwaltungsprogramm** zu nutzen.

4.3   Nicht zu wenige und nicht zu viele Zutaten: Quantität der verarbeiteten Literatur

Studierende stehen häufig vor der Frage, **wie viele Quellen** sie in ihrer Seminar-, Studien- oder Bachelorarbeit verarbeiten „müssen". Darauf gibt es keine allgemeingültige Antwort.

(1) Die Menge der (nötigen bzw. möglichen) Quellen richtet sich u.a. nach dem **Thema** bzw. der **Forschungsfrage** und nach der generell **verfügbaren** Literatur (z.B. Neuigkeitsgrad des Themas).

(2) Auch die Zahl der geschriebenen oder zu schreibenden **Seiten** mag ein Indikator sein. So würden 30 Quellen den Rahmen einer zehnseitigen Seminararbeit i.d.R. bereits sprengen, bei einer Bachelorarbeit aber nicht ausreichen.

(3) Im Übrigen ist Quantität kein Indikator für **Qualität**, vor allem dann nicht, wenn ein imposantes Literaturverzeichnis dadurch entstanden ist, dass der Autor fremdes Gedankengut per **„Name dropping"** kommentarlos aneinanderreiht.

Was mit einem mangelhaften Literaturverzeichnis gemeint ist, lässt sich an folgendem Beispiel verdeutlichen (Seminararbeit aus dem Jahr 2002 zum Thema „Konvergenz oder Divergenz des Konsumentenverhaltens am Beispiel Europa").

Beispiel
- Blackwell, R. D.; Miniard, P. W.; Engel, J. F. (2001): Consumer Behavior, 9th ed., Fort Worth 2001.
- Craig, C. S.; Douglas, S. P.; Grein, A. (1992): Patterns of Convergence and Divergence among Industrialized Nations: 1960–1988, in: Journal of International Business Studies, Vol.23 (1992), No.4, pp. 773–787.
- Dudenredaktion (Hrsg.) (2001): Duden: die deutsche Rechtschreibung, Mannheim 2001.
- Hoyer, W. D.; MacInnis, D. J. (2001): Consumer Behavior, 2nd ed., Boston 2001.

- Keegan, W. J.; Schlegelmilch, B. B. (2001): Global Marketing Management: A European Perspective, Harlow 2001.
- Müller, S.; Kornmeier, M. (2002): Strategisches Internationales Management: Internationalisierung der Unternehmenstätigkeit, München 2002.

Anmerkung:
Der Autor hat eindeutig zu wenige und zu wenig hochwertige Literaturquellen erschlossen. Diese sind außerdem zu unspezifisch: Von Ausnahmen abgesehen, handelt es sich um Standardlehrbücher. Darüber hinaus widmet sich lediglich eine Quelle (Craig u.a. 1992) dem Themengebiet der Seminararbeit. Der Verfasser hätte primär auf themenspezifische Artikel insbesondere in aktuellen Fachzeitschriften zurückgreifen sollen (z.B. im Journal of International Marketing, European Journal of Marketing, International Marketing Review).

4.4 Geriebene Zitronenschale und ein paar Rosinen: Nicht nur die Literatur macht's

Wer wissenschaftlich arbeitet, sollte – falls möglich – neben Literatur auch andere **Erkenntnisquellen** ausschöpfen (vgl. hierzu Kornmeier 2007, S. 153ff.). Je nach
- Art der **Informationsbeschaffung** (Sekundär- vs. Primärforschung) und
- **Herkunft** der Informationen (Literatur vs. Empirie)
ergeben sich vier Möglichkeiten (vgl. Abb. 15, siehe S. 78).

Neben dem klassischen **Literaturstudium** (= I) lassen sich Erkenntnisse u.a. durch **empirische Forschung** gewinnen (vgl. z.B. Nienhüser/Magnus 2003, S. 9).
- Dabei kann es zweckmäßig sein, **Schreibtischforschung** (= III) zu betreiben, indem man
  ▷ bereits erhobene Daten **reanalysiert** bzw.
  ▷ vorliegendes Material (z.B. Informationen des Statistischen Bundesamtes, Geschäftsberichte) für die eigene Forschungsfrage **aufbereitet** und **auswertet**.

Abb. 15: Quellen zur systematischen Gewinnung von Wissen

	Herkunft der Informationen	
	Literatur	Empirie
Art der Informationsbeschaffung Sekundärforschung	Literaturstudium (I)	Schreibtischforschung (III) ('Desk research')
Primärforschung	Metaanalyse (II)	Feldforschung (IV) ('Field research')

- Je nach Qualität der verfügbaren sekundärstatistischen Daten bzw. der in der Literatur verfügbaren Information ist u.U. **Feldforschung** (= IV) erforderlich oder sinnvoll, z.B. durch
  - ▷ systematische **Beobachtung** (z.B. Verhaltensweisen der Konsumenten beim Kauf von Waren des täglichen Bedarfs) oder durch
  - ▷ **Befragung** (z.B. Versorgungszufriedenheit der Verbraucher).

Die **Wahl** der Erhebungsmethode richtet sich nach dem Forschungsproblem, aber bspw. auch nach den jeweiligen **Vorkenntnissen** (z.B. in Datenerhebung oder -analyse) sowie nach den verfügbaren **Ressourcen** (z.B. finanzielle Mittel für schriftliche Befragungen, Datenanalysesoftware wie SPSS).

Auch die sog. **Metaanalyse** (= II) bietet häufig eine exzellente Option, Wissen zu bündeln und damit Erkenntnisse zu generieren (vgl. hierzu Kornmeier 2007, S. 137ff.). Dieses Verfahren stellt hohe **Anforderungen** an seinen Anwender und ist überdies wenig bekannt, weshalb es bislang vergleichsweise selten eingesetzt wird. Genau genommen ist diese Methode ein **Hybrid** aus Primär- und Sekundärforschung:

- Einerseits werden **vorhandene** Daten ausgewertet, was dafür spricht, die Metaanalyse als **sekundärstatistisches** Verfahren zu bezeichnen,
- andererseits ähnelt der **Ablauf** der Metaanalyse der Vorgehensweise, wie sie für **primärstatistische** Erhebungen üblich ist (vgl. Gemünden 1991, S. 34ff.).

In wissenschaftlichen Arbeiten stützt man sich i.d.R. nicht nur auf eine der in Abb. 15 dargestellten Quellen, sondern man **verknüpft theoretische** Erkenntnisse mit **empirischen**. Unabhängig von der jeweils genutzten Quelle sollten Sie Folgendes beachten: Die einzelnen **Schritte** Ihrer wissenschaftlichen Arbeit müssen **systematisch** sein und überdies **so gut dokumentiert**, dass jeder sachverständige Dritte

- Ihre Ergebnisse **prüfen** und bewerten kann,
- Ihre Argumentationslinien sowie Ihre theoretischen und / oder empirischen Ergebnisse **nachvollziehen** kann.

Der Inhalt einer wissenschaftlichen Arbeit (Teil III): Rühren Sie Ihre Zutaten richtig zusammen!

5.1 Die Zutaten Schritt für Schritt dazugeben: Stellenwert der Gliederung

Die besten und teuersten Zutaten sind letztlich nichts wert, wenn Sie nicht in der Lage sind, die Ingredienzien je nach Bedarf in Ihren Teig zu geben. Beim Backen nennt man dies „Zubereitung", bei einer wissenschaftlichen Arbeit „**Gliederung**". Im Regelfall bietet sich hierfür ein **entscheidungslogischer Aufbau** an: Ihre Argumentation sollte einer thematisch logischen Folge entsprechen und zwar dergestalt, dass es **nicht** erforderlich ist, Dargelegtes zu wiederholen.

Der Grund für diesen Aufbau ist trivial. Denken Sie nochmals an unser „Kuchen-Beispiel". Wenn Sie Eierschnee schlagen wollen, dann wäre es grober Unsinn, das komplette Innere eines Eis in die Schüssel zu geben und zu verrühren. Selbst minutenlanges Quirlen wird das Ergebnis nicht verbessern. Das gewünschte Resultat wird sich nur dann einstellen, wenn Sie Dotter und Eiweiß sorgfältig trennen und Letzteres zu Schnee schlagen – (entscheidungs-)logisch eben.

Eine entscheidungslogisch aufgebaute und damit tragfähige Gliederung zu entwerfen ist ein ganz wesentlicher Teil, dem Sie relativ viel Zeit und Sorgfalt schenken sollten. Jeder Text hat

- eine **äußere** Hülle (= Gliederung), ohne die Ihr wissenschaftliches Werk eine ungeordnete Menge von Gedanken bliebe, und
- eine **innere** Struktur (= eigentlicher Text).

Beide gilt es herauszuarbeiten. Ohne Gliederung verleihen Sie Ihrem Text keinen inneren Zusammenhang und ohne erkennbares Konzept verpufft die **Wirkung** dessen, was Sie mit Ihrem Text sagen wollen.

Fraglos werden Gliederung und Inhalt in hohem Maße vom jeweiligen Thema beeinflusst; dennoch lassen sich bestimmte **Regeln** aufstellen und **Hinweise** geben, die Ihnen dabei helfen, Ihre Arbeit strukturiert zu bearbeiten.

(1) Eine konsequente und in sich geschlossene Gedankenführung schlägt sich nicht zuletzt in einer **formal-logisch einwandfreien** Gliederung nieder.

- Wenn Sie **gliedern**, muss einem Unterpunkt (z.B. 1.1.1) immer zumindest ein weiterer, auf **derselben** hierarchischen Ebene angesiedelter Gliederungspunkt folgen (also: 1.1.2); denn logisch betrachtet verkörpern alle untergeordneten Ebenen eine **Untermenge** des Oberpunkts.
- Achten Sie darauf, dass Sie Ober- und Unterpunkte **richtig zuordnen** und möglichst alle vollständig erfassen, d.h. keinen relevanten Themenbereich vergessen.
- Formulieren Sie Unterpunkte **nicht als wortgetreue** Wiederholung des übergeordneten Gliederungspunkts, sondern **konkretisieren** Sie diesen, d.h. füllen Sie ihn mit Inhalt.

(2) Manche Autoren empfehlen, man solle
- die einzelnen Abschnitte einer Arbeit (= Gliederungspunkte) durch geeignete Übergänge verbinden,
- zwischen über- und untergeordnete Gliederungspunkte einen Text einfügen, um dadurch die Kapitel zu verbinden.

Dieser Empfehlung sollten Sie nur **sehr selten** folgen; sie ist dann zweckmäßig, wenn Sie in diesem eingeschobenen Text die **Gründe** für Ihre weitere Vorgehensweise **erläutern**. Häufig findet man in diesen Passagen allerdings lediglich eine Beschreibung dessen, WAS kommen wird. **Platzverschwendung!** Denn diese Informationen können die Leser viel leichter dem **Inhaltsverzeichnis** Ihrer Arbeit entnehmen. Also weg mit derartigen Fülltexten!

(3) Die Gliederung soll den logischen Aufbau Ihrer Arbeit widerspiegeln: Sie ist der „rote Faden". Die Leser finden sich dadurch im Inhalt einfacher zurecht und können Ihrer Argumentation besser folgen. Formulieren Sie die einzelnen Überschriften deshalb sowohl **leicht verständlich** als auch **kurz** und **präzise**.

(4) Das gesammelte, systematisierte und mit den eigenen Gedanken verknüpfte Wissen lässt sich im Regelfall **vier zentralen Kapiteln** zuordnen. Was deren Bezeichnung (= **Überschriften**) betrifft, sollten Sie folgenden wichtigen Hinweis beherzigen: Jedes Buch – selbst ein Kochbuch – hat eine Einleitung, einen Hauptteil und einen Schluss. Diese Begriffe aus der sog. **Metasprache** sollten Sie deshalb **auf keinen Fall** in Ihren Überschriften verwenden; denn schließlich wollen Sie damit das **Interesse Ihrer Leser** wecken! Worthülsen wie „Einführung", „Hinführung zum Thema", „Abgrenzung der Begriffe", „Ausblick" sind indessen viel zu **unanschaulich** und **unspezifisch**, als dass der Leser daraus erschließen könnte, was Sie ihm in der Einleitung, im Hauptteil oder im Schluss konkret mitteilen wollen. Außerdem sind sie austauschbar und deshalb nicht geeignet, Ihre Arbeit von anderen **abzuheben** und den Leser zur Lektüre zu **motivieren**.

Formulieren Sie die Überschriften mit **konkretem Bezug** zum Inhalt – und sei es zunächst lediglich in Form von Arbeitstiteln. Dies zwingt Sie zu mehr gedanklicher Klarheit und hilft Ihnen letztlich bei der Gestaltung Ihres Werks.

Wer Überschriften nicht verständlich formulieren kann, hat im Regelfall selbst nicht richtig verstanden, was er zu Papier bringen will.

Im Folgenden finden Sie einige für Überschriften geeignete **Schlüsselwörter**, die dem Leser signalisieren, welcher Inhalt ihn erwartet (vgl. auch Spandl 1977, S. 73f.):

- Anforderungen / Bedingungen / Kriterien / Voraussetzungen
  (z.B. „Anforderungen an exportorientierte Manager")
- Arten / Ausprägungen / Grundformen / Typen / Dimensionen
  (z.B. „Dimensionen der Unternehmenskultur")
- Chancen und Risiken (Grenzen)
  (z.B. „Chancen und Risiken von Joint Ventures")
- Eigenschaften / Merkmale
  (z.B. „Merkmale internationaler Unternehmen")
- Erfolgsfaktoren / Einflussfaktoren / Determinanten / Bestimmungs-
  faktoren
  (z.B. „Einflussfaktoren des Unternehmenserfolgs")
- Folgerungen / Konsequenzen
  (z.B. „Konsequenzen der Globalisierung")
- Möglichkeiten und Probleme
  (z.B. „Unternehmenszusammenschluss: Möglichkeiten und
  Probleme")
- Motive / Ziele
  (z.B. „Ziele der Internationalisierung")
- Ursachen
  (z.B. „Ursachen für das Scheitern von Akquisitionen")
- Vergleich / Synopse
  (z.B. „Marketinginstrumente national und international tätiger
  Konsumgüterhersteller: ein Vergleich")
- Vor- und Nachteile
  (z.B. „Vor- und Nachteile des direkten Exports")

Folgendes Beispiel aus einer älteren Seminararbeit (Thema: „Konvergenz
oder Divergenz des Konsumentenverhaltens am Beispiel Europa") zeigt,
wie man eine Gliederung NICHT formulieren sollte.

1. **Ausgangssituation als Handlungsbedarf**

2. **Begriffsklärung**
   2.1. Konvergenz
   2.2. Divergenz
   2.3. Konsumentenverhalten

3. **Einteilung der Länder**
   3.1. Hofstedes Kulturdimensionen
     3.1.1. Machtdistanz
     3.1.2. Individualismus/Kollektivismus

4. **Weitere Faktoren**
   4.1. Ergebnisse zum Verbrauch von Produkten
   4.2. Fragmentation des Konsumentengeschmacks
   4.3. Wachstumstheorie
   4.4. Sozialer Wandel

5. **Aggregation der Studien**

6. **Wertung**

Anmerkung:
Die Formulierungen der Überschriften stammen überwiegend aus der **Metasprache** und sagen **nichts** über den **Inhalt** aus. Sie machen den Leser **in keiner Weise neugierig** und motivieren ihn auch nicht, sich in den Text zu vertiefen. Ein strukturiertes Vorgehen ist nicht zu erkennen: Was bedeutet „Ausgangssituation als Handlungsbedarf"? Was erwartet den Leser im Abschnitt „Einteilung der Länder"? Wenn unter 4. „Weitere Faktoren" diskutiert werden, in welchem der zuvor bearbeiteten Kapitel 1–3 behandelt der Autor dann die „anderen Faktoren"? Und welche meint er damit? In Kapitel 4 behandelt der Autor verschiedene Ebenen gleichrangig (z.B. Ergebnisse, Wachstumstheorie, sozialer Wandel), was gleichfalls auf eine **mangelhafte Struktur** schließen lässt. Ferner fällt die **formale** Inkonsistenz auf: Punkt 3.2 fehlt.

5.2   Die leidige „Einleitung" (= 1. Kapitel)

Der Filmproduzent und Verleger Samuel Goldwyn forderte von seinen Drehbuchautoren, sie sollen ihre Story mit einem Erdbeben beginnen – und dann ganz langsam steigern. Freilich schreiben Sie kein Drehbuch; aber auch in einer wissenschaftlichen Arbeit ist es wichtig, dass Sie die Leser einfangen und für Ihr Thema gewinnen. Für wen sonst schreiben Sie, wenn nicht für Leser?! Das **einführende Kapitel** ist also weit mehr als nur notwendiges Übel, das man mal „so eben runterschreibt" und der eigentlichen Arbeit voranstellt. Wichtig ist dieser Teil u.a. deshalb, weil Sie damit das Interesse Ihrer Leser wecken sollen; um es mit William Faulkner sinngemäß zu sagen: „Schreiben Sie den ersten Satz Ihrer Arbeit so, dass die Leser unbedingt auch den zweiten lesen wollen." Außerdem sollten Sie

- Ihr Thema und dessen Relevanz **konkretisieren** und **interpretieren** (z.B. wirtschaftlicher oder gesellschaftlicher Stellenwert),
- Ihre eigene Studie von anderen **abgrenzen**,
- über Ablauf und Ziele Ihrer Schrift **informieren**.

Folgende **Elemente** dürfen in keiner Einleitung fehlen.

(1) „Hinführung" zum Thema
In diesem ersten Abschnitt sollten Sie Ihr Thema in einen größeren Rahmen einordnen, indem Sie bspw. die Hintergründe / Geschichte sowie einige wesentliche Fakten zu Ihrer Forschungsfrage darlegen. Wecken Sie das **Interesse** Ihrer Leser, indem Sie bspw.

- These und **Gegenthese** aufstellen,
- ein **außergewöhnliches Bild** aus der Unternehmenspraxis skizzieren,
- eine bedeutsame **Aussage** einer namhaften Persönlichkeit (z.B. Wissenschafter, Unternehmensvertreter) wiedergeben,
- eine **überraschende** Feststellung machen und ggf. mit einem Forschungsergebnis belegen.

Folgendes Beispiel einer äußerst schlechten Einleitung aus einer älteren Seminararbeit (Thema „Zufriedenheit, Beschwerdeverhalten und Loyalität von Konsumenten verschiedener Kulturen") verdeutlicht, wie schwer es bisweilen fällt, den Leser zum Thema hinzuführen.

Beispiel

„Unzufriedene Konsumenten gibt es immer und überall. Allerdings kommt diese Unzufriedenheit unterschiedlich zum Ausdruck. Ziel des erfolgreichen Marketings sind begeisterte Kunden, die dem Produkt treu sind und zu Botschaftern des Unternehmens werden, die von sich aus Produkte und Dienstleistungen weiterempfehlen. Zufriedene und gebundene Kunden kaufen in der Regel mehr, sind immuner gegen Abwerbversuche der Konkurrenz, zeigen sich gegenüber Preisänderungen weniger sensibel und ihre Bedienung ist aus unternehmerischer Sicht meist deutlich günstiger. Kundenzufriedenheit ist von mehreren Faktoren abhängig. Dazu gehört natürlich das verkaufte Produkt oder die Dienstleistung. Hier wird von Qualität gesprochen, wenn der Kunde das erhielt, was er erwartete. Weitere Faktoren sind Langlebigkeit, Service, Funktionalität, Image und Preis-Leistungs-Verhältnis. Diese Faktoren beeinflussen sich gegenseitig und als Produkt erhält man einen insgesamt zufriedenen, oder unzufriedenen, Konsumenten. Wenn ein Konsument mit einem Produkt oder einer Dienstleistung nicht zufrieden ist, so hat er mehrere Möglichkeiten, seinem Ärger Luft zu verschaffen. Oft erfährt das Unternehmen gar nicht von der Unzufriedenheit der Kunden, da nur ca. 30% der Kunden, die Probleme mit einem Produkt oder einer Dienstleistung erfahren mussten, sich direkt beim Anbieter beschwerten (vgl. Chelminski 2001). Obwohl diese Kunden sich nicht direkt beschweren, teilen sie jedoch fast immer ihre negativen Erfahrungen mit anderen. Diese Mund-zu-Mund-Propaganda kann starke Folgen auf Absatzzahlen und Gewinne eines Unternehmens und Gewinne eines Unternehmens haben.“

Anmerkung:

Welche Information liefert diese Einleitung? Auf einem sehr oberflächlichen Niveau begnügt sich der Verfasser mit Plattitüden und Phrasen, die er anhand von Quellen auch nicht belegt (nicht belegen kann?). Das eigentliche Ziel der Arbeit, kulturspezifische Unterschiede in Bezug auf Zufriedenheit, Beschwerdeverhalten und Loyalität von Konsumenten zu analysieren, erwähnt er nicht einmal in einem Halbsatz.

(2) Gegenstand, Problemstellung und Ziele der Arbeit

Skizzieren Sie den eigentlichen **Gegenstand** und begründen Sie die Wahl Ihrer **Forschungsfrage** (Problemstellung), indem Sie die sog. **Forschungslücke** verdeutlichen. Beschreiben Sie die **(Untersuchungs-)Ziele**, die Sie mit Ihrer Arbeit verfolgen. In Abb. 16 ist beispielhaft dargestellt, wie Sie eine solche Lücke konkretisieren können.

Diese wurde im vorliegenden Fall dadurch offenkundig, dass bisherige Studien zum Zusammenhang zwischen psychischer Distanz und kultureller Offenheit überblicksartig zusammengestellt wurden – und zwar strukturiert nach **überschneidungsfreien Kriterien**:

- Ebene der kulturellen Offenheit (Volkswirtschaft, Unternehmen, Individuum),
- Maße von psychischer Distanz (indirekt vs. direkt).

Dabei zeigte sich, dass – jedenfalls zum Zeitpunkt der Arbeit – ein Feld in dieser **Matrix** nicht belegt war: Der auf Individualebene direkt gemessene Zusammenhang zwischen psychischer Distanz und kultureller Offenheit. Folglich würde es sich anbieten, diese Forschungslücke zum Gegenstand der Arbeit zu machen – und zu schließen.

Abb. 16: Beschreibung einer Forschungslücke durch Klassifikation bisheriger Studien am Beispiel „Psychische Distanz und kulturelle Offenheit"

Maße von psy- chischer Distanz	Ebene der kulturellen Offenheit		
	Volkswirtschaft	Unternehmen	Individuum
Indirekt *(Messung mit* *Surrogat)*	Geografische Distanz / Handels- intensität (vgl. Linnemann 1966)	Kulturelle Distanz / Wahl der Markteintritts- strategie (vgl. Kogut/Singh 1988)	Kulturelle Distanz / Diffusion ausländischer Produkte (vgl. Ganesh u.a. 1997)
Direkt *(Messung auf* *Individualebene)*	Psychische Distanz / Reihenfolge der bearbei- teten Ländermärkte (vgl. Vahlne/Nordström 1992)	Psychische Distanz / Exportverhalten (vgl. Müller 1991)	**Forschungs-** **lücke**

(3) Gang der Untersuchung

In diesem Teil des 1. Kapitels sollten Sie die von Ihnen gewählte **Methodik** skizzieren:

- Was ist **Gegenstand** Ihrer theoretischen Analyse?
- Wie umfassend haben Sie die **Literatur** analysiert (z.B. intensive Suche nach empirischen Studien)? Beruht Ihre Studie z.B. auf einer Meta-analyse (vgl. hierzu Kornmeier 2007, S. 137ff.)?
- Haben Sie bspw. Konsumenten oder Unternehmensvertreter befragt (schriftlich, mündlich, telefonisch?), um Ihre zentrale Forschungs-frage zu beantworten?
- Haben Sie zur **Analyse der Daten** ein besonders bedeutsames oder ein besonders selten verwendetes Verfahren eingesetzt?

(4) Abgrenzung der Arbeit

Wer seine Problemstellung intensiv bearbeiten und nicht nur an der Ober-fläche „kratzen" will, muss zwangsläufig **einen Schwerpunkt setzen**. Häu-fig zwingt auch der begrenzte Seitenumfang dazu. Anders als im folgenden Beispiel (Seminararbeit zu „Markteintrittsstrategien deutscher mittelstän-discher Unternehmen") sollten Sie Ihre Akzentuierung jedoch **plausibel begründen**.

Beispiel

„Um den Rahmen der Seminararbeit nicht zu sprengen, ist im Fol-genden lediglich der Export Gegenstand der Betrachtung."

Anmerkung:

Das Argument „Platzknappheit" reicht zur Abgrenzung nicht aus; u.U. bedarf es lediglich eines weiteren Satzes, um dem Leser diese Festle-gung **inhaltlich zu begründen**. Dies kann

- **positiv** geschehen (z.B. weil der Export eine besondere Rolle für die wirtschaftliche Entwicklung einer Volkswirtschaft spielt) oder aber
- **negativ** (z.B. weil der Autor die anderen Markteintrittsstrategien – Lizenzvergabe, Direktinvestition usw. – bereits in einem anderen Zusammenhang diskutiert hat).

Darüber hinaus könnte man die Abgrenzung des Themas auch dazu nut-zen, auf bereits bestehende, inhaltlich verwandte Arbeiten hinzuweisen.

Verbesserungsvorschlag:
In weit höherem Maße als viele andere Nationen verdankt die Bundesrepublik Deutschland dem Export Wohlstand und sozialen Frieden. Annähernd jeder dritte Arbeitsplatz hängt direkt oder indirekt von der internationalen Wettbewerbsfähigkeit unserer Wirtschaft ab. Vor diesem Hintergrund liegt es nahe, am Beispiel des Exports Möglichkeiten und Probleme deutscher mittelständischer Unternehmen beim Eintritt in Auslandsmärkte zu diskutieren.

(5) Aufbau der Arbeit
Beschreiben Sie im letzten Abschnitt Ihrer Einleitung in wenigen Sätzen, wie Sie ganz generell **vorgegangen** sind, um die Forschungsfrage zu beantworten. Damit ist im Wesentlichen die **Argumentationslinie** gemeint, die sich aus Ihrer Gliederung ergibt.

Abschließend sei an einem äußert gut gelungenen Beispiel aus einer älteren Diplomarbeit („Verfahren zur empirischen Bestimmung von Preis-Absatz-Funktionen") verdeutlicht, wie eine Einleitung formuliert sein könnte. Die einzelnen Absätze lassen sich den soeben besprochenen Bestandteilen einer Einleitung (= (1) bis (5)) direkt zuordnen.

Beispiel
1. Bedeutung von Preis-Absatz-Funktionen im Marketing
Die Bedeutung des Preises im Marketingmix hat in den letzten Jahren beständig zugenommen. Zu diesem Urteil kommt eine Vielzahl von Autoren (vgl. z.B. Simon/Kucher 1987, S. 28). Begründen lässt sich diese Entwicklung mit einem sich verstärkenden Verdrängungswettbewerb, mit abnehmenden Qualitätsunterschieden zwischen den Produkten sowie mit der wachsenden Zahl an preisaggressiven Anbietern (vgl. z.B. Kaas 1985, S. 207f.). Vor diesem Hintergrund ist nachvollziehbar, dass es Managern große Schwierigkeiten bereitet, Produktpreise festzulegen (vgl. Simon/Kucher 1987, S. 28f.). Nieschlag u.a. (1991, S. 300) wiesen darauf hin, dass sich Unternehmen bei der Preisfindung auf unvollkommene Information stützen und sich folglich an den optimalen Preis „herantasten" müssen.
  Den optimalen Preis bestimmen mikroökonomisch fundierte Modelle mit der sog. Preis-Absatz-Funktion (vgl. z.B. Böcker 1982,

S. 11ff.; Schmalen 1982, S. 32ff.). Damit sowie mit der betrieblichen Kostenfunktion und einer Zielvorgabe (z.B. Gewinn- oder Deckungsbeitragsmaximierung) lässt sich anschließend der beste Preis ermitteln, vorausgesetzt man trifft außerdem Annahmen über das Konkurrenzverhalten (vgl. Nieschlag u.a. 1991, S. 288ff.). Wer allerdings nach Verfahren sucht, um den (formalen) Zusammenhang zwischen Angebotspreis und erwarteter Absatzmenge eines Produkts (vgl. Diller 1991, S. 65.) zu bestimmen, stößt in der Literatur meist auf den Hinweis,

- dass empirisch bestimmte Preis-Absatz-Funktionen bislang kaum bekannt sind (vgl. z.B. Tietz 1989, S. 188; Zentes 1988, S. 335; Reuter 1986, S. 1054) bzw.
- dass es große Schwierigkeiten bereitet, Preisreaktionen empirisch zu ermitteln (vgl. Bruhn 1989, S. 803).

Angesichts dieses Forschungsdefizits werden in der vorliegenden Arbeit zwei neuere Verfahren zur empirischen Bestimmung von Preis-Absatz-Funktionen vorgestellt: ein Preis-Response-Ansatz auf Basis der Conjoint-Analyse sowie ein probabilistisches Preis-Response-Modell. Da die externe Validität der beiden Ansätze weitgehend unbekannt ist (zu Erkenntnissen in Bezug auf die Conjoint-Analyse vgl. Green/Srinivasan 1990, S. 12f.), soll diese Arbeit einen Beitrag zur Beantwortung der Frage leisten, inwieweit beide Methoden die realen Marktverhältnisse widerspiegeln können.

Das probabilistische Preis-Response-Modell vermag jedoch nur den Zusammenhang zwischen Preis und entsprechendem Marktanteil zu bestimmen, weshalb es zweckmäßig ist, statt von einer Preis-**Absatz**- von einer Preis-**Response**-Funktion zu sprechen. Im Folgenden werden lediglich statische Preis-Absatz-Funktionen unter Konkurrenzbedingungen betrachtet, nicht aber Nachfragefunktionen; denn diese bestimmen die über **alle** Anbieter kumulierte Absatzmenge eines Gutes (vgl. Busse von Colbe u.a. 1990, S. 80). Dynamische Preis-Absatz-Funktionen, wie sie bspw. Simon (1982, S. 207ff.) und Kucher (1987, S. 177ff.) behandeln, werden ebenso ausgeblendet wie Marktwirkungsfunktionen, da sie neben dem Preis auch andere Aktionsparameter (z.B. Werbeausgaben) berücksichtigen (vgl. Hruschka 1991, S. 350; Meffert 1986, S. 122).

Im Mittelpunkt des zweiten Kapitels steht die Suche nach einem Theoriegerüst zur empirischen Bestimmung von Preis-Absatz-Funktionen. Gegenstand von Kapitel 3 ist das Design der dieser Arbeit zugrunde liegenden Studie. Im vierten Kapitel werden anhand der erhobenen Daten für beide Verfahren Preis-Absatz-Funktionen abgeleitet, um anschließend die Prognosetauglichkeit der Ansätze zu vergleichen. Den Abschluss bildet u.a. die Frage, wie bedeutsam es künftig sein wird, derartige Funktionen empirisch zu bestimmen.

Abschließend nochmals die wesentlichen Fragen, die Sie in diesem äußerst wichtigen Teil Ihrer Arbeit beantworten sollten – und zwar grundsätzlich in der hier aufgeführten Reihenfolge:

(1) Warum ist mein Thema **interessant**, **wichtig** und **spannend** – und zwar nicht nur für die Wissenschaft bzw. Forschung, sondern ganz generell für jeden, der meine Arbeit in die Hand nimmt? Mit anderen Worten: Warum lohnt sich die Mühe, meine Studie zu lesen? (→ Hinführung zum Thema)

(2) Was ist der eigentliche **Gegenstand** meiner Arbeit? Warum habe ich mich für eine bestimmte Forschungsfrage (**Problemstellung**) entschieden bzw. warum ist es wichtig, diese Frage zu beantworten? Welche **Ziele** verfolge ich mit der Arbeit? (→ Gegenstand, Problemstellung und Ziele der Arbeit)

(3) Wie lässt sich die **Methodik** beschreiben, mit der ich meine zentrale Forschungsfrage analysiert bzw. beantwortet habe? (→ Gang der Untersuchung)

(4) Muss ich meine Arbeit **eingrenzen**? Wie kann ich diese Akzentuierung plausibel **begründen**? (→ Abgrenzung der Arbeit)

(5) Wie habe ich meine Arbeit **aufgebaut**? Wie werde ich **vorgehen**? (→ Aufbau der Arbeit)

Die Einleitung kann grundsätzlich auch in Unterkapitel gegliedert werden; dies bietet sich allerdings nur für **umfangreichere Werke** an (z.B. Dissertationen).

Noch ein letzter Hinweis:

Mitunter findet man den „Tipp", man solle das einführende Kapitel erst nach Fertigstellung der eigentlichen Arbeit formulieren. **Davon ist nichts zu halten;** denn über den Inhalt Ihrer „Einleitung" sollten Sie am Ende Ihrer Arbeit streng genommen nicht mehr wissen, als zu dem Zeitpunkt, zu welchem Sie mit dem Schreiben beginnen. Im 1. Kapitel sollen Sie keine Ergebnisse Ihrer Studie vorwegnehmen; vielmehr genügt es, wenn Sie die soeben besprochenen Bestandteile (1) bis (5) darlegen und damit zu erkennen geben, dass Sie Ihr Thema durchdrungen haben. Falls Sie dennoch glauben, der oben erwähnte Ratschlag sei richtig, dann skizzieren Sie Ihre Einleitung zu Beginn der Themenbearbeitung zumindest grob, um sie dann im Verlauf der Arbeit zu konkretisieren.

5.3 „Grundlagen und Definitionen" (= 2. Kapitel)

5.3.1 Eigentliche Bedeutung von „Grundlagen und Definitionen"

Wohl kaum ein Kapitel wird derart missverstanden wie das zweite, in welchem Sie die Grundlagen für den weiteren Verlauf Ihrer Arbeit schaffen sollen. Versetzen Sie sich einmal in die Lage des „Otto-Normal-Lesers". Gehen Sie davon aus, dass er über Ihr Thema nur einen Bruchteil dessen weiß, was Sie sich in mehreren Wochen angeeignet haben. Denken Sie an Ihre Lage, als Sie begonnen hatten, sich mit Ihrem Thema auseinanderzusetzen. Standen Sie damals nicht auch wie der „Ochs vorm Berg"? Warum sollte es Ihren Lesern anders gehen? Klingt plausibel, oder? Beschreiben bzw. erläutern Sie deshalb **alle Begriffe**, die der Leser kennen muss, sodass er Ihr Thema – und damit Ihre gesamte Arbeit – grundsätzlich **verstehen** kann. Im Wesentlichen handelt es sich dabei um die im Titel erwähnten Begriffe. Definitionen und Konzepte, die lediglich punktuell, d.h. in einzelnen Abschnitten bedeutsam sind, sollten Sie an der jeweils relevanten Stelle erklären.

Falls Sie eine **empirische Studie** anfertigen (z.B. Befragung von Managern, Beobachtung von Käufern in einem Einzelhandelsunternehmen), dann sind im 2. Kapitel auch die folgenden Aufgaben zu bewältigen:

- Suchen und erläutern Sie relevante **Theorien**, mit denen Sie Ihr Forschungsproblem beschreiben und erklären können.
- Dokumentieren Sie den sog. **„State of the Art"**, d.h. den Stand des verfügbaren Wissens, indem Sie die in der Literatur dargestellen theoretischen und empirischen Befunde kritisch würdigen. Diese Dokumentation ist wegen der dafür erforderlichen eingehenden (Literatur-) Recherche häufig sehr zeitaufwendig, bildet aber ein Kernstück Ihrer Arbeit; denn mit diesem „State of the Art"
  - ▷ haben Sie Zugriff auf **methodische Ansätze**, die in der Vergangenheit entwickelt und verwendet wurden, um Ihre bzw. eine ähnlich gelagerte Forschungsfrage zu beantworten,
  - ▷ können Sie **Hypothesen** ableiten (vgl. hierzu auch Kap. 5.4.2.1).

Die Gliederung einer empirischen Studie, in welcher die soeben skizzierten Aufgaben (Theorien, Stand der Forschung usw.) beispielhaft umgesetzt wurden, finden Sie in Abb. 40 (s. Seite 149).

Wichtig: Ist Ihre Arbeit „rein theoretisch" angelegt – geht es Ihnen also im Wesentlichen darum, das **verfügbare Wissen zusammenzutragen** – so stehen die soeben skizzierten Aufgaben im **Mittelpunkt Ihrer Arbeit**; sie gehören dann folglich in das **3. Kapitel**, d.h. in den **Hauptteil**. Darin sollten Sie dann den „State of the Art" (Theorien, empirische Studien) entsprechend **ausführlich** beschreiben und diskutieren. Ein Beispiel, wie die **Gliederung** einer solchen (äußerst aufwendigen!) Theoriearbeit aussehen könnte, finden Sie in Abb. 36 (s. Seite 144).

Fassen wir zusammen: Im Grundlagenteil sind grundsätzlich folgende Fragen zu beantworten:

(1) Wie lassen sich die im Mittelpunkt der Arbeit stehenden Begriffe / Konzepte **beschreiben** und von anderen **abgrenzen** (= Definition)?

(2) Welchen Beitrag leisten die verfügbaren **Theorien** zur Beschreibung / Erklärung meiner Problemstellung?

(3) Welche **empirischen** Ergebnisse liegen zu meinem Thema vor?

(4) Welche **Ansätze** haben Autoren vorgeschlagen, die sich in der Vergangenheit mit meiner (bzw. einer ähnlich gelagerten) Forschungsfrage auseinandergesetzt haben, um das Problem zu lösen?

5.3.2 Die Kurzgeschichte von der traurigen Definition mit ihren unendlich vielen Schwestern

Es gab einmal eine Definition, die hatte unendlich viele Schwestern, die wiederum selbst unendlich viele Schwestern hatten, von denen auch heute noch unendlich viele leben. „Das muss so sein", sagten die Definitionen, „leider! Denn unser Leben ist so kurz und außerdem sehr traurig. Wir tauchen im Grundlagenteil einer Arbeit auf – meistens jedenfalls; manchmal aber auch früher oder auch später, das ist vielen Autoren nicht so wichtig. Wir leiden so große Not. Meistens sind wir ganz mager und nur schwach definiert. Und das Schlimmste: Man will uns nicht. Wir rufen dann immerzu: Wir sind doch noch so jung! Gleich nach dem Grundlagenteil müssen wir sterben! Dürfen wir denn nicht auch einmal bis zum Ende einer Arbeit überleben!?"

Ähnlich traurig ist die Situation in vielen wissenschaftlichen Arbeiten. Viele Studierende missdeuten die wesentlichen Funktionen einer Definition, sodass man sehr häufig folgenden (prototypischen) „Ansatz" findet:

1. Der Verfasser erwähnt eine Definition oder – was schon fortgeschritten ist – zählt einige in der Literatur gefundene Definitionen auf.
2. Anschließend formuliert er die These, dass man angesichts der Heterogenität den Forschungsgegenstand nicht eindeutig definieren könne.
3. Nun entscheidet er sich für die (dann doch) „richtige" Definition, wobei er seine Wahl nicht oder nur vage begründet.
4. Mit dem Grundlagenteil hakt der Autor die lästige Pflicht „Definieren" ab, weshalb er sich im weiteren Verlauf der Arbeit nicht mehr auf seine Abgrenzung bezieht.

Schade!

Die hier skizzierte (nicht selten zu beobachtende) Vorgehensweise ist das Ergebnis einer Vielzahl von **Missverständnissen**, die im Folgenden **ausgeräumt** werden sollen (vgl. hierzu auch Nienhüser/Magnus 2003, S. 13ff.).

Definitionen haben nämlich eine äußerst wichtige Funktion:
- Man benötigt sie, damit Dritte die Ergebnisse der Wissenschaft **nachvollziehen** und **kritisieren** können.
- Außerdem – und dies ist sehr wichtig – kann man mit Definitionen theoretische und empirische Befunde **vergleichen**: Anhand der jeweils gewählten Definition wissen wir, ob die anderen Autoren, die sich mit unserem oder einem vergleichbaren Thema beschäftigt haben, **dasselbe** meinten oder nur etwas **Ähnliches**. Letzteres kommt sehr häufig vor und hat **gravierende Konsequenzen**. Die entsprechenden Ergebnisse Dritter dürfen wir dann nicht ohne Weiteres „eins zu eins" übernehmen.

Werfen wir einen Blick auf das, was Definitionen leisten können – und was nicht.

Eine Definition muss eindeutig sein.
Kennen Sie Homonyme? Nein? Hier einige Beispiele. Wenn Rennfahrer vorzeitig ausscheiden, können sie in den Boxen schon mal gegen Boxen boxen, d.h. in der Garage die Lautsprecher der Stereoanlage malträtieren. Und wer die Einstellung hat, man müsse Einstellungen einstellen, meint, dass es an der Zeit sei, keine weiteren Arbeitsplätze zuzusagen.

Der Reiz derartiger Sätze erwächst aus dem Spiel mit Wörtern, die – obwohl gleich geschrieben – jeweils eine **unterschiedliche Bedeutung** haben. **Homonyme** sind bspw. bei „Mein Teekesselchen" sehr wichtig. So kann mit Brücke nicht nur die Brücke über den Fluss gemeint sein, sondern auch ein bestimmter Zahnersatz, ein kleiner Teppich, eine Turnübung oder eine provisorische Stromverbindung. Anhänger wiederum findet man nicht nur beim FC Bayern (oder anderen Vereinen), sondern auch beim Juwelier und an manchen Pkws. Beispiele wie diese verdeutlichen, dass es wichtig ist, eine **eindeutige Sprachregelung** zu finden.

Nehmen wir den Begriff „international". Was versteht man darunter? Die (unvollständige) Zusammenstellung von Definitionen in Abb. 17 gibt zu erkennen, dass Autoren, die diesen Begriff verwenden, mitunter Verschiedenes meinen.

Abb. 17: Der Begriff „international": ausgewählte Definitionen

Quelle	Ein Unternehmen ist dann „international", ...
Borrmann (1970, S. 21)	..., wenn es nicht lediglich Waren, sondern Investitionskapital und vor allen Dingen Management in andere Länder exportiert und dort dauerhaft einsetzt.
Glaum (1996, S. 10)	..., wenn es in mehreren Staaten als Produzent tätig ist.
Kormann (1970, S. 8)	..., wenn sich dessen räumliche Dezentralisierung auf das politische Hoheitsgebiet mehrerer Volkswirtschaften erstreckt. Dieses Unternehmen hat in anderen Ländern Filialen oder Tochtergesellschaften gegründet oder sich maßgeblich an ausländischen Gesellschaften beteiligt.
Pausenberger (1992, S. 200)	..., wenn es sich dauerhaft in einen Auslandsmarkt integriert. Dies wird in erster Linie durch Investitionen und die Aufnahme einer Produktionstätigkeit jenseits der Grenzen des eigenen Landes sichtbar.
Perlitz (1995, S. 11f.)	..., wenn dessen Auslandsgeschäft wesentlich dazu beiträgt, die Unternehmensziele zu erreichen und die Existenz des Unternehmens zu sichern.
Segler (1986, S. 11)	... wenn es einen für seine Verhältnisse nicht unbedeutenden Teil der Leistungs- und Finanzierungsprozesse (bspw. Beschaffung von Vorleistungen bzw. Kapital oder Produktion) in mehr als einem Land bewerkstelligt.
Sieber (1970, S. 415–419)	..., wenn es mehr als die Hälfte seines Kapitals im Ausland investiert hat.

Quelle: auf der Basis von Kutschker/Schmid (2006, S. 237); leicht modifiziert.

Allerdings: Mehrdeutige Definitionen gibt es wohl in allen Wissenschaften. Es liegt deshalb an Ihnen zu konkretisieren, worüber Sie sprechen: „Was meinen Sie tatsächlich mit den Begriffen, die Sie in Ihrer wissenschaftlichen Arbeit nutzen (hier = international)?" Nur wenn Sie diese **Frage präzise beantworten**, können Sie anschließend jene **Publikationen auswählen**, die sich für Ihre Arbeit eignen.

Mitunter lässt sich ein Begriff durch eine sog. „**operationale Definition**" eindeutig abgrenzen. Dabei ersetzt man die **qualitativ-semantischen Bestandteile** teilweise oder weitgehend durch die Art und Weise, wie man diese Elemente **messen** kann. In der Betriebswirtschaftslehre wird dieses Prinzip vor allem

- zur Operationalisierung von sog. **theoretischen Konstrukten** (vgl. hierzu Kornmeier 2007, S. 98ff.) und
- zur Bildung von **Kennzahlen** genutzt, etwa im Marketing oder Internationalen Management (z.B. zur Messung des Internationalisierungsgrades).

Beispiele (Kennzahlen im Marketing)
- Relativer Marktanteil = **eigener** Marktanteil im Verhältnis zum Marktanteil des **größten** Konkurrenten
- Numerische Distributionsquote = Verkaufsstellen, die ein bestimmtes Produkt **vertreiben**, im Verhältnis zu allen Verkaufsstellen, die dieses Produkt vertreiben **könnten**.
- „Break even" = **Fixkosten** im Verhältnis zum **Deckungsbeitrag**

Übrigens: Häufig ist gar nicht zu **erwarten**, dass alle Wissenschaften dieselben Definitionen verwenden; denn wenn sich Vertreter **verschiedener Disziplinen** mit demselben Erkenntnisobjekt beschäftigen, so tun sie dies gewöhnlich aus der **Perspektive** des eigenen Fachs. Beispielsweise setzen sich nicht nur Betriebs- und Volkswirte mit Internationalisierung auseinander, sondern u.a. auch Vertreter aus Politologie und Wirtschaftsgeografie. Je nach wissenschaftlicher Tradition differenzieren die Autoren dann teils präziser, teils weniger genau (hier z.B. zwischen den verschiedenen Formen „international" tätiger Unternehmen).

Eine Definition kann nicht „wahr" oder „falsch" sein.
„Ich weiß nicht, für welche Definition ich mich entscheiden soll. Es gibt doch so viele. Woher soll ich wissen, welche die richtige ist?" Sätze wie diese hört man des Öfteren. Sie beruhen jedoch auf einem Missverständnis. Eine Definition kann nämlich nicht falsch sein – aber auch nicht wahr. „Wahr" bedeutet dabei, dass sie sich an der Realität prüfen lässt. Eine Definition ist lediglich eine sprachlich formulierte **Gleichung** – mit dem zu erläuternden Begriff auf der einen Seite und dessen Umschreibung auf der anderen:

„Definiendum = df. (Definiens$_A$; Definiens$_B$; …; Definiens$_N$)."

So lässt sich die Definition, dass man ein Unternehmen dann als „international" bezeichnet, wenn es sich durch **Direktinvestition dauerhaft** in einen Auslandsmarkt **integriert**, auch formal (als Gleichung) ausdrücken:

„Definiendum (internationales Unternehmen) = df. (dauerhaft; Integration; Direktinvestition)."

Dass eine Definition **nicht wahr sein muss**, versteht, wer sich folgende Beispiele vor Augen führt:

* Der Wolpertinger stammt aus Bayern; er setzt sich aus verschiedenen Tieren zusammen (u.a. Huhn, Hirsch).
* Der Elwetritsch ist ein vogelartiges Wesen aus der Pfalz.
* Der Yeti ist ein Schneemensch im Himalaya.
* Die Loreley ist eine Nixe im Rhein.
* Pegasus ist ein Pferd mit Flügeln.

Definitionen sind lediglich **sprachliche Festlegungen**, die indessen **nichts** über die **Realität** aussagen. Auch die Definition

„Reliabilität = Beziehung zwischen der kumulierten Produktionsmenge und den realen Stückkosten"

ist **nicht** falsch. Da man den beschriebenen Sachverhalt aber **gewöhnlich** als „Erfahrungskurve" bezeichnet, wäre diese Definition **nicht sinnvoll**: Sie weckt beim Leser andere Assoziationen und würde ihn auf eine falsche Fährte bringen. (Übrigens: Mit Reliabilität meint man i.d.R. die Genauigkeit, mit der ein bestimmtes Merkmal gemessen wird.)

Eine Definition kann i.d.R. nicht „vollständig" sein.
Definitionen sind selten vollständig; denn im Allgemeinen muss man auf andere Begriffe zurückgreifen, deren Verständnis wiederum **vorausgesetzt** wird. In der Abgrenzung für „internationales Unternehmen"

„Definiendum (internationales Unternehmen) = df. (dauerhaft; Integration; Direktinvestition)"

geht man bspw. davon aus, dass die Bedeutung von „dauerhaft", „Integration" und „Direktinvestition" bekannt ist. Wer intersubjektiv eindeutige und wissenschaftlich sinnvolle Aussagen über das „internationale Unternehmen" treffen will, müsste jedoch „dauerhaft", „Integration" usw. ebenfalls definieren. Damit aber droht ein sog. **infiniter Regress**; denn nach wie vielen Monaten oder Jahren man bspw. von „dauerhaft" sprechen kann, ist gleichfalls offen. Einen **nicht zu beendenden Rückgriff** können Sie i.d.R. nur vermeiden, wenn Sie mit einer **unvollständigen** Definition zufrieden sind.

Eine Definition muss zweckmäßig sein.

Was bedeutet Loyalität? Was versteht man unter Globalisierung? Unter Wettbewerbsvorteil? Oder Unternehmenserfolg? Mit Ihrer Definition verdeutlichen Sie dem Leser, **welchen Sachverhalt** Sie betrachten möchten und wie Sie diesen von anderen Tatbeständen **abgrenzen**. Welche Abgrenzung („definitio" = lat. Abgrenzung) zweckmäßig ist, kann indessen nur beurteilen, wer den **Kontext** des betreffenden Problems kennt.

Wenn Sie sich bspw. mit Globalisierung auseinandersetzen, werden Sie feststellen, dass je nach **Perspektive** völlig verschiedene **Themen** und **Fragen** aufgeworfen werden. Abhängig vom Standpunkt könnte man ggf. eine Definition wählen, die sich an einer der in Abb. 18 aufgeführten Bedeutungen orientiert.

Abb. 18: Perspektivenvielfalt als Ursache für den Bedeutungshof „Globalisierung"

Perspektive	Bedeutung
1. Globalisierung von Finanzen und Kapitalbesitz	Deregulierung der Finanzmärkte, internationale Kapitalmobilität, Anstieg der Firmenfusionen und -aufkäufe, Globalisierung des Aktienbesitzes in der Frühphase
2. Globalisierung der Märkte und Marktstrategien	Weltweite Integration der Geschäftsabläufe, Etablierung integrierter Operationen im Ausland (incl. F&E und Finanzierung), globale Suche nach Komponenten und strategischen Allianzen
3. Globalisierung von Technologie und der damit verbundenen F&E bzw. des Wissens	Technologie als Schlüsselfaktor; Entstehung globaler Netzwerke innerhalb oder zwischen mehreren Firmen dank der Fortschritte in Informationstechnologie und Telekommunikation. Globalisierung als Prozess der „Toyotisierung" / „lean production"
4. Globalisierung von Lebensformen und Konsummustern sowie des Kulturlebens	Transfer und Transplantation der vorherrschenden Lebensweisen, Angleichung des Konsumverhaltens, Rolle der Medien, GATT-Regeln werden auf Kulturaustausch angewandt
5. Globalisierung von Regulierungsmöglichkeiten und politischer Steuerung	Reduzierte Rolle nationaler Regierungen und Parlamente; Versuche, eine neue Generation von Regeln und Institutionen für die globale Steuerung zu schaffen
6. Globalisierung als politische Einigung der Welt	Staatenzentrierte Analyse der Integration der Weltgesellschaften in ein globales wirtschaftlich-politisches System unter Leitung einer Zentralmacht
7. Globalisierung von Wahrnehmung und Bewusstsein	Sozio-kulturelle Prozesse, die sich am „Eine Welt"-Modell, der „globalistischen" Bewegung, dem Weltbürgertum orientieren

Quellen: Die Gruppe von Lissabon (1997, S. 49); erweitert und revidiert auf der Basis von Ruigrok/van Tulder (1993); entnommen: Müller/Kornmeier (2002, S. 15); leicht modifiziert.

Eine Definition sollte dem Sprachgebrauch entsprechen.
Die von Ihnen gewählte Definition muss mit dem Sprachgebrauch über-einstimmen, was nichts anderes bedeutet, als dass Sie sich der **fachspezifi-schen Termini** bedienen sollten. Lassen Sie also **populärwissenschaftliche Werke** (z.B. Brockhaus, das Große Universallexikon, Bertelsmanns Neues Universallexikon, Meyers Großes Taschenlexikon) im Bücherschrank – jedenfalls dann, wenn Sie eine wissenschaftliche Arbeit verfassen; denn diese Publikationen wenden sich an ein breites, relativ unspezifisches Pub-likum und beschreiben die entsprechenden Stichwörter deshalb auf einer eher oberflächlichen, allgemeinen und **wenig substanziellen** Ebene.

Wer sich an die für eine Disziplin charakteristische und gebräuchliche Sprache (= „Lingua franca") halten will, sollte folglich auf speziell für eine Wissenschaft verfasste Publikationen zurückgreifen – vorzugsweise auf die zu den **Teildisziplinen** veröffentlichten

- **Lexika** (z.B. Lexikon der internen Revision, Lexikon des Rechnungs-wesens, Lexikon des Controllings u.v.a.m.),
- **Handbücher** (z.B. Handbuch der Konzernrechnungslegung, Handbuch Unternehmungsführung, Handbuch Internationales Management, Handbuch industrielles Beschaffungsmanagement u.v.a.m.) und
- **Handwörterbücher** (vgl. hierzu z.B. Abb. 13, s. Seite 66).

Eine Definition sollte für die gesamte Arbeit gelten (= Konsistenz).
Wenn Sie sich für eine bestimmte Definition entschieden haben, dann soll-ten Sie diese im weiteren Verlauf Ihrer Arbeit auch **beachten** und **konsis-tent** verwenden, es sei denn, Sie erklären Ihren Lesern, wann und warum es zweckmäßig ist, von der ursprünglich gewählten Definition abzuwei-chen. Wichtig ist außerdem, dass auch die Autoren, deren Aussagen Sie in Ihrer Arbeit aufgreifen und verarbeiten, mit **demselben Begriff denselben Sachverhalt** meinen. Abb. 19 verdeutlicht am Beispiel „**Mitarbeiterloya-lität**" einige Folgen, wenn derselbe Begriff unterschiedlich definiert wird (z.B. Vergleichbarkeit, Relevanz der Aussagen usw.).

Abb. 19: Mögliche Konsequenzen unterschiedlicher Definitionen
am Beispiel „Mitarbeiterloyalität"

	Ihre Definition	Definition Autor X	Definition Autor Y
Definition	„Ein Mitarbeiter ist loyal, wenn er seinen Arbeitgeber in absehbarer Zeit nicht wechseln will."	„Ein Mitarbeiter ist loyal, wenn er sich an sein Unternehmen gebunden fühlt."	„Ein Mitarbeiter ist loyal, wenn er seit längerer Zeit für sein Unternehmen arbeitet."
Operationalisierung (= Messung; z.B. mithilfe einer Befragung)	„Wie groß ist die Wahrscheinlichkeit, dass Sie Ihren Arbeitgeber in absehbarer Zeit wechseln werden?"	„Haben Sie schon einmal daran gedacht, Ihren Arbeitgeber zu wechseln?"	„Seit wie vielen Jahren sind Sie für Ihren derzeitigen Arbeitgeber tätig?"
Konsequenz	⌀ 18,6%	ja = 65,3% nein = 34,7%	⌀ 14,6 Jahre

5.4 „Hauptteil": Das Herzstück Ihrer Arbeit (= 3. Kapitel)

Betrachten wir unseren momentanen Wissensstand doch einmal aus der Vogelperspektive. Haben wir schon viel erreicht? Nein – könnte man meinen; denn zu unserem eigentlichen Thema haben wir ja noch gar nicht Stellung bezogen. Oder, um bei unserem Beispiel zu bleiben: Der Gugelhupf ist noch nicht einmal gerührt, geschweige denn im Ofen! Und dennoch:

1. Wir wissen, **worüber** wir schreiben (= Thema / Forschungsfrage).
2. Wir haben unsere **Zutaten** zusammengetragen (= Literatur).
3. Wir haben **definiert**, d.h., wir wissen welchen Gugelhupf wir backen bzw. welche(n) wir **nicht** backen werden (= Definition).
4. Wir wissen, was man **bereits weiß** (= „State of the Art").
5. Unsere **Gliederung** „steht", d.h., wir wissen relativ genau, wann Mehl, Zucker, Hefe usw. zugegeben werden.

Mit anderen Worten: Alle sind im Bilde und haben denselben Wissensstand. Eigentlich könnte nun jeder einigermaßen begabte Bäcker den weiteren Job für uns erledigen, da er aufgrund von Gliederung und Abgrenzung genau weiß, was zu tun ist. Das ist doch schon sehr viel wert, oder?

5.4.1 Die Zutaten stehen bereit – und nun?

Im Hauptteil Ihrer Arbeit (die den meisten Platz beanspruchen sollte) greifen Sie die Forschungsziele auf und beantworten alle damit zusammenhängenden Fragen – und zwar auf **theoretischem** Wege und / oder mittels einer eigenen **empirischen** Studie.

- Falls Sie eine „**rein theoretische**" Arbeit verfassen, müssen Sie im Hauptteil den in Kap. 5.3.1 erwähnten „State of the Art" darstellen und zwar ausführlicher als dies bei einer empirischen Studie erforderlich wäre.
- Eine wissenschaftliche Arbeit mit **empirischem** Teil ist i.d.R. wesentlich **aufwendiger**, da Sie auch dann selbstverständlich einen theoretischen Unterbau benötigen und überdies eine Untersuchung zu konzipieren und durchzuführen haben. Im Falle einer empirischen Studie müssen Sie Ihre Leser auch über Folgendes informieren:
  - ▷ Ziele / Hypothesen der empirischen Studie,
  - ▷ Konzeption der Studie (= Untersuchungsdesign),
  - ▷ Grundzüge der verwendeten Verfahren,
  - ▷ Art der Datengewinnung (z.B. Beobachtung, Befragung),
  - ▷ Aufbau des Fragebogens,
  - ▷ Versuchspersonen (Auswahlverfahren, Größe und Struktur der Stichprobe, Rücklaufquote),
  - ▷ zeitlicher Ablauf,
  - ▷ Methoden zur Analyse der erhobenen Daten.

Wer Platz sparen will, kann einen Teil dieser Informationen ggf. in einem sog. **Untersuchungssteckbrief** skizzieren (vgl. Abb. 20).

Beantworten Sie im Hauptteil Ihrer wissenschaftlichen Arbeit im Wesentlichen folgende Fragen:

- Welche **Konsequenzen** ziehe ich auf Grundlage des **verfügbaren Wissens** („Stand der Forschung"), um meine Forschungsfrage zu beantworten?
- Ausgehend vom „State of the Art": Welche **Hypothesen** lassen sich mit Blick auf meine Forschungsfrage ableiten?
- Welches **Untersuchungsdesign** habe ich gewählt, d.h. wie bin ich vorgegangen, um meine zentrale Frage zu beantworten (z.B. Durchführung einer Kundenbefragung oder einer Metaanalyse)?

Abb. 20: Beispielhafter Untersuchungssteckbrief

Baustein	Inhalt
Design der Untersuchung	Analyse der Zufriedenheit derzeitiger und abgewanderter Kunden eines Kreditinstituts
Datengewinnung	Schriftliche Befragung mit standardisiertem Fragebogen Befragungsdauer max. 10 Minuten
Auswahlverfahren	Zufallsprinzip nach der Methode Herausgreifen des n-ten Falles aus der Kundendatei
Stichprobengröße	Je Filiale: n = 500 (derzeitige Kunden: n = 400, abgewanderte Kunden: n = 100) d.h. Stichprobenumfang (gesamt) bei 10 Filialen: n = 5000
Untersuchte Filialen	Berlin, Düsseldorf, Frankfurt, Freiburg, Köln, Leipzig, Mannheim, München, Oberhausen, Stuttgart
Rücklaufquote	Derzeitige Kunden: 10 % (= 400 auswertbare Fragebögen) Abgewanderte Kunden: 5 % (= 50 auswertbare Fragebögen)
Zeitlicher Ablauf	Konzeption: Pretest: Feldarbeit: Datenaufbereitung: Datenanalyse:

- Welche (neuen) Ergebnisse bzw. **Erkenntnisse** habe ich mit meiner Arbeit zutage gefördert? Welchen **Beitrag** leistet meine Arbeit für die Wissenschaft?
- Welche **Konsequenzen** (für Wissenschaft und Praxis) lassen sich auf Basis meiner **eigenen Ergebnisse** ableiten (z.B. für das Strategiekonzept oder die Personalpolitik von Unternehmen)?

5.4.2 Eigentliche Herausforderung: die Zutaten angemessen verarbeiten (= korrekter Umgang mit Hypothesen, Aussagen, Daten)

Worin besteht die **eigentliche Herausforderung** Ihrer wissenschaftlichen Arbeit? Bis jetzt (Gliederung, Einleitung, Grundlagenteil) war die „**Ärmelschonerfraktion**" gefragt, die akribisch alle wichtigen Zutaten (= theoretische und empirische Befunde) zusammenträgt. Im Hauptteil aber spielt die **Begabung** eine größere Rolle: Wir können die Zutaten nämlich zu schnell unter den Teig geben, zu lange oder zu kurz verrühren, zu kräftig oder zu wenig schlagen und und und. Kurzum: Es ist in dieser Phase überaus bedeutsam, WIE wir mit den **Aussagen** (= **Zutaten**), die wir hergeleitet bzw. in der Literatur gefunden haben, **arbeiten**. Wir können alle Aussagen

- gleich oder aber **differenziert** behandeln,
- aufzählen oder **diskutieren**,
- als Dogma betrachten oder aber **infrage stellen**,
- beschreiben oder **kritisieren**,
- behaupten oder **belegen** (z.B. durch Quellenverweis oder logische Herleitung),
- …

Nicht bearbeitete Aussagen sind im Grunde genommen **wertlos**. Besonders wichtig ist, WIE Sie mit Hypothesen, Aussagen und empirischen Daten bzw. Ergebnissen umgehen. Deshalb werfen wir im Folgenden einen Blick auf diese überaus **bedeutsamen Bestandteile** eines wissenschaftlichen Werks.

5.4.2.1 Hypothesen
Bedeutung von Hypothesen
„Oh je, dann musste ich mir noch ein paar Hypothesen aus den Fingern saugen?" Schon mal diesen Satz gehört? Ich schon. Er offenbart aber nicht viel mehr als ein (typisches) Missverständnis im Umgang mit dieser Art von Aussagen. Denn Hypothesen haben in der modernen Wissenschaft eine äußerst bedeutsame Funktion. Die Vorstellung, wie man wissenschaftlich arbeiten sollte, lehnt sich im Wesentlichen an eine Position an, die gewöhnlich als „**Kritischer Rationalismus**" bezeichnet wird (vgl. hierzu Kornmeier 2007, S. 40ff.). Demnach vollzieht sich **Erkenntnisgewinnung** in folgenden Schritten:

(1) Für einen erklärungsbedürftigen Kausalzusammenhang, d.h. ein in der Realität beobachtetes Problem, formuliert man **Lösungsvorschläge** in Gestalt von Hypothesen.

(2) Indem man diese Hypothesen an der Realität prüft (= **empirische Tests**), wird man ggf. einige Hypothesen falsifizieren – und damit eliminieren.

(3) Durch das ständige Bilden (und ggf. Ablehnen) von Hypothesen will man schließlich **Gesetzesaussagen** finden, die sich in der **Realität bewährt** haben (= nomologische Hypothesen).

Sie sehen: Es ist eine äußerst bedeutsame Aufgabe, Hypothesen herzuleiten und zu prüfen.

Nehmen wir an, die Initialzündung für die Formulierung eines Forschungsproblems ginge von einem in der Empirie beobachteten **Phänomen** aus, das man **nicht erklären** kann (= ①; Abb. 21), z.B. die zunehmende Tendenz bestimmter Kunden, von ihrem Kreditinstitut abzuwandern. In diesem Fall wäre es wichtig, Hypothesen zu finden und zu prüfen (= ⑥), um sich auf diese Weise der bzw. den eigentlichen Ursachen des Problems zu nähern. Wie aber kann man Hypothesen finden, die geeignet sind, das Forschungsproblem (hier = Abwanderung der Kunden) zu lösen?

Abb. 21: Theoretisches oder empirisches Problem als Initialzündung für die Suche nach Hypothesen

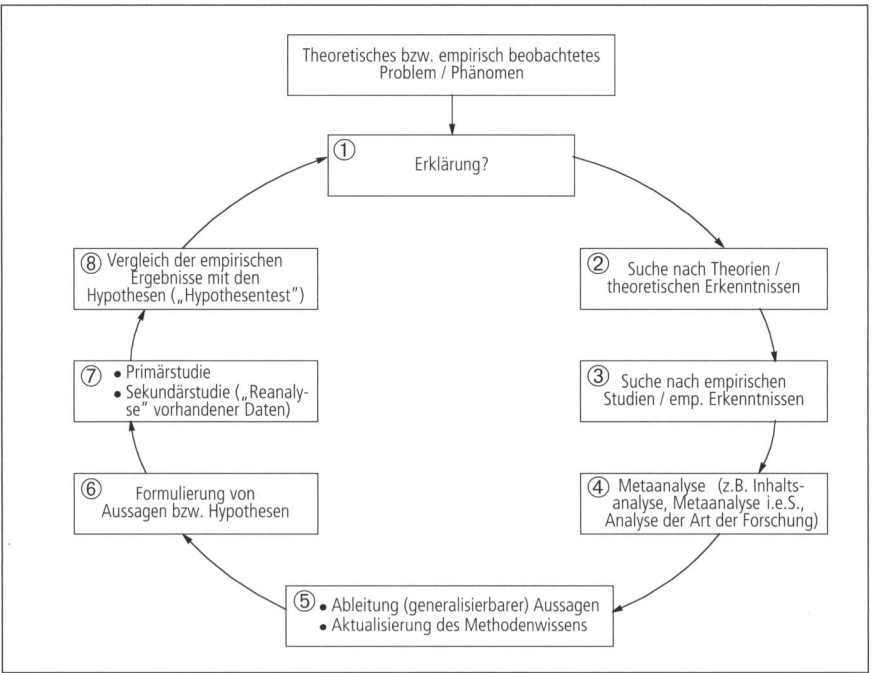

Quelle: in Anlehnung an Tomczak (1992, S. 84); stark modifiziert.

Bildung (Generierung) von Hypothesen

Ganz generell kommen verschiedene Möglichkeiten in Betracht, um **Hypothesen** zu **bilden** (vgl. Kornmeier 2007, S. 77ff.). Zu den eher selten eingesetzten Methoden gehört zum einen die **Abduktion**, die aber – jedenfalls nach Meinung mancher Autoren (vgl. Brühl 2006, S. 183) – sehr gut geeignet ist, **neue** Hypothesen zu finden (vgl. hierzu im Detail Kornmeier 2007, S. 80ff.). Zum anderen hat auch die **Hermeneutik** (= die Lehre vom Verstehen) eine nicht unerhebliche Bedeutung. Wer hermeneutisch vorgeht, versucht Wirkungszusammenhänge (und darüber hinaus auch Sinnzusammenhänge) dadurch zu erklären, dass er sie nachvollzieht und versteht. Vertreter der Hermeneutik betrachten Sätze und deren Bedeutung(en) in ihrem Zusammenhang (**Kontext**). Sie gehen davon aus, dass man das Einzelne nur durch das Ganze verstehen kann und umgekehrt.

Weitaus geläufiger als diese beiden Methoden sind **Induktion** und **Deduktion**. Bei der **empirischen Exploration** (= Induktion) kommen vor allem ähnlich gelagerte Fälle aus der Realität als Erkenntnisquellen in Betracht. Diese könnten z.B. als **Fallstudien** vorliegen. Hypothesen lassen sich auch generieren, indem man (z.B. statt Fallstudien) eine **explorative**, d.h. eine das Problemfeld erhellende und strukturierende **Voruntersuchung** durchführt. Wer bspw. Hypothesen über die Einflussfaktoren der Kundenzufriedenheit entwickeln möchte, könnte mithilfe einer **Vorstudie** ermitteln,

- welche Erwartungen Kunden an Unternehmen sowie an deren Produkte und Dienstleistungen stellen und
- welche Faktoren (Preise, Frische der Waren, …) die Kaufentscheidung beeinflussen.

Für die i.d.R. **qualitative** Vorstudie bieten sich insbesondere **zwei Methoden** an:

- das **halbstrukturierte Interview**, um den Kenntnisstand zu vertiefen,
- die **Gruppendiskussion**, um sich einen fundierten Einblick zu verschaffen.

Gestaltung einer explorativen Voruntersuchung

- Unabhängig von der Befragungsmethode sollte vor der explorativen Studie ein **Interviewerleitfaden** konzipiert werden, der die Vorgehensweise grob skizziert.

- Außerdem hat es sich als nützlich erwiesen, die Gespräche bzw. Diskussionen auf **Tonband** aufzuzeichnen – das Einverständnis der Teilnehmer vorausgesetzt.
- Sowohl das halbstrukturierte Interview als auch die Gruppendiskussion stellen vergleichsweise hohe **Anforderungen** an denjenigen, der die Interviews führt bzw. die dabei gewonnenen Angaben auswertet.
- Wer zur Gewinnung von Hypothesen eine Gruppendiskussion durchführen will, sollte sich für eine möglichst **heterogene Teilnehmerstruktur** entscheiden, um ein breites Spektrum an Antworten bzw. Meinungen zu erhalten; im Falle einer Zufriedenheitsanalyse bspw. mehrere **Kunden** mit unterschiedlicher soziodemografischer Struktur (Männer / Frauen; jung / alt; Selbstständige / Arbeitslose / ...; ...) sowie mehrere **Unternehmensmitarbeiter**.

Wer Hypothesen per **Deduktion** gewinnen will, muss sie im Rahmen eines intensiven **Literaturstudiums** aus vorliegenden Erkenntnissen ableiten (= ②; Abb. 21). Dabei sollte man **theoriegeleitet**, zumindest aber **theoretisch-eklektisch** (vgl. Abb. 22) vorgehen.

- Denkbar wäre, Hypothesen anhand übergeordneter Theorien (z.B. Transaktionskostenansatz) abzuleiten (= theoriegeleitet) bzw. vorhandene (Mini-)Theorien nach Maßgabe der Problemstellung auszuwählen und „zusammenzustellen" (= theoretisch-eklektisch).
- Wenn in benachbarten Forschungsbereichen, die mit dem eigenen Gebiet relativ eng **verwandt** sind, eine **ähnliche Forschungsfrage** bereits erklärt wurde (z.B. Einflussfaktoren der Kundenzufriedenheit), liegt es nahe, die dort entwickelte(n) Theorie(n) bzw. Erkenntnisse auf den eigenen Sachverhalt zu **übertragen**. Dabei sollte man sich in „**konzentrischen Kreisen**" von der eigenen Problemstellung entfernen.
  - ▷ Wer sich etwa am Beispiel **Banken** mit dem „Zusammenhang zwischen Mitarbeiter- und Kundenzufriedenheit" zu beschäftigen hat, dort aber keine einschlägigen Theorien findet, könnte erkunden, ob vergleichbare Probleme bereits bei **Versicherungen** erforscht wurden.
  - ▷ Falls nicht, entfernt man sich noch weiter vom eigentlichen Erkenntnisproblem, z.B. indem man bei **weniger** verwandten

Dienstleistungen nach Theorien sucht (z.B. „Mitarbeiter- und Kundenzufriedenheit im Einzelhandel").

Abb. 22: Erscheinungsformen theoretisch-empirischer Forschung

Keine theoretische Basis	„Empirizistisch"	Vager theoretischer Bezug	Theoretisch-eklektische Ausrichtung	Theoriegeleitet
„Narrativer" Ansatz; rein deskriptiv (auf-, erzählend)	Datengeleitete Forschung (evtl. verbunden mit theoretischen Ex post-Erklärungen)	Assoziativer Rekurs auf ein mehr oder minder fundiertes theoretisches Konzept (häufig nur per ‚name dropping')	An der jeweiligen Fragestellung orientierte Auswahl und Zusammenstellung verschiedener Theorien bzw. theoretischer Strömungen (primäres Ziel: möglichst weitgehende Varianzaufklärung)	Ableitung von Hypothesen z.B. aus der Transaktionskostentheorie und empirische Prüfung (primäres Ziel: Prüfung und Weiterentwicklung einer Theorie)

In einem nächsten Schritt sucht man – vorzugsweise in Fachzeitschriften bzw. Journals – nach **empirischen Studien** zu dem zu erklärenden Phänomen (= ③; Abb. 21), z.B. nach Arbeiten, in denen „Einflussfaktoren der Mitarbeiterzufriedenheit auf die Kundenzufriedenheit" mithilfe einer Befragung ermittelt wurden. Anschließend könnte man das gesammelte Material **metaanalytisch** auswerten (= ④), bspw. durch die mathematische Berechnung von Effekten (vgl. hierzu ausführlich Kornmeier 2007, S. 140ff.).

Das zusammengetragene Wissen wiederum bildet den Ausgangspunkt für die Formulierung von Hypothesen (= ⑤/⑥). Sind diese „aussage"kräftig genug, um die eigene Frage zu beantworten, kann es zweckmäßig sein, die Analyse des Forschungsproblems an dieser Stelle zu beenden. Häufig allerdings wird dies nicht genügen, da viele Themen zu spezifisch sind, als dass das verfügbare Wissen ausreichen würde. In diesem Fall müssen Informationen ausgewertet werden, die sich speziell mit der eigenen **Problemstellung** auseinandersetzen (= ⑦). Wie wir in Kap. 4.3 gezeigt haben, eignen sich neben Sekundärstatistiken (z.B. für eine **Reanalyse**) auch **primärstatistische Daten**, die z.B. per Befragung oder Beobachtung zu erheben sind. Man müsste dann bspw.

- ein geeignetes Untersuchungsdesign konzipieren (z.B. Befragungs-
  form, Aufbau des Fragebogens, Formulierung der Fragen, Auswahl
  der Befragungsteilnehmer),
- Variablen bzw. theoretische Konstrukte operationalisieren,
- Daten erheben und
- anschließend analysieren.

Die (empirischen) Ergebnisse der sekundär- oder primärstatistischen Analyse erlauben einen Vergleich mit den **Hypothesen** (= ⑧). Werden diese
nicht falsifiziert, so spricht einiges dafür, dass man eine plausible Erklärung für die Forschungsfrage gefunden hat; andernfalls (= **Falsifikation**)
geht die Suche weiter.

Möglichkeiten der Hypothesenformulierung
Der in einer Hypothese formulierte Zusammenhang kann grundsätzlich
eine **beliebige** mathematische Form annehmen, gleichgültig, ob es sich
dabei um eine lineare oder nicht lineare Funktion handelt (vgl. Abb. 23).
Lässt sich der Verlauf nicht nur näherungsweise beschreiben, sondern als
konkrete Funktionsgleichung mit **mathematischen** Parametern, so handelt es sich um eine **„quantitative Hypothese"**. **Gesetzesaussagen** (bzw.
nomologische Aussagen) haben zwar die gleiche Struktur wie Hypothesen;
diesen Begriff verwendet man aber nur dann, wenn sich die entsprechende
Aussage in der Realität bereits häufig bewährt hat.

Abb. 23: Ausgewählte Möglichkeiten der Hypothesenformulierung
am (fiktiven) Beispiel „Marktanteil" und „Return on investment"

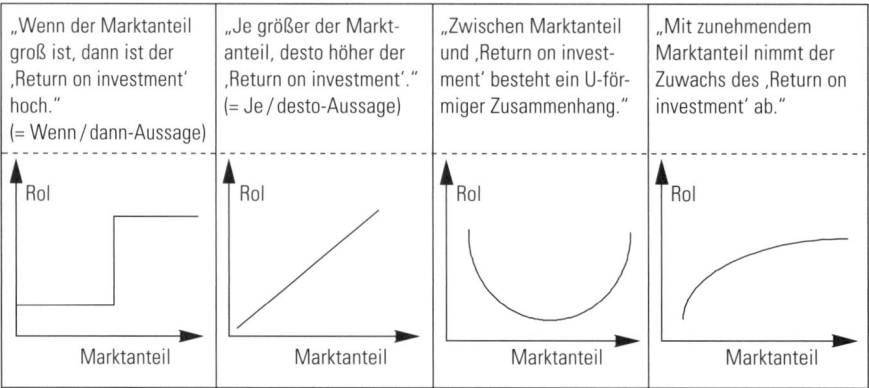

Anforderungen an eine Hypothese

Eine Hypothese muss zahlreiche **Anforderungen** erfüllen; diese sind in Abb. 24 zusammenfassend dargestellt (vgl. hierzu auch Kornmeier 2007, S. 75ff.).

Abb. 24: Anforderungen an eine Hypothese

Anforderung: Eine Hypothese muss ...	Beispiel
... einen hinreichend großen Informationsgehalt besitzen.	„Kundenzufriedenheit beeinflusst die Wiederkaufbereitschaft oder auch nicht." (= Leerformel); besser: „Je zufriedener die Kunden mit einem Produkt sind, desto größer ist ihre Bereitschaft, das betreffende Produkt erneut zu erwerben."
... empirisch prüfbar sein.	„Wolpertinger sind zufriedener als Yetis." (= ungeeignet, weil die Existenz der Erscheinung prüfbar sein muss)
... falsifizierbar sein.	„Die Kunden der XY-AG sind heute sehr zufrieden." besser: „Die Kunden der XY-AG waren 2007 ebenso zufrieden wie 2006."
... logisch aufgebaut sein.	„Markentreue beeinflusst das Alter." (= unlogisch) besser: „Je älter die Konsumenten, desto markentreuer sind sie."
... präzise und eindeutig sein.	„Zufriedenheit beeinflusst die Leistung." besser: Welche Zufriedenheit? Welche Leistung? Wie stark?
... theoretisch fundiert sein.	„In sozialen Beziehungen wollen Menschen für ihren Einsatz eine faire Gegenleistung erhalten." (= Equity-Theorie)

5.4.2.2 Aussagen

Es mag etwas hochtrabend klingen, aber mit Ihrer wissenschaftlichen Arbeit sollen auch Sie dazu beitragen, den **Wissensvorrat** der Gesellschaft zu vergrößern, indem Sie systematisch Erkenntnisse zu gewinnen versuchen. Im Mittelpunkt wissenschaftlicher Studien stehen verschiedenartige **Aussagen**, die anhand bestimmter Kriterien zu kritisieren und zu bewerten sind. Wie Sie bereits in Kap. 3.2 erfahren haben, können wir z.B.

- die vielfältigen Ereignisse in der Natur oder im menschlichen Zusammenleben **sammeln**, **ordnen** und **systematisieren** (= Deskription / Beschreibung),
- **Zusammenhänge** erkennen und **Aussagen** über deren innere Verbundenheit machen, z.B. nomologische Aussagen (= Explikation / Erklärung),
- Konsequenzen bzw. **Gestaltungsempfehlungen** ableiten.

Jedoch: Nicht wenige Studierende gehen in ihren wissenschaftlichen Arbeiten **übermäßig deskriptiv** vor; deren typisches Merkmal ist das **„es gibt-Prinzip"**: Jeder Satz – ich übertreibe etwas – beginnt mit „es gibt …", was derartige Arbeiten i.d.R. langweilig, unergiebig und damit uninteressant macht; denn Ihre Leser – und auch der Korrektor – erwarten weitaus mehr. Sie sollen Phänomene nämlich nicht nur aufzählen bzw. darstellen, sondern auch die entsprechenden Ursachen, Konsequenzen sowie die zwischen den Faktoren bestehenden Zusammenhänge erläutern und diskutieren. Mit Literatur arbeiten heißt einschlägige **Literatur „verarbeiten"**, indem Sie den darin dokumentierten Wissensstand ausführlich darstellen und die darin enthaltenen **Aussagen anderer Autoren** herausarbeiten und ggf. übernehmen (vgl. Nienhüser/Magnus 2003, S. 9f.).

Denken Sie nochmals an unseren Gugelhupf: Der Kuchen wird nur dann ein Genuss für den Gaumen, wenn Sie den Teig so lange bearbeiten, „traktieren" und kneten, bis er luftig und locker wird. Ähnliches gilt für das wissenschaftliche Arbeiten: Sie sollen

- **Gedanken** darlegen und ergänzen,
- **Leitgedanken** formulieren,
- **Aussagen** zusammenfassen / verdichten,
- Ihre Aussagen und Argumente mit Aussagen bzw. empirischen Ergebnissen Dritter **untermauern**, d.h. verschiedene Aussagen verknüpfen und zu einer oder mehreren **Argumentationsketten** zusammenfügen,
- **Übersichten** erarbeiten bzw. Aussagen verschiedener Quellen **gegenüberstellen** (= Synopsen) und darin theoretische und / oder empirische Studien vergleichend **bewerten** (z.B. theoretisches Fundament, methodischer Ansatz), um Vor- / Nachteile, Widersprüche und Probleme verdeutlichen zu können,
- Aussagen auf **Plausibilität** prüfen; „gute" von „schlechter" Forschung bzw. „wahre" von „falschen" Aussagen unterscheiden,
- Aussagen **beurteilen**, **Konsequenzen** ableiten, **Meinungen** abgeben – immer vorausgesetzt, Ihre Position fußt auf einer fundierten Analyse.

Alle diese Leistungen sind **wesentliche Bestandteile** und Ausdruck Ihrer eigenständigen wissenschaftlichen Arbeit. Im Übrigen ist es auch aus **forschungsökonomischer** Sicht zweckmäßig und sinnvoll, das von anderen generierte Wissen aufzugreifen und zu verarbeiten. Man muss das Rad ja nicht jedes Mal „neu erfinden".

Entscheidend ist Ihr **Umgang** mit Aussagen, z.B.

* kritische Distanz zu den in der Theorie gefundenen Aussagen bzw. Erkenntnissen,
* Fundieren / Belegen von Aussagen,
* Themenbezug der Aussagen,
* Objektivität (z.B. im Umgang mit Zitaten),
* Schlüssigkeit der Argumentation,
* Vermeiden von Tautologien usw.

Gültigkeit und Verlässlichkeit von Aussagen
Belege, mit denen Sie Ihre Argumentation fundieren bzw. Ihre These(n) untermauern können, lassen sich auf unterschiedliche Weise gewinnen (vgl. Esselborn-Krumbiegel 2008, S. 109), z.B.

* Auszüge aus einem **interpretierten Text**,
* analysierte **historische Quellen**, z.B. Urkunden, frühere Korrespondenz, alte (Geschäfts-)Berichte,
* Analyse von **Fallstudien** (z.B. von erfolgreichen / nicht erfolgreichen Unternehmen),
* **sekundärstatistische** Daten (z.B. vom Statistischen Bundesamt)
* **primärstatistische** Daten (z.B. eigene Befragung oder Beobachtung).

Zum Beleg wird die Information jedoch erst, indem Sie diese für Ihre Zwecke **aufbereiten**. Dass dabei der **Wahrheitsgehalt** nicht auf der Strecke bleiben darf, versteht sich von selbst. Da Sie als Autor einer wissenschaftlichen Arbeit der **Wahrheit** verpflichtet sind, müssen Sie die von Ihnen zitierten Aussagen **kritisch hinterfragen** und **bewerten**; auch Bewertungsschema und -kriterien müssen **transparent** und **nachvollziehbar** sein (vgl. Nienhüser/Magnus 2003, S. 2). Prüfen Sie, ob die Aussagen Dritter

* gültig (= **valide**) und
* verlässlich (= **reliabel**)

sind. Diese beiden Eigenschaften beeinflussen die Qualität einer wissenschaftlichen Arbeit (bzw. die darin getroffenen Aussagen) in erheblichem Maße; denn plausiblerweise richtet sich die Stärke einer Argumentationskette nach deren schwächstem Glied.

Hinweise zur Gültigkeit von Aussagen erhält, wer u.a. folgende **Fragen** beantwortet (vgl. Abb. 25):

- Ist die Argumentation **logisch**?
- Kann man die Aussage grundsätzlich **widerlegen**?
- Steht sie in **Einklang** mit bewährten Aussagen?
- Ist die Aussage **empirisch** prüfbar?

Abb. 25: Prüfung der Gültigkeit von Aussagen

Aussage	Beispiel	Prüfung der Gültigkeit
Logische Aussage	Wenn A > B und B > C, dann ist A > C.	Ist diese Aussage logisch nachvollziehbar? Handelt es sich womöglich um eine Tautologie? (z.B. „Herr K. ist klein, weil er ein Zwerg ist.")
Deskriptive (singuläre) Aussage	Die Deutsche Bank hatte am 21. Dezember 2007 einen Marktwert (Marktkapitalisierung) von 46,45 Mrd. Euro.	Ist diese Aussage wahr? Stimmt diese Aussage? Kann ich diese Aussage in irgendeiner Form belegen, z.B. mit Literatur?
Explikative Aussage (z.B. Gesetzesaussage)	Konsumenten reagieren stärker auf Preissteigerungen als auf Preissenkungen.	Ist der Inhalt dieser Aussage wahr? Stimmt diese Aussage? Kann ich diese Aussage in irgendeiner Form belegen, z.B. mit empirischen Ergebnissen?
Technologische Aussage (= Ziel / Mittel-Aussage)	Unternehmen können die Entsendungsbereitschaft ihrer Mitarbeiter beeinflussen, indem sie die Höhe der Auslandszulage verändern.	Ist die in der Aussage nahegelegte Vorgehensweise geeignet / praktikabel? Funktioniert sie? Kann ich diese Aussage in irgendeiner Form belegen, z.B. mit empirischen Ergebnissen?
Normative Aussage	Staat und Unternehmen sollen für wirtschaftlichen Wohlstand sorgen.	Ist das wünschenswert? Ist der Inhalt dieser Aussage gut so? Soll das so sein?
Metaphysische Aussage	Es gibt einen Gott.	Kann ich das glauben? Was spricht dafür? Was dagegen?
Zusammengesetzte Aussage **Erklärung** (= zusammengesetzt aus deskriptiver und Gesetzesaussage)	**Gesetzesaussage:** Je höher der Preis, desto geringer die Nachfrage. **Randbedingung (= deskriptive Aussage):** Produkt X ist teurer geworden. **Zu Erklärendes:** Die Nachfrage nach Produkt X ist gesunken.	Sind die einzelnen Bestandteile wahr? Ist die Ableitung logisch korrekt?

Anmerkung:
(Echte) tautologische Aussagen sind immer wahr, da sie ausschließlich durch den (tauto-) logischen Zusammenhang zwischen den Begriffen gekennzeichnet sind (= intrinsisch tautologisch). Sie besitzen keine sog. empirische Substanz.

Quelle: auf der Basis von Nienhüser/Magnus (2003, S. 12); stark modifiziert.

Das in Abb. 26 dargestellte Beispiel vermittelt einen Eindruck davon, wie **vielfältig** (und wahr?) Aussagen zum selben Themenkomplex sein können.

Beispiel

Manche „Studien" werden bisweilen als „strategische Instrumente" eingesetzt, bspw. im Verteilungskampf von Interessengruppen (hier = Unternehmen / Gewerkschaften); abhängig von der Interessenlage variieren dann auch die Aussagen: Je nachdem, ob – wie im vorliegenden Fall – „die" Unternehmer, „die" Gewerkschaften oder „die" Unternehmensberater das Wort ergreifen, sind die Lohnkosten entweder zu hoch, zu niedrig oder gar bedeutungslos (vgl. Abb. 26).

Abb. 26: Heterogene Aussagen zu ein und demselben Thema:
Das Beispiel „Argumente zur Standort-Diskussion"

„Die" Unternehmer	„Die" Gewerkschaften	„Die" Unternehmensberater
Aussage: Die Lohnkosten in Deutschland sind zu hoch. Wenn die Gewerkschaften immer höhere Löhne fordern, während die Arbeitsproduktivität nicht in zumindest gleichem Maße wächst, schwächen sie die Wettbewerbsfähigkeit der deutschen Wirtschaft.	**Aussage:** Unternehmen müssen die Arbeit qualifizierter Mitarbeiter angemessen honorieren. Deutsche Arbeiter sind überdurchschnittlich qualifiziert, weshalb sie zu Recht mehr Lohn fordern. Außerdem beziehen sie weniger Nettolohn (= Lohn abzüglich Einkommensteuer, Rentenversicherung und Sozialleistungen) als Österreicher, Iren, Briten oder Spanier.	**Aussage:** Das Argument, die deutsche Wirtschaft werde von der Last der Lohnkosten erdrückt, verstellt den Blick auf die wirklichen Ursachen: Mangel an Innovationen und fehlende Bereitschaft, Strukturen zu reorganisieren. Unternehmen, die ihre Produktion lediglich aus Kostengründen ins Ausland verlagern, scheitern dort nicht selten, weil sie sich nicht an den Bedürfnissen des Marktes orientieren.
„Beweis": Arbeitskosten je Arbeiterstunde im internationalen Vergleich: 1996 Führungsposition von Westdeutschland mit 47,28 DM	**„Beweis":** Nettolohn im internationalen Vergleich: 1996 mit 19 DM Rang sieben; Luxemburg auf Rang eins mit 22 DM	**„Beweis":** Anteil der Personalkosten an den Produktionskosten: ca. 5%.
Quelle: Institut der deutschen Wirtschaft	*Quelle: Sedgwick Noble Lowndes-Studie (1997)*	*Quelle: McKinsey-Studie (vgl. Kluge 1996)*

Quelle: Müller/Kornmeier (2000, S. 158).

Ergo: Auch wenn Aussagen mit „**harten Daten** und Fakten" belegt werden bzw. von einer bekannten Institution stammen, kann man daraus nicht unbedingt schließen, dass sie gültig sind. Es ist folglich sehr bedeutsam, die Korrektheit bzw. „Kraft" von Aussagen **kritisch** zu prüfen.

Wenn Sie Aussagen aus der Literatur **anzweifeln**, müssen Sie dies entsprechend darlegen und **begründen** (Bsp.: „Die Aussage von Meier (2005, S. 23) ist in der beschriebenen Form nicht haltbar, da …"). Während diese Vorgehensweise die Wissenschaft **voranbringt**, wäre der umgekehrte Weg, in der Literatur nach Aussagen bestimmter Experten zu suchen und diese kritiklos zu übernehmen, **vollkommen unzweckmäßig**. Wissenschaftlich arbeiten bedeutet nämlich NICHT, dass Sie jede in einer Publikation (z.B. Fachzeitschrift, Dissertation) gefundene Aussage willfährig und obrigkeitsgläubig übernehmen (Motto: „Wenn der Herr Professor etwas schreibt, so ist dies immer richtig!"); Renommee und Bekanntheitsgrad eines Autors sind **keine Garanten** für Reliabilität und Validität bzw. Informationsgehalt seiner Aussagen.

Zeigen Sie keinen falschen Respekt! Gehen Sie mit Aussagen von Autoritäten und „Gurus" eines Fachgebiets nicht weniger kritisch um wie mit den Veröffentlichungen unbekannter Fachvertreter. L. Borghardt brachte dies einmal sinngemäß wie folgt auf den Punkt: Begegnen Sie den Texten von sog. **Marketing-, Literatur- und anderen -päpsten** ebenso skeptisch wie einem Vorwerk-Verkäufer mit Spiegelbrille! Schalten Sie beim Lesen den Verstand ein und fragen Sie sich, welchen Beitrag ein Text leistet; denn in Alltagssprache übersetzt bleibt von manchem (wissenschaftlichen) Werk wenig Substanz übrig.

Wer Daten Dritter (= sekundärstatistische Daten; vgl. Kornmeier 2007, S. 153ff.) verwendet, kann deren **Validität** zumindest ansatzweise **prüfen**, indem er die **Datenbasis** hinterfragt, d.h. Größe der Stichprobe, Verfahren zur Datenerhebung, Berechnungsmethode usw. Für die Wissenschaft förderlich ist es überdies, Aussagen, die sich (teilweise) widersprechen, nicht einfach zu ignorieren; wesentlich besser ist es, die entdeckten **Ungereimtheiten eingehend** zu **diskutieren**:

- Möglicherweise sind die Unterschiede ja auf **Erhebungs**- oder **Interpretationsfehler** zurückzuführen.
- Denkbar ist auch, dass die verschiedenen Forscher den Untersuchungsgegenstand unterschiedlich **definiert** und **gemessen** (operationalisiert) haben (vgl. hierzu auch Kap. 5.3.2).

- Im Übrigen sind entsprechende Aussagen u.U. auch dann nützlich, wenn man ihre **Reichweite** räumlich und / oder zeitlich **einschränkt**.

Außerdem gilt: Auch ein Beispiel belegt nicht die Gültigkeit generalisierender Aussagen. Und selbst mehrere Beispiele liefern, wie Popper (1994) darlegt, **keinen Beweis** (vgl. hierzu Kornmeier 2007, S. 40ff.). Sie bleiben letztlich auch nur Beispiele. Fraglos aber steigern sie Informationsgehalt und Anschaulichkeit, was sie zu wichtigen Bestandteilen wissenschaftlicher Arbeiten macht.

Prüfbarkeit
Aussagen müssen prüfbar und kritisierbar sein und dürfen sich etwaiger Kritik demnach nicht entziehen (vgl. Nienhüser/Magnus 2003, S. 1f.). Dies bedeutet, dass Sie Ihre wissenschaftliche Arbeit so gestalten müssen, dass jeder Leser Ihre Aussagen **nachvollziehen** kann: Er muss prüfen können,
- auf **welche Quellen** Sie sich stützen, denn jeder Leser soll grundsätzlich verstehen, wie Ihre Aussagen (z.B. empirische Ergebnisse Dritter) zustande gekommen sind;
- ob Sie die von Dritten übernommenen Aussagen nicht aus dem **ursprünglichen Zusammenhang** gerissen haben.

Vor diesem Hintergrund ist auch verständlich, warum es unabdingbar ist, dass Sie in wissenschaftlichen Arbeiten
- **korrekt zitieren** (incl. exakter **Seitenangabe**) sowie
- die **zitierten Quellen** im Literaturverzeichnis vollständig **angeben**.

Die Relevanz der hier angesprochenen Anforderung soll anhand des folgenden Beispiels aus einer älteren Diplomarbeit verdeutlicht werden.

Beispiel
„Im Jahr 2003 belief sich das Bruttosozialprodukt Deutschlands auf 2.405,9 Mrd. \$, wobei 31,11% durch den Export erwirtschaftet wurden.“

Anmerkung
Da indes der Autor nicht selbst bundesweite Erhebungen zum Bruttosozialprodukt, zur Exportquote usw. durchgeführt haben kann, muss er diese Zahlen, falls er sie nicht erfunden hat, von einer verlässlichen

Quelle bezogen haben – vermutlich vom Statistischen Bundesamt oder bspw. vom Institute for Management Development (IMD), das jährlich das „World Competitiveness Yearbook" herausgibt. Wer in seinen Aussagen (konkrete) Zahlen präsentiert, muss die entsprechende(n) Quelle(n) angeben, da er ansonsten gegen die Gepflogenheit der Wissenschaft verstößt und damit einen schwerwiegenden Fehler begeht.

Reichweite von Aussagen

Wer wissenschaftlich argumentieren will, kann ggf. auf sog. empirische Verallgemeinerungen (= **Generalisierungen**) zurückgreifen (vgl. Kornmeier 2007, S. 49ff.). Da aber in den Sozialwissenschaften nur wenige Aussagen generalisierbar sind und damit „immer und überall" gelten, müssen Sie zunächst feststellen, inwieweit die Ergebnisse einer Studie auf einen anderen **Untersuchungskontext übertragen** werden können: Sie müssen sich folglich mit dem **Kontext** der jeweiligen Analyse auseinandersetzen und prüfen, ob die dort getroffenen Einschränkungen und Voraussetzungen auch für Ihre Frage gelten.

- Wenn Sie bspw. in einer Studie feststellen, dass 39% der untersuchten deutschen Großunternehmen regelmäßig ihre Mitarbeiter befragen, so verbietet sich die plakative Aussage: „Deutsche Großunternehmen befragen regelmäßig ihre Mitarbeiter".

- Theorien oder generalisierbare Aussagen werden häufig in einem Land bzw. in einem Kulturkreis (z.B. Westeuropa) geprüft und sind deshalb nicht ohne Weiteres auf **andere Kulturen** (z.B. Japan, China) übertragbar.

- Wenn man in einer Studie erfährt, dass „viele **kleine und mittelständische Unternehmen** (KMU) den (in-)direkten Export oder die Lizenzvergabe als Markteintrittsstrategie bevorzugen", so ist dieser Befund nicht generalisierbar: Es lässt sich daraus **kein Hinweis** bspw. auf das Verhalten von **Großunternehmen** ableiten; denn zahlreiche Untersuchungen (vgl. z.B. Berger/Uhlmann 1985) belegen, dass vor allem die Unternehmensressourcen die Wahl der Markteintrittsstrategie beeinflussen. Und da es i.d.R. nicht den Großunternehmen, sondern vielmehr den KMU an Human- und Finanzkapital mangelt, bevorzugen diese nicht selten Markteintrittsstrategien, die eher wenig Ressourcen binden, z.B. den (in-)direkten Export oder die Lizenzvergabe. Selbstverständlich lässt die gefundene Aussage über das Verhalten der KMU

keinen Umkehrschluss zu; denn es ist durchaus denkbar, dass auch manche Großunternehmen exportieren oder Lizenzen vergeben.

Kausalität

Stellen Sie jede Aussage über kausale Zusammenhänge auf den Prüfstand. Dabei sollten Sie nicht nur empirisch ermittelte Beziehungen **kritisch** auf **Plausibilität** prüfen, sondern auch die in der Literatur diskutierten **theoretischen Aussagen**. Im Falle empirischer Ergebnisse (z.B. makroökonomische Analyse; Befragung von Mitarbeitern) ist bspw. zu untersuchen, ob zwischen den in einer Aussage genannten Variablen tatsächlich ein **kausaler Zusammenhang** besteht oder ob es sich lediglich um eine sog. **Scheinkorrelation** handelt. Wenn Sie etwa feststellen, dass individualistische Länder tendenziell wettbewerbsfähiger sind als kollektivistische, so kann man daraus nicht zwangsläufig den Schluss ziehen, dass Individualismus die Wettbewerbsfähigkeit vergrößert (vgl. Abb. 27; I).

- Denkbar wäre nämlich auch die **umgekehrte** Beziehung (vgl. Abb. 27; II, s. Seite 122): Je wettbewerbsfähiger ein Land, desto weniger sind dessen Bewohner bereit, sich für andere einzusetzen.
- Zwischen beiden Variablen könnte auch eine **wechselseitige** Beziehung bestehen (vgl. Abb. 27; III).
- Überdies kommt in Betracht, dass **zwischen** Individualismus und Wettbewerbsfähigkeit **ein dritter**, in der Analyse vernachlässigter Faktor steht. In dem in Abb. 27 (Konstellation IV) dargestellten Fall würde Individualismus die Lebenszufriedenheit (= **intervenierende Variable**) verbessern, die wiederum der Wettbewerbsfähigkeit des Landes zuträglich ist.
- Schließlich wäre möglich, dass **beide** Variablen von einem **dritten**, in der Analyse vernachlässigten Faktor beeinflusst werden (vgl. Abb. 27; V), z.B. von der Kapitalausstattung oder dem Rohstoffreichtum eines Landes (= **moderierende Variable**). Dieser könnte bspw. dazu führen, dass das fragliche Land zum einen individualistischer eingestellt ist, wegen der Bodenschätze aber auch wettbewerbsfähiger ist.

Selbstverständlich ist es ebenso realistisch anzunehmen, dass nicht ein Faktor allein, sondern ein ganzes **Bündel** davon die beiden Variablen beeinflusst. Auch **Kombinationen** (z.B. Konstellation IV **und** V) sind denkbar.

Abb. 27: Vielfalt kausaler Zusammenhänge als Problem in wissenschaftlichen Arbeiten

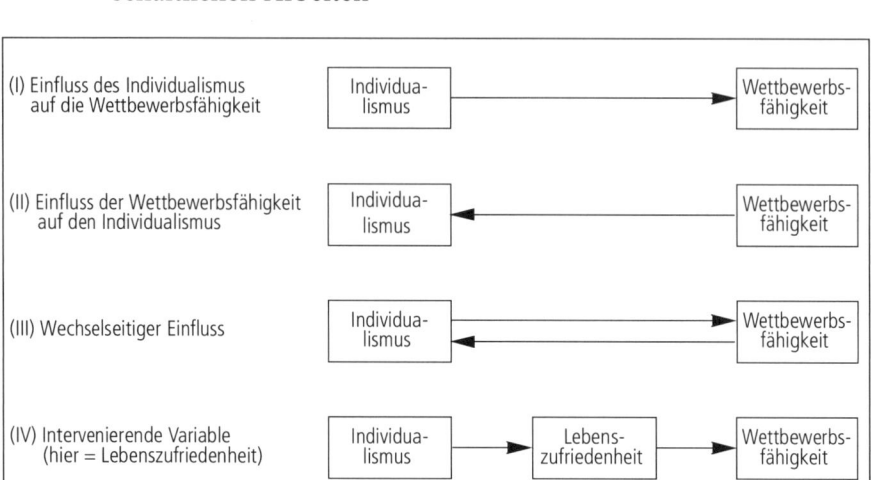

Die in einer empirischen oder theoretischen Aussage postulierte Kausalität muss folglich **geprüft** werden. Von einer **kausalen Beziehung** kann
man ausgehen, wenn folgende Voraussetzungen erfüllt sind (vgl. hierzu
auch Kornmeier 2007, S. 63ff.):

(1) Zwischen zwei Variablen X und Y besteht eine **statistische** Beziehung
(= **„association"**), z.B.: Individualistische Kulturen sind wettbewerbsfähiger als kollektivistische.

(2) Variable X geht der Variable Y **zeitlich** voran (= **„temporal precedence"**), z.B.: Die Wettbewerbsfähigkeit eines Landes hat sich erst verbessert, nachdem dessen Bewohner individualistischer wurden.

(3) Der Einfluss sonstiger Variablen kann **kontrolliert** und deren mögliche Wirkung damit ausgeschlossen werden (= **„lack of spuriousness"**;

Ausschliessen von sog. **Scheinkorrelationen**), z.B.: Der Einfluss sonstiger Faktoren auf die Wettbewerbsfähigkeit.

Es versteht sich von selbst, dass diese drei Bedingungen nur **schwer** – wenn überhaupt – zu erfüllen sind, bspw. weil man zur Erfüllung der „temporal precedence" ein Experiment durchführen müsste (vgl. Kornmeier 2007, S. 187ff.).

Wer kausale Aussagen prüfen will, benötigt zumindest Grundkenntnisse in der empirischen Forschung, vor allem in der **Datenerhebung** (z.B. Experiment, Befragung) und **Datenanalyse**. Neben den drei o.g. Anforderungen sollten auch **theoretische Überlegungen** die empirisch ermittelten Beziehungen stützen. Außerdem muss die **Ursache notwendig** sein, d.h. **zwangsläufig** zur Wirkung führen:

- Während bspw. der Faustschlag eines Boxers an den Kopf des Gegners die Ursache dafür ist, dass dieser zu Boden geht,
- ist der Faustschlag des wutentbrannten Fußballtrainers gegen die Werbebande nicht kausal, wenn seine Mannschaft ein Tor erzielt.

5.4.3 Analyse empirischer Daten

5.4.3.1 Mehr als nur Häufigkeiten

Nicht selten bietet es sich an, zusätzlich zur Literaturarbeit eine **empirische Studie** durchzuführen, bspw. um die theoretisch hergeleiteten Hypothesen an der Realität zu prüfen. Allerdings sind solche Untersuchungen keine „l'art pour l'art". Wer meint, bereits mit der Durchführung dieser häufig sehr aufwendigen Studien den Qualitätsbeweis erbracht zu haben, irrt sich. Leider wird das Potential derartiger Arbeiten häufig viel zu wenig genutzt; denn in zahlreichen Studien findet man kaum mehr als Häufigkeiten und Mittelwerte – mithin **pure Deskription**. So ist es **zwar auch** interessant zu wissen, dass bspw.

- die Zufriedenheit der Kunden 2,1 beträgt (auf einer Skala von –3 = sehr unzufrieden bis +3 = sehr zufrieden),
- 68% der befragten Unternehmen sich für den Export entschieden haben,
- 25% der Probanden das in der Studie untersuchte Produkt erneut kaufen würden
- und und und.

Weitaus **erhellender** aber wäre es doch, mehr darüber zu erfahren,

- welche **Faktoren** die Zufriedenheit der Kunden signifikant **beeinflussen**,
- aus welchen **Gründen** (z.B. Mangel an Humanressourcen) sich Unternehmen für den Export – und nicht etwa für die Lizenzvergabe oder eine ausländische Produktionsstätte – entschieden haben,
- ob sich die Wiederkaufrate auch mit **soziodemografischen** (z.B. alte vs. junge Konsumenten) oder **psychografischen** Variablen (z.B. Lebensstil, Umweltbewusstsein, Prestigestreben) erklären lässt.

Viele machen sich jedoch nicht die Mühe, in ihrer Studie die **Ursachen** der deskriptiven Befunde zu ermitteln; d.h. zahlreiche Analysen enden genau dort, wo das **eigentlich Spannende** beginnt. Dies ist zum einen sehr schade (vor allem weil empirische Arbeiten sehr aufwendig sind), zum anderen aber auch unverständlich, zumal es eine Fülle von Verfahren gibt, empirische Daten **detailliert** auszuwerten.

Mit den erhobenen (quantitativen) Daten und den verfügbaren Analysemethoden lassen sich nicht nur Einzeldaten verdichten (= **Datenkomprimierung**) und beobachtbare Sachverhalte beschreiben (= **Deskription**); man kann damit vor allem auch **Ursache / Wirkungs-Beziehungen** aufdecken (= **Erklärung** und **Prognose**; vgl. Kap. 3.2.2 und 3.2.3). Je nach Untersuchungsziel stehen zahlreiche Analyseverfahren zur Verfügung, die im Folgenden lediglich skizziert werden können. Wer sich hierfür interessiert, findet u.a. in Hammann/Erichson (2000) und Backhaus u.a. (2006) einen sehr guten Überblick.

5.4.3.2 Mit univariaten Verfahren in die eigentliche Analyse einsteigen

Univariate Analysemethoden, zu denen **Maß-** und **Verhältniszahlen** gehören, dienen im Wesentlichen dazu, einen Sachverhalt zu beschreiben.

(1) **Maßzahlen** bieten einen sehr simplen Weg, Daten zu verdichten.

- Der arithmetische **Mittelwert** erfordert metrisches Skalenniveau (z.B. durchschnittliches Alter der Mitarbeiter; mittlere Einkaufshäufigkeit der Kunden pro Monat).
- Der **Median** liegt genau in der Mitte einer Rangwertreihe, sodass sich links und rechts davon eine gleich große Anzahl an Merkmalswerten befindet. Dieses Lagemaß, das lediglich ordinales Skalenniveau erfordert, bietet sich u.a. bei einer Stichprobe mit extremen

Ausreißern an, weil in diesem Fall das arithmetische Mittel an Aussagekraft verliert.

- Der **Modus** (= die am häufigsten auftretende Merkmalsausprägung) wird insbesondere bei nominal skalierten Merkmalen verwendet.
- Die **Varianz** gibt an, wie weit die Merkmalswerte um den arithmetischen Mittelwert streuen.

(2) **Verhältniszahlen** entstehen durch Verknüpfung zweier Maßzahlen und eignen sich gleichfalls, um Daten zu verdichten bzw. einen Sachverhalt zu beschreiben:

- **Prozentzahlen** (z.B. 75% der Exporte deutscher Unternehmen gehen in andere europäische Länder),
- **Indexzahlen**, z.B. Index der Versorgungszufriedenheit.

5.4.3.3 Mit bivariaten Analyseverfahren einfache Zusammenhänge entdecken

Klassische bivariate Verfahren

Mit bivariaten Verfahren kann man den zwischen zwei Variablen bestehenden Zusammenhang analysieren, z.B. die Beziehung zwischen Geschlecht und Markenwahl oder Alter und Markentreue.

- Mit der **Kreuztabellierung** stellt man Kombinationen zweier **nominal skalierter** Merkmale dar (in einer Kreuztabelle). Tab. 1 etwa ist zu entnehmen, dass der Anteil der Markenwechsler unter den Käufern der Marke A mit 68,2 % mehr als doppelt so groß ist wie bei den Käufern der Marke B (= 31,8 %).
- Die **Korrelation** misst die Stärke des Zusammenhangs zwischen zwei **metrischen** Variablen. Die Korrelationsanalyse kann bspw. beantworten, wie stark die Beziehung zwischen der Verschuldungsquote eines Unternehmens und dessen Größe (gemessen z.B. anhand der Zahl der Mitarbeiter) ist.

Tab. 1: Beispiel für eine Kreuztabelle

Erworbene Marke	Markentreue	Markenwechsler	Summe
A	30 (37,5 %)	150 (68,2 %)	180 (60 %)
B	50 (62,5 %)	70 (31,8 %)	120 (40 %)
Summe	80	220	300

Quasi-bivariate Verfahren

(1) **Querschnittsanalysen** genießen in der Untersuchung empirischer Daten eine sehr große Bedeutung. Wie Abb. 28 zu erkennen gibt, lässt sich mit derartigen **Zeitpunktbetrachtungen** z.B. nachweisen, wie stark die Zufriedenheit der Gäste verschiedener Restaurants einer Fast-Food-Kette (Franchising) variiert. Das in Abb. 28 dargestellte Ergebnis lässt bspw. darauf schließen, dass die Zufriedenheit der Gäste auch von der **spezifischen Leistung** des einzelnen Restaurants bzw. Franchisenehmers abhängt – vorausgesetzt, der Franchisegeber behandelt alle Franchiseneh-mer in derselben Weise (z.B. Qualität der gelieferten Produkte, Preispoli-tik, Werbung).

Abb. 28: Querschnittsanalyse am Beispiel Kundenzufriedenheit

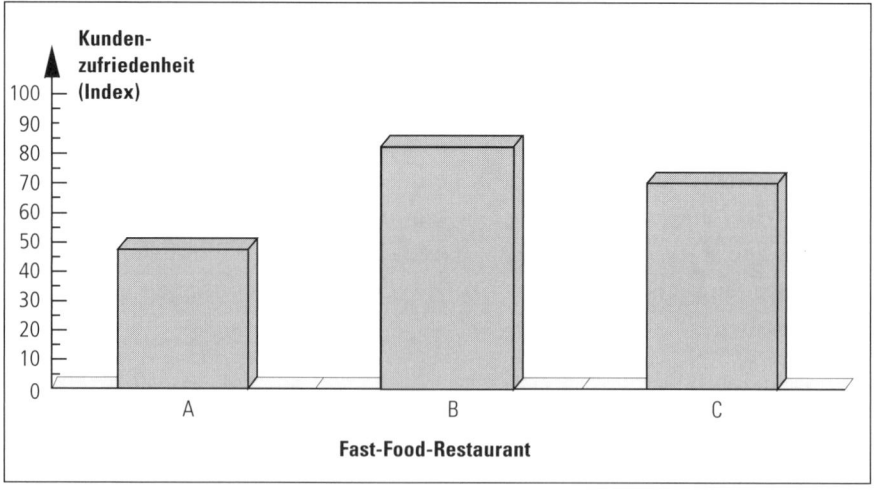

(2) **Zeitraumbezogene** Analysen sind gleichfalls wichtig. Während die Querschnittsanalyse einen Vergleich z.B. verschiedener Restaurants einer Franchisekette erlaubt und sich für Benchmarking eignet, ist die **Längs-schnittanalyse** zweckmäßig, wenn man Veränderungen im **Zeitverlauf** beobachten will, z.B. die Entwicklung von Mitarbeiterzahl, Kundenzufriedenheit oder Exportquote. Im vorliegenden Fall (vgl. Abb. 29) könnte man bspw. zeigen, dass das Unternehmen seinen durch Export erzielten Umsatzanteil seit 2003 kontinuierlich ausgeweitet hat.

Abb. 29: Längsschnittanalyse am Beispiel Entwicklung der Exportquote

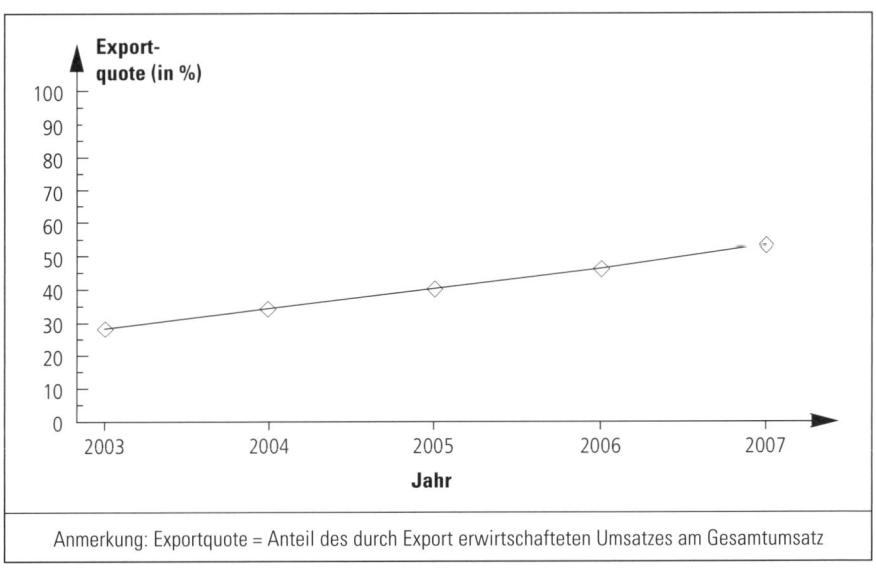

(3) Mit dem **Portfolio-Ansatz** lassen sich bspw. aus empirischen Daten Strategien und Maßnahmen ableiten. Er gehört ebenfalls zu den quasi-bivariaten Verfahren, da man damit zwei Dimensionen zugleich darstellen kann, z.B. Zufriedenheit **und** Wichtigkeit. Betrachten wir das Beispiel einer Kundenzufriedenheitsstudie, in der folgende **Dimensionen** erfasst wurden (vgl. Abb. 30):

- **Zufriedenheit** der Kunden mit den einzelnen Leistungskomponenten,
- **Bedeutung** der einzelnen Leistungskomponenten.

Abb. 30: Portfolio-Ansatz am Beispiel Kundenzufriedenheit

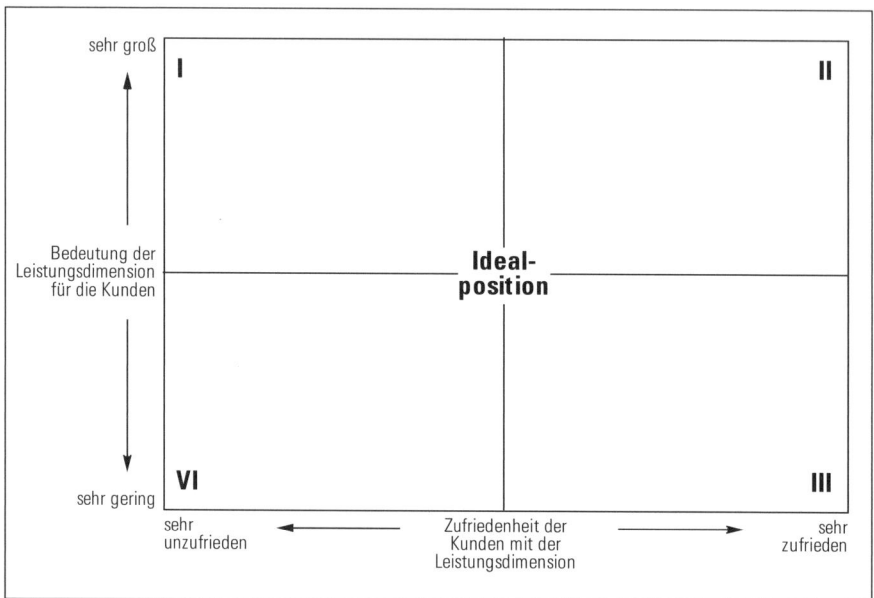

Beide Achsen spannen eine Fläche (mit vier Quadranten) auf, für die vier spezifische **Strategien** abgeleitet werden können:

Quadrant I: Kunden legen auf diese Leistungen besonders großen Wert, sind damit aber (sehr) unzufrieden. Ziel sollte es demnach sein, die identifizierten Schwachstellen zu **beseitigen**.

Quadrant II: Diese Leistungskomponenten, mit denen die Kunden (sehr) zufrieden sind, spielen für die Gesamtzufriedenheit eine große Rolle. Da sich Unternehmen damit **Wettbewerbsvorteile** verschaffen können, sollten sie diese Faktoren halten bzw. **ausbauen** und den Kunden **kommunizieren**.

Quadrant III: Mit diesen Leistungsbestandteilen sind die Kunden zwar (sehr) zufrieden, sie spielen aber für deren Gesamtzufriedenheit lediglich eine unterdurchschnittliche Rolle. Unternehmen, die bei diesen Merkmalen **„over-spending"** betreiben, könnten – weil der eigentliche Kundennutzen gering ist – diese Leistungen u.U. reduzieren oder gar streichen und damit Kosten senken.

Quadrant IV: Kunden erachten diese Leistungskomponenten als vergleichsweise unbedeutend. Wenn sie mit diesen Merkmalen weniger zufrieden sind, so ist dieses Defizit folglich nicht so gravierend. Handlungsbedarf entsteht indessen, wenn sich die Wahrnehmung der Kunden verändern sollte.

Beispiel

Abb. 31 verdeutlicht den konkreten **Nutzen** des Portfolio-Ansatzes am Beispiel „Kundenzufriedenheit mit einem Maschinenbauunternehmen". Demnach besteht vor allem bei der Servicedisposition großer **Handlungsbedarf**. Dieser ließe sich möglicherweise durch eine 24-Stunden-Hotline decken. Diesbezüglich anfallende Kosten könnte das Unternehmen teilweise dadurch kompensieren, dass es die Verkaufsberatung reduziert, die für die Kunden eine vergleichsweise geringe Bedeutung hat.

Abb. 31: Nutzen des Portfolio-Ansatzes am Beispiel „Kundenzufriedenheit mit einem Maschinenbauunternehmen"

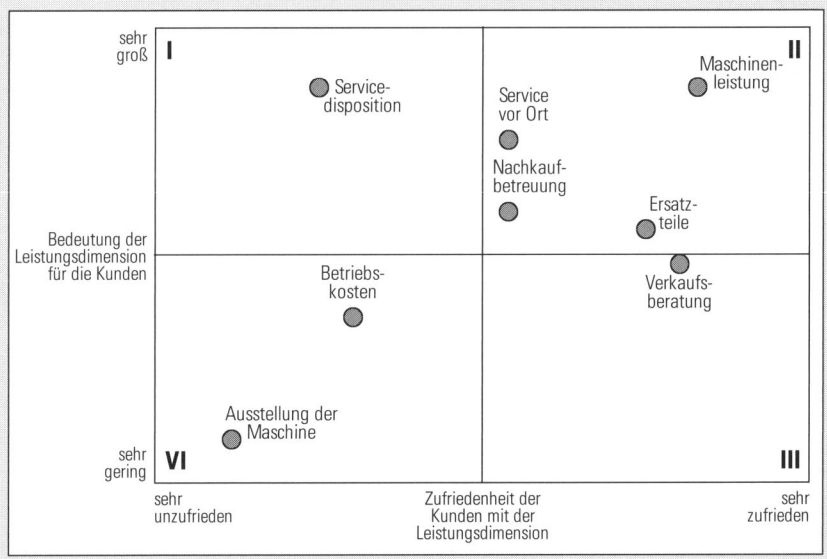

5.4.3.4 Klarheit im Datenwust: Multivariate Analyseverfahren

Mit diesen Verfahren, deren **Nutzenpotential** im Folgenden lediglich skizziert werden soll, kann man den Zusammenhang zwischen **mehr als zwei** Variablen untersuchen (vgl. zum Folgenden insbesondere Backhaus u.a. 2006). Multivariate Analysemethoden lassen sich **zwei Gruppen** zuordnen (vgl. Abb. 32):

- Wer bereits **Hypothesen** über die Beziehung zwischen den Variablen formuliert hat (vgl. hierzu Kap. 5.4.2.1) und diese testen will, kann ein **strukturprüfendes** Verfahren wählen.
- Andernfalls stehen **strukturentdeckende** Verfahren zur Verfügung, deren vornehmliche Aufgabe es ist, etwaige **Zusammenhänge** zwischen den Variablen **aufzuspüren**.

Abb. 32: Bedeutende multivariate Analyseverfahren im Überblick

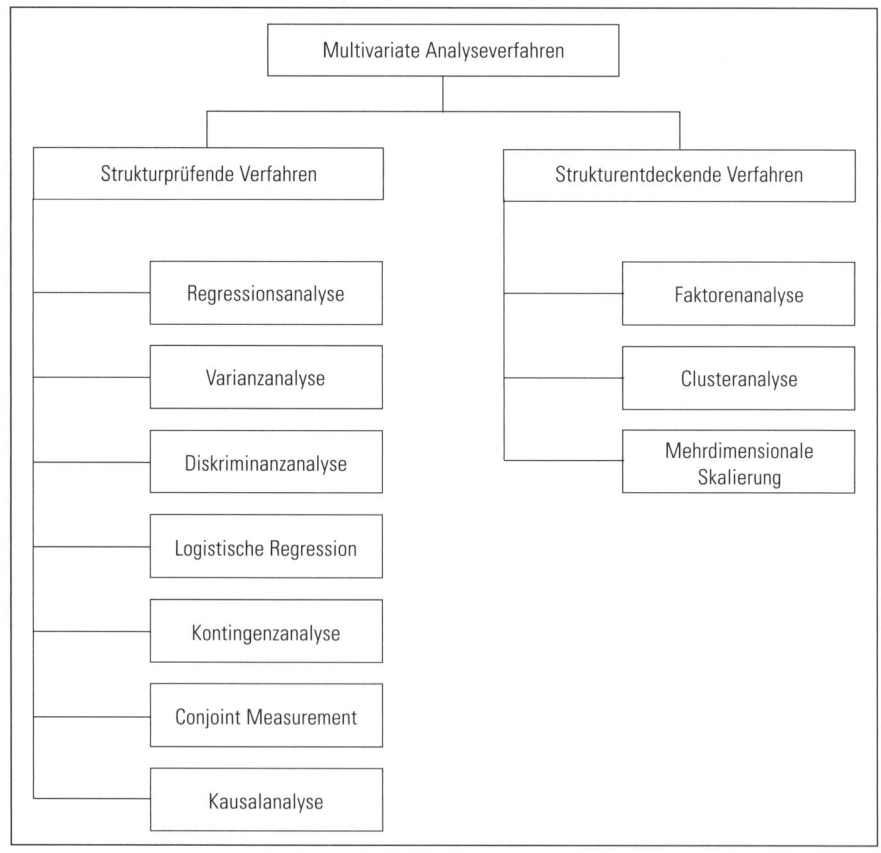

(1) Die **Regressionsanalyse** ist das wichtigste und am häufigsten eingesetzte multivariate Analyseverfahren. Damit untersucht man Richtung und Stärke des Zusammenhangs zwischen einer abhängigen (= AV) und einer oder mehreren unabhängigen Variablen (= UV); diese müssen allerdings metrisch skaliert sein (vgl. hierzu z.B. Kornmeier 2007, S. 172ff.; Hammann/Erichson 2000). Das Verfahren ist vielfältig einsetzbar und eignet sich nicht nur für die Analyse von **Zusammenhängen**, sondern auch für **Prognosen**.

Beispielhafte Forschungsfragen
- Einfluss von Preis, Werbeausgaben, Einkommen und Zahl der Vertreterbesuche (= UV) auf die Absatzmenge eines Produkts (= AV)
- Bedeutung diverser Eigenschaften (z.B. Preis, Qualität, Kompetenz des Personals, Freundlichkeit der Mitarbeiter; = UV) für die Zufriedenheit der Kunden (= AV)
- Wie wird sich die Absatzmenge (= AV) in den kommenden Monaten (aller Voraussicht nach) entwickeln? (Zeit = unabhängige Variable)
- Wie verändert sich die Absatzmenge (= AV), wenn Preis und Werbeausgaben (= UV) um jeweils 10 % angehoben werden?

(2) Mit der **Varianzanalyse** lässt sich die Wirkung verschiedener Faktoren auf interessierende Variable(n) untersuchen; dabei gilt: Die unabhängigen Variablen (UV) sind nominal skaliert, die abhängigen Variablen (AV) metrisch. Die Varianzanalyse genießt insbesondere bei der Auswertung von **Experimenten** große Bedeutung.

Beispielhafte Forschungsfragen
- Wirkung von Markenname und Distributionskanal eines Produkts (= UV) auf dessen Absatzmenge (= AV)
- Einfluss verschiedener Werbeformen (z.B. Plakat, Zeitungsannonce, Flyer; = UV) auf die Zahl der Besucher eines Theaters (= AV)
- Konsequenzen verschiedener Verpackungsvarianten (= UV) für die Absatzmenge eines Produkts (= AV)
- Einfluss von Wohnort der Kunden (Süddeutschland vs. Norddeutschland) sowie deren Beruf und Zugehörigkeit zu einer sozialen Schicht (= UV) auf die Kundenzufriedenheit (= AV)

(3) Wer die **Diskriminanzanalyse** anwenden will, benötigt metrische unabhängige Variablen und eine nominal skalierte abhängige Variable.

- Mit diesem Verfahren kann man **Gruppenunterschiede untersuchen** und bspw. **erklären,** bei welchen soziodemografischen (z.B. Alter, Höhe des Einkommens) und psychografischen Merkmalen (z.B. Einstellung zu Marke, Preis oder Qualität) sich die Käufer von Jeans-Marken (z.B. Wrangler, Levis, D&G) unterscheiden. Die abhängige nominal skalierte Variable legt die Gruppenzugehörigkeit fest (hier = Wrangler-, Levis-, D&G-Käufer), die metrisch skalierten unabhängigen Variablen eignen sich zur Beschreibung der Gruppenelemente (hier = z.B. Alter, Einkommen, Einstellung zur Marke).

- Mit der Diskriminanzanalyse lassen sich außerdem Elemente (Subjekte oder Objekte) vorher definierten **Gruppen zuordnen** (hier = Wrangler-, Levis-, D&G-Käufer); denn wer die Zusammenhänge zwischen Gruppenzugehörigkeit der Elemente und ihren Merkmalen kennt, kann damit plausiblerweise **prognostizieren,** welcher Gruppe ein Element mit bestimmten soziodemografischen bzw. psychografischen Merkmalen (vermutlich) angehören wird.

Beispielhafte Forschungsfragen
(für die Analyse von Gruppenunterschieden)
- Unterscheiden sich die Wähler verschiedener Parteien (z.B. CDU, SPD, FDP, Bündnis 90 / Die Grünen) in Bezug auf Soziodemografika (z.B. Alter, Einkommen) und Psychografika (z.B. Einstellung, Lebensstil)?
- Unterscheiden sich erfolgreiche von weniger erfolgreichen (erfolglosen) Außendienstmitarbeitern in Bezug auf Alter, Persönlichkeit (z.B. Risikobereitschaft) und Physiognomie (z.B. Körpergröße)?
- Unterscheiden sich die Käufer verschiedener Pkw-Marken (z.B. Audi, BMW, Mercedes) in Bezug auf Soziodemografika (z.B. Alter, Einkommen) und Psychografika (z.B. Einstellung zu Autos / Wirtschaftlichkeit / Umwelt usw.)?

(4) Die **Logistische Regression** beantwortet ähnliche Fragen wie die Diskriminanzanalyse, beruht aber auf **Wahrscheinlichkeiten**. In Abhängigkeit von einer oder mehreren Einflussgrößen berechnet man damit die Wahrscheinlichkeit der Zugehörigkeit zu einer Gruppe. Die abhängige

Variable ist dichotom (= 1/0-Entscheidung), die unabhängigen Variablen können metrisch oder nominalskaliert sein.

Beispielhafte Forschungsfragen
- Wiederkaufwahrscheinlichkeit in Abhängigkeit von Zufriedenheit und Alter der Kunden
- Einfluss von Alter und Cholesterinspiegel auf das Herzinfarktrisiko
- Arbeitslosigkeitsrisiko von Absolventen in Abhängigkeit von Studienfach, Studiendauer, Berufsausbildung (ja/nein), Zahl der Praktika, Nebenerwerbstätigkeit (ja/nein)

(5) Die **Kontingenzanalyse** kommt in Betracht, wenn alle Variablen nominal skaliert sind.

Beispielhafte Forschungsfragen
Gibt es einen statistisch nachweisbaren Zusammenhang zwischen
- Rauchen (ja/nein) und Lungenkrebs (ja/nein)?
- Beruf (Angestellter, Arbeiter, Beamter, Selbstständiger) und Herzinfarkt (ja/nein)?
- Geschlecht (männlich/weiblich) und Wiederkauf eines Produkts (ja/nein)?

Verfahren wie die **Logitanalyse** können die Abhängigkeit einer nominalen Variable von **mehreren** nominalen Einflussgrößen analysieren.

(6) Dem **Conjoint Measurement** (conjoint = verbunden) liegen abhängige Variablen mit zumeist ordinalem Skalenniveau zugrunde. Zu den bedeutenden Anwendungsgebieten gehört die Analyse ordinal gemessener **Präferenzen**. Mit diesem Verfahren lässt sich ermitteln, wie stark einzelne Eigenschaften eines Objekts zum **Gesamtnutzen**, den dieses Objekt einer Person stiftet, beitragen. Das Conjoint Measurement gehört zu den **dekompositionellen** Ansätzen, weil man ausgehend von einem Globalurteil den Beitrag einzelner Eigenschaften berechnet. Diese Methode leistet u.a bei der Gestaltung neuer Produkte einen wichtigen Beitrag. Indem bspw. Testpersonen verschiedene Versionen neuer Produkte in eine Rang-

folge bringen (gemäß der von ihnen empfundenen Präferenz), lässt sich anschließend conjointanalytisch berechnen, welchen Beitrag die einzelnen Eigenschaftsausprägungen zum Gesamtnutzen leisten.

Beispielhafte Forschungsfragen
- Welchen Nutzen stiften Marke, Preis und Verpackungsgröße? Kann eine Marke ihr Imagedefizit durch Preissenkungen kompensieren?
- Wie sollte ein neues Produkt konzipiert sein, damit es den Präferenzen der potentiellen Kunden weitgehend entspricht (z.B. Produktdesign, Markenname, Preis (in €), Gütesiegel, Geldrückgabegarantie)

(7) Die **Kausalanalyse** wird angewandt, wenn nicht unmittelbar zu beobachtende Variablen (sog. **hypothetische Konstrukte** bzw. latente Variablen) analysiert werden sollen. Neben Emotion und Motivation gehören hierzu auch Konstrukte wie Umweltbewusstsein, Markentreue, Marktmacht oder Kundenloyalität.

Beispielhafte Forschungsfragen
- Einfluss von Risikobewusstsein und (subjektiv) wahrgenommener Produkt- / Servicequalität auf die Markentreue der Kunden
- Einfluss von Qualitätsbewusstsein, Prestigestreben und Rechtsbewusstsein auf die Bereitschaft zum Kauf gefälschter Markenprodukte

(8) Mit der **Faktorenanalyse** kann man viele Variablen (= Informationen) auf eine überschaubare Anzahl an übergeordneten Kategorien reduzieren, wobei zwischen **Komplexitätsreduktion** und Informationsverlust abzuwägen ist. Die Faktorenanalyse beantwortet insbesondere die Frage, inwieweit zahlreiche Merkmale (z.B. verschiedene Teilzufriedenheiten) auf wenige **zentrale Eigenschaften zurückgeführt** werden können. Häufig wird die Faktorenanalyse für die Positionierung von Produkten oder Unternehmen eingesetzt (sog. faktorielle Positionierung). Denn wenn man die Bewertungen von Eigenschaften (z.B. Zufriedenheit) faktorenanalytisch auf wenige Dimensionen (z.B. zwei oder drei) **verdichten** kann, dann lassen sich die bewerteten Objekte (z.B. Zufriedenheit mit verschiedenen Einzelhandelsgeschäften) **grafisch** darstellen (zwei- oder dreidimensional).

Beispielhafte Forschungsfrage

Lässt sich die Vielzahl der erhobenen Teilzufriedenheiten (z.B. Zufriedenheit mit Preis, Qualität, Freundlichkeit, Kompetenz, Innenausstattung, Angebotspalette, Öffnungszeiten, Termineinhaltung, Sauberkeit) auf wenige übergeordnete Faktoren verdichten?

(9) Die **Mehrdimensionale Skalierung** (= MDS) dient dazu, Objekte im Wahrnehmungsraum zu positionieren (vgl. Abb. 33, S. 134). Im Unterschied zum Positionierungsansatz der Faktorenanalyse entsteht der Wahrnehmungsraum nicht anhand der Beurteilung der Eigenschaften, sondern auf Basis der von den Probanden wahrgenommenen **globalen Ähnlichkeiten** zwischen den Objekten.

Beispielhafte Forschungsfrage

Probanden geben nicht an, wie sie bspw. Qualität, Prestige und Sicherheit der Automarken BMW, Mercedes, Porsche und VW beurteilen; stattdessen sollen sie Eigenschaftspaare (z.B. BMW vs. Mercedes, Mercedes vs. Porsche) vergleichen und bewerten, wie (un-)ähnlich die einzelnen Paare sind. Die Information über die wahrgenommene (Un-)Ähnlichkeit aller Paare genügt, um die Automarken so zu positionieren, dass die räumliche Nähe (Distanz) zweier Marken deren Ähnlichkeit (Unähnlichkeit) ausdrückt. Mithilfe des sog. „Property fitting" lässt sich überdies feststellen, welche Dimensionen den wahrgenommenen Ähnlichkeiten zugrunde liegen. Die MDS bietet sich deshalb vor allem dann an, wenn man keine konkrete Vorstellung davon hat, anhand welcher Eigenschaften bspw. Kunden ein Objekt (z.B. Produkt, Marke, Unternehmen) tatsächlich bewerten.

Abb. 33: Mithilfe der MDS entwickelter Produktmarktraum

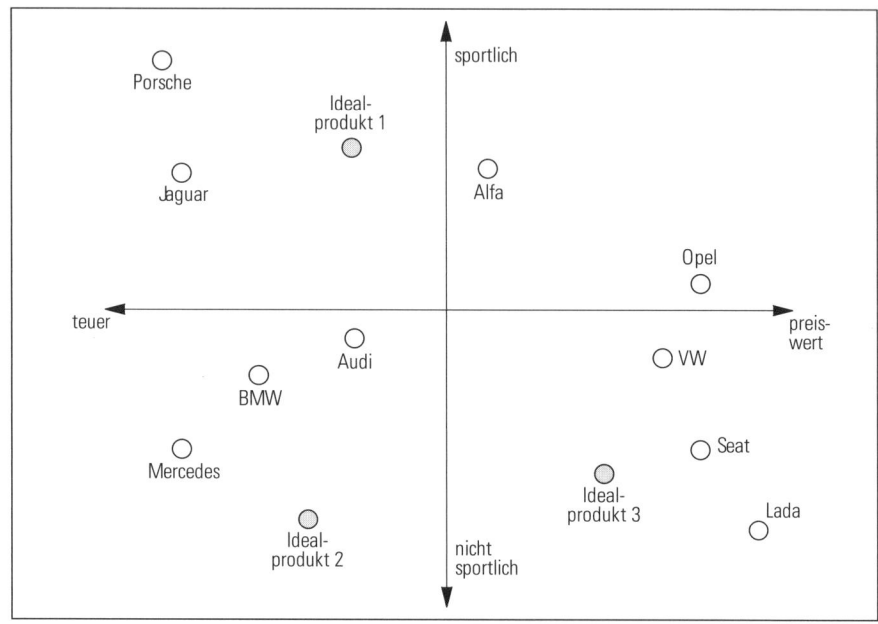

Quelle: in Anlehnung an Wind (1982, S. 87).

(10) Im Gegensatz zur Faktorenanalyse bündelt die **Clusteranalyse** nicht Eigenschaften, sondern **Objekte** bzw. **Subjekte** (z.B. Unternehmen, Kunden, Mitarbeiter), die sich durch gemeinsame Merkmale auszeichnen. Diese Elemente werden so „geclustert", dass die Objekte **innerhalb** einer Gruppe **möglichst homogen**, die verschiedenen Gruppen (= Cluster) hingegen möglichst heterogen sind. In der Betriebswirtschaftslehre nutzt man dieses Verfahren vor allem dazu, Segmente zu bilden, z.B. von Kunden, von Unternehmen oder von Mitarbeitern.

In dem folgenden (realen) Beispiel aus dem Personalmanagement ging es um die Frage, ob sich **Typen von Studierenden** mit unterschiedlichen Vorstellungen von einer idealen Auslandsentsendung identifizieren lassen. Die in einer schriftlichen Befragung gewonnenen Daten (vgl. hierzu im Einzelnen Kornmeier 2004, S. 101ff.) wurden u.a. einer **Clusteranalyse** unterzogen. Dabei ergab sich das im Folgenden dargestellte Bild. (Das Beispiel verdeutlicht im Übrigen auch, wie einfach es sein kann, mithilfe einer **tabellenartigen Zusammenstellung** auf engstem Raum ein **Höchstmaß an Information** zu liefern.)

Beispiel

(1) Die **Abenteurer**, zu denen 9,3% der Auskunftspersonen gehören, bevorzugen Indien und China gegenüber den USA, wohl nicht zuletzt deshalb, weil sie – nach eigenen Angaben – mit den Lebensbedingungen in den beiden Ländern vergleichsweise vertraut sind (vgl. Abb. 34). Dieses Segment, dem auffällig viele Männer angehören, legt neben einem guten Arbeitsklima und einer abwechslungsreichen Tätigkeit großen Wert darauf, dass Anforderung und Qualifikation ihrer Arbeit übereinstimmen.

(2) Die **Phlegmatiker** (= 22,1%) haben keine klaren Ziele für ihr späteres Berufsleben. Sie finden Menschen in China und Indien sympathisch, können sich aber für einen Auslandsaufenthalt nicht sehr begeistern; falls „going abroad" erforderlich sein sollte, dann maximal für drei Jahre. Diesem Segment gehören überdurchschnittlich viele Konfessionslose bzw. Studierende in fester Beziehung an.

(3) Die **Gewöhnlichen** (= 20,7%) haben nur wenige auffällige Charakteristika und zeigen ebenso wie die Phlegmatiker keine große Entsendungsbereitschaft. Wenn ein Auslandseinsatz notwendig sein sollte, dann „kurz und schmerzlos" oder mit entsprechender Zulage. Dieses Segment verfolgt die typischen Berufsziele: Neben Karrieremöglichkeit und abwechslungsreicher Tätigkeit – möglichst im Team – legt man Wert auf Arbeitsklima und Arbeitszeit.

(4) Die **Immobilen** (= 10,0%), zu denen überdurchschnittlich viele Frauen gehören, sind lediglich an einer kurzen Entsendung in die USA interessiert. Diese Vorliebe erwächst aus der relativ großen Vertrautheit mit den dortigen Lebensbedingungen sowie aus der Sympathie für Amerikaner. Die Immobilität spiegelt sich im hohen Stellenwert des Arbeitsortes (und der Arbeitszeit) wider und dürfte u.a. darauf zurückzuführen sein, dass ein vergleichsweise großer Teil dieses Segments in einer festen Beziehung lebt. Außerdem sind die Immobilen relativ ethnozentrisch, gemessen an ihrer ausgeprägten Präferenz für in Deutschland hergestellte Pkw.

(5) Die **USA-Fans** (= 22,9%) bevorzugen ebenfalls sehr stark die USA; im Gegensatz zu den Immobilen stimmen sie der Entsendung jedoch ohne „Wenn und Aber" zu: Zeitliche Restriktionen oder finanzielle Anreize sind für die Entscheidung irrelevant. Die Tatsache, dass man mit den Lebensbedingungen in den USA relativ vertraut ist und Amerikaner sympathisch findet, spielt hingegen keine große Rolle. Darüber hinaus dürfte diese Entscheidung auch von den Berufszielen beeinflusst sein; so erhoffen sich die Mitglieder dieser Gruppe, in der sich vergleichsweise viele Männer und Studierende mit katholischer Religionszugehörigkeit befinden, dass sie im weiteren Berufsleben Ziele wie Entscheidungsfreiheit, hohes Gehalt, Verantwortung und Karriere verwirklichen können.

(6) In der Gruppe der **Materialisten** (= 15,0%) sind Protestanten und Studierende ohne feste Beziehung deutlich überrepräsentiert. Die Relevanz des Materiellen spiegelt sich zum einen darin wider, dass der Markenname beim Pkw-Kauf übermäßig bedeutsam ist (vgl. Abb. 34); zum anderen beeinflusst die Auslandszulage die Entsendungsbereitschaft in ganz entscheidendem Maße. Was die Ziele für das Berufsleben betrifft, legt man vor allem darauf Wert, dass Anforderung und Qualifikation der ausgeübten Tätigkeit übereinstimmen. Darüber hinaus erachten die Materialisten Entscheidungsfreiheit, Karrieremöglichkeiten sowie die Übernahme von Verantwortung als besonders erstrebenswert.

Abb. 34: Nutzenpotential der Clusteranalyse am Beispiel Entsendungsbereitschaft

	Cluster					
	Die Abenteurer	**Die Phlegmatiker**	**Die Gewöhnlichen**	**Die Immobilen**	**Die USA-Fans**	**Die Materialisten**
Kriterium	(9,3%)	(22,1%)	(20,7%)	(10,0%)	(22,9%)	(15,0%)
Stellenwert von Berufszielen						
Übereinstimmung von Anforderung und Qualifikation	++	0	–	– –	– –	+
Übernahme von Verantwortung	–	–	–	+	+	+
Entscheidungsfreiheit	– –	0	0	0	+	+
Karrieremöglichkeiten	– –	–	+	–	+	+
Arbeitsort	–	–	– –	++	0	– –
Gehalt	– –	0	0	0	+	0
Teamarbeit	–	–	+	– –	0	+
Abwechslungsreiche Tätigkeit	+	+	+	0	–	– –
Arbeitsklima	++	–	+	–	–	0
Arbeitszeit	–	0	+	+	–	–
Vertrautheit mit den Lebensbedingungen in ...						
... den USA	0	– –	0	+	+	+
... China	+	–	+	–	+	0
... Indien	++	–	0	–	0	–
Empfundene Sympathie für die Menschen in ...						
... den USA	– –	–	0	+	+	+
... China	0	+	–	0	–	+
... Indien	+	+	0	–	–	0

(wird fortgesetzt)

	Cluster					
Kriterium	**Die Abenteurer** (9,3%)	**Die Phlegmatiker** (22,1%)	**Die Gewöhnlichen** (20,7%)	**Die Immobilen** (10,0%)	**Die USA-Fans** (22,9%)	**Die Materialisten** (15,0%)
Grad der Informiertheit über…						
… die USA	0	0	0	+	0	0
… China	0	–	+	–	0	0
… Indien	+	–	0	0	–	+
Präferenz für Pkw aus …						
… Deutschland	–	0	0	+	+	–
… Indien	+	0	0	0	0	–
… den USA	–	0	0	0	+	0
Wichtigkeit des Produktmerkmals						
Marke	–	0	+	0	0	+
Preis	+	0	0	0	–	0
Land	–	0	0	+	+	–
Soziodemografika						
Durchschnittliches Alter	21,64	21,84	21,9	21,64	21,88	22,24
Geschlecht	männlich			weiblich	männlich	
Feste Beziehung		ja		ja		nein
Religionszugehörigkeit		keine			katholisch	evangelisch

Anmerkungen:
1. Die Relativskala reicht von – – (= weit unterdurchschnittlich) bis ++ (= weit überdurchschnittlich).
2. Bei den Kriterien „Geschlecht", „Feste Beziehung", „Religionszugehörigkeit" sind nur die überdurchschnittlich häufigen Ausprägungen dargestellt.

5.5 Der vernachlässigte „Schluss" (= 4. Kapitel)

Dieses Kapitel ist weitaus bedeutsamer, als man gemeinhin glaubt. Vielleicht ist dieser Teil Ihrer Arbeit sogar derjenige, der am eindrucksvollsten verdeutlicht, dass man Sie als **Akademiker** respektiert!

Es geht nicht darum (wie manche meinen), dass Sie alle Befunde nochmals zusammenfassen. Dies wäre auch unsinnig, da Sie Ihre Ergebnisse ja bereits im 3. Kapitel ausführlich dargelegt haben. Vielmehr sollen Sie Ihre Arbeit im abschließenden Teil nochmals **Revue passieren** lassen. Dass hierzu auch einige **zentrale** Erkenntnisse und Highlights gehören, versteht sich von selbst. Auch sollten Sie in ein oder zwei Sätzen angeben, ob und wie Sie die eingangs aufgeworfenen **Forschungsfragen** beantwortet haben. Allerdings traut man Ihnen in dieser Phase noch weit mehr zu: Sie gelten auf dem Gebiet, in welchem Sie Ihre wissenschaftliche Arbeit verfasst haben, als **Experte**! Ist das nicht eine große Ehre? Und zugleich eine große Verantwortung? Der Grund hierfür ist recht simpel: Sie haben sich mehrere Wochen oder gar Monate mit einem spezifischen Thema intensiv auseinandergesetzt und wissen hierüber weitaus besser Bescheid als die meisten Ihrer Kommilitonen – und die meisten Professoren.

Angesichts des großen Stellenwerts ist es umso unverständlicher, dass zahlreiche Arbeiten in diesem Kapitel nur noch einen traurigen Abgesang bieten. Der Grund: Wegen **mangelhafter Terminplanung** rennt am Ende die Zeit davon; überdies lassen oft Kraft und Motivation nach. Also: Nutzen Sie die Chance, mit diesem Kapitel zu punkten, indem Sie auch für diesen überaus wichtigen Teil von vornherein ausreichend Zeit einplanen. Sagen Sie Ihre Meinung, z.B.:

- Wohin wird Ihres Erachtens „die Reise" gehen?
- Welche Forschungsfragen bzw. -schwerpunkte stehen künftig im Mittelpunkt?
- Was sollte man in künftigen Studien, die sich mit Ihrem Thema befassen, anders machen?

Und noch etwas: Formulieren Sie auch die Überschrift dieses Kapitels so konkret wie möglich – nicht etwa „Schluss", „Schlussteil", „Resümee", „Zusammenfassung", „Ergebnis(se)", „Perspektiven" oder „Ausblick". Schreiben Sie auch nicht „Zukunftsperspektiven" oder „Ausblick auf die Zukunft"; denn diese Information ist **redundant**; oder haben Sie schon mal einen Ausblick auf die Gegenwart oder gar auf die Vergangenheit gewagt?

Stellen Sie sich im Schlusskapitel folgende Fragen:

- Wie lassen sich die **wesentlichen** Aussagen meiner Arbeit auf einen **Nenner** bringen?
- Welche Fragen konnte ich in meiner Arbeit **beantworten**? Welche konnte ich **nicht** beantworten?
- Welche **Schwächen** (!) hat meine Arbeit?
- Welche Bedeutung wird das von mir bearbeitete Thema in **Zukunft** haben?
- Welche Fragen / Probleme, die sich im Zusammenhang mit meinem Thema ergeben, werden meines Erachtens **künftig** an Bedeutung gewinnen?
- Welche **Verbesserungsvorschläge** unterbreite ich jenen, die sich in Zukunft mit meinem oder einem ähnlich gelagerten Thema beschäftigen?

5.6   Die Zubereitung variieren: Mögliche Gliederungen einer wissenschaftlichen Arbeit

Der in Kap. 5.2 bis 5.5 skizzierte Aufbau ist für viele wissenschaftliche Arbeiten charakteristisch, vorzugsweise dann, wenn sie **empirisch ausgerichtet** sind; man denke an Studien in den Sozial- bzw. Verhaltenswissenschaften, aber auch an Arbeiten in den Naturwissenschaften. Neben der sehr typischen **empirischen Gliederung** lässt sich der Inhalt einer wissenschaftlichen Arbeit auch auf andere Weise **strukturieren** (vgl. zum Folgenden Esselborn-Krumbiegel 2008, S. 115ff.); vor allem das zu bearbeitende **Thema** wird die Wahl der Gliederung maßgeblich prägen. Doch gleichgültig, welche Struktur Sie letztlich zugrunde legen: Der eigentliche Aufbau folgt grundsätzlich der **Entscheidungslogik**.

Chronologische Gliederung
Eine Arbeit **chronologisch** zu **gliedern** bietet sich eher selten an. In Betracht kommt diese Anordnung vorzugsweise dann, wenn sich das Thema erst dadurch erschließt, dass man die wesentlichen Stationen / **Pha-**

sen eines Prozesses zeitlich geordnet darstellt. Dies gilt z.B. bei Themen mit Bezug zur Geschichte (z.B. eines Landes, eines Unternehmens, einer Kultur). Dabei würde man bspw. die historische **Entwicklung** nachzeichnen, interpretieren sowie die hierfür relevanten Ursachen aufarbeiten.

Beispiele

(1) Lautet das Thema „Auswirkungen des Nationalsozialismus auf die Internationalisierung deutscher Unternehmen", könnte man bspw. folgende Fragen in den Mittelpunkt rücken:

- Welche **unmittelbaren Folgen** hatte die Politik zwischen 1933 und 1945 für die Internationalisierung deutscher Unternehmen? **Während dieser Zeit** war der deutschen Wirtschaft z.B. die Entwicklung multinationaler Unternehmen verwehrt – und zwar wegen der Autarkie-Ideologie der Nationalsozialisten. Diese hatten im Devisengesetz von 1938 die Maßnahmen zur Devisenbewirtschaftung noch verschärft, um den Kapitalabfluss ins Ausland zu beenden.
- Welche **mittelbaren Auswirkungen** hatte die nationalsozialistische Politik? **Nach** dem Zweiten Weltkrieg verboten die Alliierten den Austausch von Geld bzw. Gütern mit dem Ausland – geregelt im Gesetz Nr. 53 zur Devisenbewirtschaftung und Kontrolle des Güterverkehrs sowie in der Verordnung Nr. 235 des französischen Hohen Kommissars. Beide wurden am 19.9.1949 im Gesetz Nr. 33 des Rates der Alliierten Hohen Kommission zusammengefasst. Dieses Gesetz mündete schließlich im Außenwirtschaftsgesetz vom 28.4.1961. Zwar hat schon der Runderlass Außenwirtschaft Nr. 15/1952 eine gewisse Lockerung des Verbots gebracht; demnach konnten Auslandsinvestitionen getätigt werden, sofern sie sich „alsbald und nachhaltig devisenbringend und devisensparend auswirken"; bei der deutschen Wirtschaft aber blieb ein nicht zuletzt **mentales Handicap** bestehen: Auch heute noch erzielt sie ihre Außenwirtschaftserfolge primär durch den Export von Waren.

(2) Wer sich mit „Internationalisierung deutscher Chemieunternehmen" zu beschäftigen hat, könnte am Beispiel einschlägiger Firmen (z.B. BASF, Henkel) Entstehung und Veränderung der **Internationalisierungsstrategien im Zeitverlauf** darstellen. So weiß man, dass viele Unternehmen ihre Internationalisierung auf bestimmten „Pfaden"

vorantreiben. Ein charakteristischer Weg zum internationalen Unternehmen verläuft bspw. vom (direkten oder indirekten) Export über die Exportniederlassung hin zur vollständig beherrschten Produktionsgesellschaft; typisch ist auch der Pfad „indirekter Export → Lizenzvergabe → Joint Venture". In einer wissenschaftlichen Arbeit könnte man am Beispiel von Unternehmen einer bestimmten Branche (hier = Chemieindustrie) skizzieren,

- wann die Internationalisierung **begann** – und mit welcher **Strategie** (z.B. direkter oder indirekter Export),
- wann die Unternehmen ihre Markteintrittsstrategie **änderten**, d.h. z.B. vom Export zur Lizenzvergabe oder zur ausländischen Produktionsstätte wechselten.

Anhand der chronologischen Gliederung ließe sich bspw. prüfen, ob man mit den verfügbaren Internationalisierungstheorien die Internationalisierung deutscher Unternehmen aus der Chemieindustrie beschreiben und erklären kann.

Systematische Struktur

Diese ist dann angezeigt, wenn sich aus dem eigentlichen Thema die wesentlichen Unterkapitel ableiten lassen. Nehmen wir das Beispiel: „Wettbewerbsvorteile durch Unternehmenszusammenschluss: Möglichkeiten und Probleme". In diesem Fall liegt es nahe, für die beiden zentralen „Aufhänger" jeweils **ein eigenes Kapitel** vorzusehen (vgl. Abb. 35): „Möglichkeiten" (= Kapitel 3) und „Probleme" (= Kapitel 4). Beide sollten Sie dann in Ihrer Studie ausführlich erläutern und diskutieren. Indem Sie jedem Komplex ein eigenes Kapitel widmen, geben Sie – zumindest „formal" – zu erkennen, dass Sie das Thema vollständig erfasst haben.

Abb. 35: Systematische Gliederung an Beispiel
„Wettbewerbsvorteile durch Unternehmenszusammenschluss:
Möglichkeiten und Probleme"

1	Die Entwicklung von Unternehmenszusammenschlüssen in der jüngeren Vergangenheit
2	Unternehmenszusammenschluss und Wettbewerbsvorteil im Licht wissenschaftlicher Erkenntnisse
	2.1 Dimensionen des Konstrukts „Wettbewerbsvorteil"
	2.2 Formen und Ziele von Unternehmenszusammenschlüssen
	2.2.1 Ausprägungen von Unternehmenszusammenschlüssen
	2.2.2 Mit Unternehmenszusammenschlüssen verfolgte Ziele
3	Erlangung von Wettbewerbsvorteilen durch den Zusammenschluss von Unternehmen
	3.1 Wettbewerbsvorteile in der Beschaffung
	3.2 Auswirkungen auf die Fertigung
	3.3 Potential im Absatz
	3.4 Wettbewerbsvorteile in der Finanzierung
	3.5 Know-how-Gewinn und Wettbewerbsvorteile
4	Durch Unternehmenszusammenschlüsse aufgeworfene Probleme
5	Zukünftige Bedeutung von Unternehmenszusammenschlüssen

Nicht immer wird es Ihnen gelingen, die so gebildeten Kategorien (hier = Möglichkeiten und Probleme) ungefähr gleich zu gewichten, d.h. etwa gleichermaßen ausführlich zu betrachten. So mag die Informationslage im einen Fall besser sein; möglicherweise aber ist eines der Themen eben nicht so ergiebig. Im vorliegenden Fall[1] war bspw. der Teil „Erlangung von Wettbewerbsvorteilen" (= Möglichkeiten) weitaus umfangreicher als die Ausführungen zu den damit einhergehenden Problemen.

Gliederung nach Ursache und Wirkung (kausale Methode)
Wer explikativ vorgeht (vgl. hierzu auch Kap. 3.2.2), d.h. kausale Zusammenhänge ermitteln will, kann seine Arbeit nach **Ursache und Wirkung gliedern**:

- Ursache
- Wirkung 1
- Wirkung 2
- Wirkung …

---

1   Diese Gliederung stammt übrigens aus meiner Seminararbeit, die ich 1990 am Lehrstuhl für Marketing von Prof. Dr. E. Dichtl eingereicht habe.

Betrachten wir die Gliederung einer älteren Diplomarbeit zum Thema „Einfluss der Kultur auf den Marketing-Mix am Beispiel der Kulturdimensionen von Hofstede". In diesem Fall lag / liegt es nahe, die verschiedenen Marketinginstrumente, die von der Landeskultur beeinflusst werden, getrennt zu behandeln – und zwar im Hauptteil der Arbeit, d.h. grundsätzlich im 3. Kapitel (vgl. Abb. 36).

Abb. 36: Beispielhafte Gliederung nach Ursache und Wirkung:
„Einfluss der Kultur auf den Marketing-Mix am Beispiel der Kulturdimensionen von Hofstede"

<table>
<tr><td>1</td><td colspan="3">Berücksichtigung landeskultureller Besonderheiten im Marketing-Mix als Konsequenz der Globalisierung</td></tr>
<tr><td>2</td><td colspan="3">Kultur als mehrdimensionales Konstrukt</td></tr>
<tr><td></td><td>2.1</td><td colspan="2">Abgrenzung des Begriffs Kultur</td></tr>
<tr><td></td><td>2.2</td><td colspan="2">Möglichkeiten zur Operationalisierung von Kultur</td></tr>
<tr><td></td><td>2.3</td><td colspan="2">Kulturdimensionen von Hofstede</td></tr>
<tr><td></td><td></td><td colspan="2">2.3.1 Machtdistanz</td></tr>
<tr><td></td><td></td><td colspan="2">2.3.2 Individualismus vs. Kollektivismus</td></tr>
<tr><td></td><td></td><td colspan="2">2.3.3 Maskulinität vs. Femininität</td></tr>
<tr><td></td><td></td><td colspan="2">2.3.4 Vermeidung von Ungewissheit</td></tr>
<tr><td>3</td><td colspan="3">Marketinginstrumente als Gegenstand kulturbezogener empirischer Studien</td></tr>
<tr><td></td><td>3.1</td><td colspan="2">Produktpolitik</td></tr>
<tr><td></td><td></td><td colspan="2">3.1.1 Markierung von Produkten</td></tr>
<tr><td></td><td></td><td></td><td>3.1.1.1 Markenstrategie</td></tr>
<tr><td></td><td></td><td></td><td>3.1.1.2 Markenpositionierung</td></tr>
<tr><td></td><td></td><td></td><td>3.1.1.3 Markenwert</td></tr>
<tr><td></td><td></td><td colspan="2">3.1.2 Produktbezogene Dienstleistungen</td></tr>
<tr><td></td><td>3.2</td><td colspan="2">Kommunikationspolitik</td></tr>
<tr><td></td><td></td><td colspan="2">3.2.1 Werbung</td></tr>
<tr><td></td><td></td><td></td><td>3.2.1.1 Werbestrategien</td></tr>
<tr><td></td><td></td><td></td><td>3.2.1.2 Umsetzung der Werbung</td></tr>
<tr><td></td><td></td><td></td><td>3.2.1.3 Vergleichende Werbung</td></tr>
<tr><td></td><td></td><td colspan="2">3.2.2 Verkaufsförderung</td></tr>
<tr><td></td><td>3.3</td><td colspan="2">Distributionspolitik</td></tr>
<tr><td></td><td></td><td colspan="2">3.3.1 Direktmarketing</td></tr>
<tr><td></td><td></td><td></td><td>3.3.1.1 Direktverkauf</td></tr>
<tr><td></td><td></td><td></td><td>3.3.1.2 Versandhandel</td></tr>
<tr><td></td><td></td><td></td><td>3.3.1.3 Internetshopping</td></tr>
<tr><td></td><td></td><td colspan="2">3.3.2 Key account management</td></tr>
<tr><td></td><td></td><td></td><td>3.3.2.1 Auswahl der Distributionspartner</td></tr>
<tr><td></td><td></td><td></td><td>3.3.2.2 Beziehung zwischen den Distributionspartnern</td></tr>
<tr><td></td><td>3.4</td><td colspan="2">Preispolitik</td></tr>
<tr><td></td><td></td><td colspan="2">3.4.1 Preiswahrnehmung</td></tr>
<tr><td></td><td></td><td colspan="2">3.4.2 Preisgestaltung</td></tr>
<tr><td>4</td><td colspan="3">Zukünftiger Stellenwert der Kultur für den Marketing-Mix</td></tr>
</table>

Anmerkung: Wegen der besseren Lesbarkeit wurden einige Unterkapitel nicht abgebildet.

Denkbar ist auch die **Umkehrung** der soeben beschriebenen Option: Wir beobachten ein Phänomen (z.B. die Wahl einer bestimmten Markteintrittsstrategie) und versuchen zu erklären, welche Ursachen / Faktoren diese Entscheidung **beeinflusst haben**. In diesem Fall könnte das 3. Kapitel (= Hauptteil Ihrer Arbeit) grundsätzlich das in Abb. 37 skizzierte Aussehen haben. Im Beispiel wurde eine empirische Studie durchgeführt (hier = Befragung deutscher Unternehmen in Ungarn), um zu ermitteln, welche **Gründe (= Ursachen)** den Ausschlag für eine bestimmte Markteintrittsstrategie gegeben hatten.

Abb. 37: Beispielhafte Gliederung nach Wirkung und Ursache:
„Einflussfaktoren auf die Wahl der Markteintrittsstrategie:
das Beispiel deutscher Unternehmen in Ungarn"

```
1    …
2    …
3    Einflussfaktoren auf die Wahl der Markteintrittsstrategie: Ergebnisse einer primärstatistischen
     Analyse deutscher Unternehmen in Ungarn
     3.1   Konzeption der empirischen Studie
     3.2   Markteintrittsstrategien deutscher Unternehmen: die Ergebnisse im Überblick
     3.3   Empirisch ermittelte Einflussfaktoren
           3.3.1 Unternehmensbezogene Faktoren
                 3.3.1.1 Ressourcenausstattung
                 3.3.1.2 Produktprogramm
           3.3.2 Einfluss des deutschen Marktes auf die Strategiewahl
                 3.3.2.1 Marktpotential
                 3.3.2.2 Wettbewerb
                 3.3.2.3 Kosten
                 3.3.2.4 Rechtliche Rahmenbedingungen
                 …
           3.3.3 Relevanz des ungarischen Marktes für die strategische Entscheidung
                 3.3.3.1 Marktpotential
                 3.3.3.2 Wettbewerb
                 3.3.3.3 Kosten
                 3.3.3.4 Rechtliche Rahmenbedingungen
                 3.3.3.5 Infrastruktur
                 3.3.3.6 Kultur
                 3.3.3.7 Geografische Distanz
                 …
     3.4   Konsequenzen für das Management
4    Zukünftige Bedeutung des ungarischen Marktes für die deutsche Wirtschaft
```

Relationsgliederung (vergleichende Methode)

Diese Gliederung ist dann angebracht, wenn Sie mindestens zwei **Objekte** hinsichtlich verschiedener **Kriterien** vergleichen wollen (z.B. Befunde gegenüberstellen, Quellen in Beziehung setzen, Texte vergleichend analysieren). Da Objekte und Kriterien **kombiniert** werden, kommen **zwei Vorgehensweisen** in Betracht (vgl. auch Rossig/Prätsch 2006, S. 76):

(1) Stehen die **Objekte** im Vordergrund, bietet sich die sog. **Blockgliederung** an: Man betrachtet die einzelnen Forschungsgegenstände zunächst getrennt, um sie anschließend anhand der zugrunde gelegten Kriterien (= konstituierende Merkmale) zu vergleichen. In einem weiteren Schritt werden dann die destillierten Unterschiede und Gemeinsamkeiten zusammengefasst.

(2) Steht der unmittelbare **Vergleich** der Objekte im Mittelpunkt, sollten Sie sich für die **alternierende Gliederung** entscheiden und nach den **Kriterien** strukturieren; d.h. Sie untersuchen alle Objekte zunächst in Bezug auf Kriterium 1, um sie anschließend auch anhand von Kriterium 2, 3 usw. vergleichend zu analysieren.

Die **Unterschiede** zwischen beiden Strukturierungsansätzen verdeutlicht das in Abb. 38 skizzierte Beispiel (vgl. ähnlich Rossig/Prätsch 2006, S. 76).

Im Allgemeinen ist die alternierende Gliederung wesentlich **besser geeignet**: Da man aufgrund der strengen Form (Vorgabe bestimmter Kriterien) „gezwungen" ist, Objekte vergleichend zu analysieren, erreicht man quasi „spielerisch" ein sehr **hohes Niveau** des wissenschaftlichen Arbeitens. Wer indes die Blockgliederung heranzieht, neigt häufig im Übermaß dazu, Sachverhalte zu **beschreiben**; der kritische Vergleich der Untersuchungsobjekte kommt dann viel zu kurz.

Die Suche nach der idealen Gliederung

Kann man sagen, welches Gliederungsmodell zu bevorzugen ist? Nein. Ganz generell lässt sich festhalten, dass alle Modelle letztlich einem **entscheidungslogischen Ansatz** folgen. Häufig findet man auch Kombinationen der hier beschriebenen Optionen (vgl. Esselborn-Krumbiegel 2008, S. 129), z.B. eine systematische Gliederung auf Kapitelebene und eine chronologische oder Ursache/Wirkungs-Gliederung innerhalb der Kapitel.

Abb. 38: Blockgliederung vs. alternierende Gliederung:
ein vereinfachtes Beispiel

Blockgliederung (= Vergleich nach Objekten)	Alternierende Gliederung (= Vergleich nach Kriterien)
Deutschland • Wirtschaft • Politisch-rechtliche Lage • Kultur • …	Wirtschaft • Deutschland • USA • Japan
USA • Wirtschaft • Politisch-rechtliche Lage • Kultur • …	Politisch-rechtliche Lage • Deutschland • USA • Japan
Japan • Wirtschaft • Politisch-rechtliche Lage • Kultur • …	Kultur • Deutschland • USA • Japan
	… • Deutschland • USA • Japan

Nehmen wir die in Abb. 39 dargestellte Struktur zum Thema „Verfahren zur empirischen Bestimmung von Preis / Absatz-Funktionen". Dabei handelt es sich um eine Kombination aus

• Gliederung einer empirischen Studie und
• Blockgliederung (Relationsgliederung).

Die Kapitel 1 bis 3 entsprechen der in Kap. 5.2 bis 5.4 beschriebenen typischen Gliederung einer empirischen Studie; denn in der fraglichen Diplomarbeit sollten **empirische Daten** für die Bestimmung von Preis-Absatz-Funktionen erhoben werden (per Konsumentenbefragung).

Im Zentrum stand aber auch der **Vergleich** zweier Methoden (Conjoint-Analyse vs. probabilistisches Preis-Response-Modell), wobei folgende Frage zu prüfen war: Lässt sich mit beiden Verfahren vorhersagen, wie sich die Absatzmenge eines Produkts verändert, wenn der Preis modifiziert wird? Da der Diplomand die beiden Verfahren sowie die Güte der jeweils erzielten Werte **vergleichen** sollte, bot sich die Relationsgliederung an.

Abb. 39: „Verfahren zur empirischen Bestimmung von Preis-Absatz-Funktionen": Beispielhafte Gliederung einer Diplomarbeit

1	**Bedeutung von Preis-Absatz-Funktionen im Marketing**
2	**Theoretische Grundlagen zum Verständnis des Begriffs Preis-Absatz-Funktion**
2.1	Theoretische Bestimmung von Preis-Absatz-Funktionen
	2.1.1 Behandlung von Preis-Absatz-Funktionen in der Mikroökonomie
	2.1.2 Beitrag der Verhaltenswissenschaften zur Ermittlung von Preis-Absatz-Funktionen
2.2	Empirische Bestimmung von Preis-Absatz-Funktionen
	2.2.1 Möglichkeiten der Datenerhebung
	2.2.2 Verfahren zur Quantifizierung von Preis-Absatz-Funktionen
3	**Konzeption einer empirischen Analyse zur Bestimmung von Preis-Absatz-Funktionen**
3.1	Konzeption und Ziele der empirischen Untersuchung
3.2	Grundzüge der verwendeten Verfahren
	3.2.1 Conjoint-Ansatz
	3.2.2 Probabilistisches Preis-Response-Modell
3.3	Gestaltung des Untersuchungsdesigns
	3.3.1 Design der Conjoint-Analyse
	3.3.2 Untersuchungsdesign des probabilistischen Preis-Response-Ansatzes
3.4	Gestaltung des Fragebogens
3.5	Durchführung der Untersuchung
4	**Bestimmung von Preis-Absatz-Funktionen auf der Grundlage des erhobenen Datenmaterials**
4.1	Ermittlung von Preis-Absatz-Funktionen mithilfe des Conjoint-Ansatzes
	4.1.1 Conjoint-Ergebnisse auf Individualdatenbasis
	4.1.2 Ableitung von Preis-Absatz-Funktionen aus den Conjoint-Ergebnissen
4.2	Bestimmung von Preis-Absatz-Funktionen unter Zugrundelegung des Probabilistischen Preis-Response-Modells
	4.2.1 Parametrisierung der Nutzenfunktionen
	4.2.2 Ableitung von Preis-Absatz-Funktionen aus der Nutzenfunktion
4.3	Vergleichende Analyse der beiden verwendeten Verfahren zur Bestimmung von Preis-Absatz-Funktionen und kritische Würdigung der gewählten Untersuchungskonzeption
5	**Relevanz empirischer Preis-Absatz-Funktionen in der Zukunft**

Sie sehen: Die hier skizzierten Optionen zur Strukturierung wissenschaftlicher Arbeiten sollen Sie nicht in ein Schema zwängen, sondern Ihnen dabei helfen, Ihre Analyseergebnisse **übersichtlich** darzustellen.

In Abb. 40 finden Sie ein weiteres Beispiel für eine äußerst gelungene Gliederung einer empirischen Studie. Dabei handelt es sich um eine ältere Diplomarbeit zu „Werbefreies Fernsehen: die Zahlungsbereitschaft von Fernsehzuschauern".

Abb. 40: „Werbefreies Fernsehen: die Zahlungsbereitschaft von Fernsehzuschauern": Beispielhafte Gliederung einer Diplomarbeit

---

1. **Erschließung neuer Finanzierungsquellen als Herausforderung für das Marketing deutscher Fernsehanstalten**

2. **Zahlungsbereitschaft von Fernsehzuschauern im Lichte theoretischer und empirischer Befunde**
   2.1. Zahlungsbereitschaft als Gegenstand verhaltenswissenschaftlicher Theorien
   2.2. Empirische Befunde zur Zahlungsbereitschaft von Fernsehzuschauern
   2.3. Messung der Zahlungsbereitschaft: Ansätze und Probleme
       2.3.1. Überblick über die Erhebungsmethoden
       2.3.2. Bestimmung der Zahlungsbereitschaft von Fernsehzuschauern mithilfe des Conjoint Measurement

3. **Zahlungsbereitschaft von Zuschauern für werbefreies Fernsehen: Konzeption und Befunde einer empirischen Analyse**
   3.1. Konzeption und Durchführung der Untersuchung
       3.1.1. Hypothesen zur Zahlungsbereitschaft von Fernsehzuschauern
       3.1.2. Aufbau des Fragebogens
       3.1.3. Auswahl der Versuchspersonen und Durchführung der empirischen Erhebung
   3.2. Empirische Befunde zur Zahlungsbereitschaft von Fernsehzuschauern
       3.2.1. Präferenzen der Fernsehzuschauer im Überblick
       3.2.2. Zahlungsbereitschaft der Konsumenten für werbefreie Fernsehprogramme
       3.2.3. Einflussfaktoren der Zahlungsbereitschaft von Fernsehzuschauern
           3.2.3.1. Zahlungsbereitschaft von Fernsehzuschauern in Abhängigkeit von Alter, Einkommen und Bildungsstand
           3.2.3.2. Einstellung zur Werbung als Einflussfaktor der Zahlungsbereitschaft
           3.2.3.3. Stellenwert des Fernsehverhaltens für die Zahlungsbereitschaft von Fernsehzuschauern
       3.2.4. Typologie der Fernsehzuschauer anhand ihrer Zahlungsbereitschaft

4. **Ansatzpunkte zur Gestaltung von Fernsehprogrammen**
   4.1. Werbefreiheit als Ansatzpunkt zur Profilierung des öffentlich-rechtlichen Fernsehens
   4.2. Gleichbleibende Werbeintensität und Werbefreiheit als alternative Strategien für Privatprogramme
   4.3. Gestaltungsmöglichkeiten der Werbung in privaten und öffentlich-rechtlichen Fernsehprogrammen

5. **Möglichkeiten der zukünftigen Finanzierung von Fernsehprogrammen**

Der Stil wissenschaftlicher Arbeiten: Damit Ihr Gugelhupf gelingt, brauchen Sie das richtige Händchen

6.1 Sie backen – schreiben – für Leser!

R. Kaufmann schrieb einst in der Frankfurter Allgemeinen Zeitung, die Kunst, **unverständlich** zu formulieren, sei Gütesiegel eines erfolgreich abgeschlossenen Studiums. Leider – muss man hinzufügen. Denn an diese „Kunstrichtung" glauben sehr viele Studenten – aber auch manche Professoren samt Mitarbeiterstab. Völlig grundlos verfallen sie dabei in eine „umständliche, aufgeplustert tiefsinnige, selbstgefällig-unverständliche Wissenschaftssprache", wie A. Schöne, Präsident der Internationalen Vereinigung für Germanische Sprach- und Literaturwissenschaft, dies einmal ausdrückte (vgl. Schneider 2006, S. 35).

Schneider (2006, S. 11f.) ist wohl etwas über das Ziel hinausgeschossen, als er schrieb, dass die Wissenschaft den Menschen nie zuvor „so rücksichtslos einen so scheußlichen Jargon in so ungeheuren Mengen aufgenötigt" habe; wer aber in einschlägigen Publikationen stöbert, gewinnt bisweilen den Eindruck, dass der ein oder andere Autor nicht gerade ein Anhänger der gepflegten Sprache (Logik, Verständlichkeit, Ästhetik) ist. Jedenfalls scheint mancher Verfasser der Überzeugung zu sein, die (stilistische) Qualität seiner Arbeit komme besonders gut zur Geltung, wenn er

- möglichst viele **Fremdwörter** verwendet (Der Text soll ja „gut klingen".),
- einen **spröden, möglichst „staubtrockenen Wissenschaftsstil"** wählt – kombiniert mit umständlichem (und häufig missverständlichem) **„Verwaltungsdeutsch"**, z.B. „die Bewerkstelligung des empirischen Datenerhebungsprozesses seitens des Autors",
- **komplexe Sätze** formuliert, deren Inhalt „ja ohnehin nur Wissenschaftler und andere Experten verstehen sollen".

Eine solche „Philosophie" ist jedoch vor allem deshalb bedenklich, weil alle wissenschaftlich Arbeitenden – auch Studierende – eine **Verantwortung** gegenüber jenen haben, die nicht der eigenen Zunft angehören; denn (vgl. Schneider 2006, S. 27f.):

- Verquastes „Fachchinesisch" fördert **Fachidiotie** und Gettoisierung (Immunisierung) der eigenen Disziplin und verhindert damit, was Wissenschaft sein soll: eine Gemeinschaft, die fachübergreifend zusammenarbeitet (= sog. **Transdisziplinarität**). Dies aber ist nur möglich, wenn **alle Mitglieder** der „Scientific community" „gutes Wissenschaftsdeutsch" pflegen.
- (Angehende) Wissenschaftler haben auch eine **Verpflichtung gegenüber Laien**, denen man komplexe Sachverhalte gleichfalls möglichst einfach und transparent darlegen sollte, z.B. technische Gebrauchsanweisungen oder Einsatzmöglichkeiten und Konsequenzen neuer Technik. Wer meint, Kompliziertes könne man nicht einfach ausdrücken, sollte sich fragen, ob er es jemals ernsthaft versucht hat. Dass man selbst „starken Tobak" wie die Astrophysik leicht genießbar präsentieren kann, belegen Wissenschaftler wie Stephen Hawking.

Selbstverständlich sollen Sie in Ihren Texten **Sachthemen** darstellen und kritisch diskutieren – und fraglos benötigen Sie hierzu auch **Fachbegriffe** (gerade **weil** Sie damit etwas Spezifisches ausdrücken können); dennoch wäre es falsch zu behaupten, man könne einen wissenschaftlichen Text grundsätzlich nicht allgemein verständlich formulieren. Häufig sind Gedankenlosigkeit und Arroganz jener, die mit Fachtermini hantieren, für die Abgrenzung von „den anderen" verantwortlich. Für den französischen Politologen Alfred Grosser ist der Fachjargon ein Instrument des alten **Obrigkeitsdenkens**: Er verhindert die Kommunikation (zwischen den Schichten).

Und mal ehrlich: Wie würden Sie sich verhalten, wenn Sie in einer Zeitschrift oder Zeitung nur Beiträge fänden, die derart langweilig, hölzern, komplex und unverständlich geschrieben sind, dass Sie jeden Satz zweimal lesen müssten? Sie würden die Zeitung „entsorgen" und anschließend das Abonnement kündigen – zu Recht! Sie wollen nämlich verstehen, worum es geht – und: unterhalten werden! Fragen Sie sich selbst:

- Warum sollten die Leser wissenschaftlicher Ausarbeitungen diesen **Anspruch** nicht haben?

- Sind verständliche Beiträge etwa weniger **glaubwürdig**, nur weil sie sich leicht lesen lassen und jeder den Inhalt ohne Schwierigkeiten begreift (Motto: „Wenn sogar ich das verstehe, dann kann die Forschung von Wissenschaftler X ja gar nicht so kompliziert sein.")?

- Wäre es nicht **vergeudete Zeit**, wenn Ihre Arbeit, an welcher Sie monate- oder gar jahrelang geschrieben haben, (fast) niemand liest? Und dies nur deshalb, weil

  ▷ es Ihnen nicht gelingt, das **Interessante** oder **Spannende** Ihres mit viel Schweiß (und bisweilen Tränen) bearbeiteten Themas herauszustellen oder weil

  ▷ Sie den Inhalt nicht so präsentieren, dass durchschnittlich gebildete Menschen Ihren **Gedanken** auch nur ansatzweise **folgen** können.

Welch ein Jammer!

Ergo: Verzichten Sie auf einen Schreibstil, der Ihren Freunden und Verwandten ein „Ah! Oh! Hab zwar kein Wort verstanden, klingt aber echt total wissenschaftlich!" entlockt. Im Gegenteil! Denken Sie daran:

Auch Wissenschaftler schreiben nicht für den Bücherschrank, sondern für Leser – und zwar für möglichst viele.

Ein flüssiger, anschaulicher und abwechslungsreicher Stil hilft auch bei einem wissenschaftlichen Text, die darin enthaltenen Informationen leicht und prägnant zu vermitteln. Dies wiederum steigert die **Freude** beim Lesen. Deshalb:

(1) Machen Sie sich die Mühe und lernen Sie, gut, verständlich und interessant zu schreiben. Dies ist ein langwieriger, anstrengender Prozess, der sich

am Ende aber bezahlt macht. Seit einigen Jahren gibt es an manchen Hochschulen sogar sog. **Schreibwerkstätten (Schreibzentren, Schreiblabors)**, in denen man lernen kann, wissenschaftliche Beiträge zu verfassen, z.B. an der

- Europa-Universität Viadrina, Frankfurt / Oder,
- PH Freiburg,
- Ruhr-Universität Bochum,
- TU Chemnitz,
- Universität Bielefeld,
- Universität Duisburg-Essen,
- Universität zu Köln,
- Westfälischen Wilhelms-Universität Münster,
- Zürcher Hochschule für Angewandte Wissenschaften, Winterthur.

(2) Lassen Sie das alberne (vermeintliche) **Wissenschaftsdeutsch** in der Mottenkiste und streichen Sie den Satz „Die Arbeit ist ohnehin nur für Wissenschaftler." aus Ihrem Repertoire! Misstrauen Sie zunächst einmal allen Texten, auch jenen von Experten eines Fachgebiets; denn der ein oder andere Vertreter unserer Zunft versteckt sich bisweilen gerne hinter Phrasen, Satz- und Wortungetümen oder aber – was genauso schlimm ist – hat selbst nicht gelernt, verständlich zu schreiben. Wer aus **Textmonstern** „die Luft herauslässt", wird feststellen, dass bei dem ein oder anderen nicht viel mehr übrig bleibt als der tiefe Seufzer eines Gelehrten, der auch zum x-ten Thema seinen Senf dazugeben wollte.

Denken Sie beim Schreiben an Menschen, die mit Ihrem Spezialgebiet von Haus aus möglichst wenig zu tun haben. Bitten Sie diese um **Feedback**; falls sie den Inhalt Ihrer wissenschaftlichen Arbeit nicht verstehen, dann liegt es vermutlich nicht an deren geistiger Kapazität. Fassen Sie sich an die eigene Nase und suchen Sie die **Defizite** zunächst bei sich! Nicht der Leser muss sich plagen, sondern der Autor: **SIE!** Ähnlich formulierte es einmal Hermann Heimpel, 1985 Träger des Sigmund-Freud-Preises: Aus seiner Sicht ist gute wissenschaftliche Prosa **bequem für den Leser**, aber unbequem für den Autor; denn dieser muss präzise arbeiten und argumentieren.

Die folgenden Ausführungen sollen dazu anregen, dass Sie über Ihre Schreibgewohnheiten nachdenken und diese ggf. korrigieren. Keine Sorge: Sie müssen Ihren **Schreibstil** nicht gleich an den Nagel hängen;

denn unsere Sprache bietet auch nach diesen Tipps noch zahllose Möglichkeiten, mit denen Sie Ihre wissenschaftlichen Abhandlungen gestalten können. Im Übrigen gibt es keinen „Stil von der Stange", wohl aber so etwas wie einen „guten Stil", den bspw. Wolfgang Manekeller und Wolf Schneider in zahlreichen (sehr lesenswerten) Publikationen vermitteln; hier einige Beispiele:

Manekeller, W. (2003): Auf den Punkt gebracht: Gekonnt und unmissverständlich formulieren, Wien 2003.
Manekeller, W. (2006): In keinster Weise vergleichbar: Hoch-Deutsch – zum Lachen und zum Heulen?, Norderstedt 2006.
Schneider, W. (2001): Deutsch für Profis: Wege zu gutem Stil, 12. Aufl., München 2001.
Schneider, W. (2006): Deutsch für Kenner: Die neue Stilkunde, 3. Aufl., München u.a. 2006.

Schneiders Ratschläge zu Textelementen (Worte, Formulierungen, Satzteile, Sätze, Satzfolgen usw.) – mithin seine **Tipps** für gutes und verständliches Deutsch – lassen sich im Wesentlichen wie folgt zusammenfassen:
- Schreiben Sie, wie Sie sprechen!
- Schreiben Sie verständlich!
- Schreiben Sie knapp!
- Vermeiden Sie Klischees, nichtssagende Phrasen, überflüssige Mitteilungen und Schwulst!
- Kaschieren Sie nicht Verantwortlichkeiten bzw. die agierenden Personen! Schreiben Sie aktiv!
- Beachten Sie Einfachheit und Ordnung!
- Schreiben Sie attraktiv und bieten Sie zusätzliche Stimulans!
- Formulieren Sie konkrete, logische, nachvollziehbare Gedanken!
- Formulieren Sie eindeutig und unmissverständlich!
- Schreiben Sie prägnant, anschaulich und lebendig!

Negativ abgegrenzt sollte Ihr Schreibstil folglich nicht sein (vgl. Rossig/Prätsch 2006, S. 162):
- abstrakt,
- journalistisch, salopp, umgangssprachlich,
- mehrdeutig,
- unpräzise,
- nichtssagend, platt,
- poetisch, weitschweifig, schwülstig,
- übertreibend.

Wie gesagt: Schreiben ist ein mühevoller Prozess. Damit ein Text lesenswert wird, müssen Sie ihn **mehrfach bearbeiten**, indem Sie an Wörtern, Ausdrücken, Sätzen und Absätzen ständig „feilen".

Die folgenden Empfehlungen zum Stil wissenschaftlicher Werke sind so aufgebaut, dass sie mit der kleinsten Einheit, die selbstständig **Sinn** trägt, beginnen: mit dem **Wort**. Anschließend sind **Sätze** Gegenstand der Betrachtung. Selbstverständlich werden Sie die folgenden Tipps und Hinweise nicht immer in der beschriebenen Form übernehmen und anwenden können – und ganz sicher werden Sie in diesem Buch Beispiele finden, in denen ich meine eigenen Ratschläge missachte. Bitte: Zeigen Sie ruhig mit dem Finger auf mich! Sie dürfen auch gerne hämisch grinsen und sich über meine Fehler schlapp lachen. Aber darum geht es nicht, denn niemand ist fehlerfrei. Fehler sind nur dann problematisch, wenn sie **systematisch** auftreten – der Zufall oder die besonderen Umstände als Ursache ausscheiden. (Übrigens: Wenn Sie in diesem Buch Schwächen / Ungereimtheiten entdecken, so würde ich mich sehr freuen, wenn Sie mir eine kurze Nachricht zukommen ließen; Verbesserungsvorschläge jeder Art sind stets willkommen.)

6.2   Verwenden Sie die richtigen Wörter – und verwenden Sie die Wörter richtig!

6.2.1   Verben

Verben sind sehr bedeutsam, weil sie die Aussage eines Satzes tragen. Sie sind dessen Rückgrat, wie Ludwig Reiners dies einmal formulierte; denn nur mit dem Verb, dem „Königswort der Sprache" (Schneider 2006, S. 66), kann man das ausdrücken, was geschieht. Es ist so gesehen ein **Tatwort**, wenngleich es i.d.R. als Tätigkeits- oder Zeitwort bezeichnet wird.

Wer die **vielfältigen** Einsatzmöglichkeiten des Verbs nicht nutzt (Ausdruck, Tempus, Modus, Genus verbi), verzichtet auf die sehr gute Gelegenheit, sich kraftvoll auszudrücken und den Text zu beleben. Verben sind bspw. anschaulicher und prägnanter als Substantive oder als substantivierte Verben. Letztere wirken – gerade wegen ihres **Nominalstils** – oft spröde und unpräzise. Die entsprechenden Texte sind dann gespickt mit (zusätzlichen) Verben wie *durchgeführt*, *erfolgt* und *stattfinden*, z.B. „Die

Durchführung der Befragung der Konsumenten erfolgte durch geschulte Mitarbeiter." oder „In den vergangenen Jahren fand eine intensive Rodung des Urwalds statt.".

Derartige **Worthülsen** „Typ Landratsamt" (Dichtl 1996) findet man in wissenschaftlichen Arbeiten leider sehr häufig – aber nicht nur dort. Auch **Bürokraten** und Politiker haben diesbezüglich einen großen Wortschatz.

Beispiel

Im August 2007 meinte Sachsens Umweltminister Tillich in einem Fernsehinterview, man plane eine „Deichrückentwicklung vorzunehmen". Alles klar? Nicht ganz; denn wer sich die Mühe macht und den Ausdruck in verständliches Deutsch übersetzt, fragt sich zu Recht, ob man „alle Deiche in Sachsen zurückzubauen" gedenkt oder aber nur „manche Deiche". Wenn ja – welche meinte er? Sie sehen: Der Herr Minister hätte, wenn ihm an gutem Deutsch gelegen wäre, konkreter werden müssen. Aber vielleicht wollte er genau dies ja auch gar nicht.

6.2.1.1 Leisten Sie Verzicht auf Funktionsverben!

Vermeiden Sie – wenn möglich – sog. **Funktions**- bzw. **Streckverben**, die sich nur mit einem Substantiv aufs leere Blatt trauen (vgl. zum Folgenden auch Schneider 2006, S. 68f.). Nutzen Sie stattdessen **Vollverben**. Schreiben Sie also bspw.

- nicht *Verzicht leisten*, sondern *verzichten*,
- nicht *Bezug nehmen*, sondern *sich beziehen*,
- nicht *den Vorzug geben*, sondern *vorziehen*,
- nicht *Abhilfe schaffen*, sondern *abhelfen*,
- nicht *eine Analyse durchführen*, sondern *analysieren*.

Beispiele

(1) „Werte üben bei der Informationsaufnahme eine Selektionsfunktion aus."

→ besser: „Werte tragen maßgeblich dazu bei, dass Menschen Information selektiv aufnehmen."

(2) „Es wird keine klare Unterscheidung dieser Begriffe vorgenommen."

> → besser: „Selbst Wissenschaftler unterscheiden nicht eindeutig zwischen den hier zu diskutierenden Begriffen. Während Müller (2004, S. 815) die Auffassung vertritt, dass A + B = C, geht Meier (2005, Sp. 4711) davon aus, dass A + B = D."

Freilich lässt sich diese Regel nicht immer umsetzen. So mag es mitunter zweckmäßig sein, ein Streckverb zu nutzen – bspw. aufgrund der Dramaturgie oder um eine Wortwiederholung zu vermeiden. Somit gilt auch hier: **Die Mischung macht's.** Beispielsweise wäre statt des unschönen Modeworts *thematisieren* ein Funktionsverb denkbar, z.B. *zum Thema machen* oder *zur Sprache bringen*; natürlich kann man auch *aufgreifen* oder *darüber reden*.

6.2.1.2 Achten Sie auf die „Stilhöhe"!

Bestimmte Situationen lassen sich auf sehr unterschiedliche Weise beschreiben. Ein Pkw kann *davonrasen*, *schnell wegfahren*, *davoneilen* und umgangssprachlich auch mal *wegdüsen* oder *flitzen*. Allerdings sind nicht alle Verben eines **Wortfeldes** immer auch der jeweiligen Situation angemessen. Passen Sie Verben deshalb dem **Kontext** an: Suchen Sie nach geeigneten Vollverben und tragen Sie diese zunächst in Wortfeldern zusammen.

> **Beispiele**
> * Präferenz: vorziehen – voranstellen – bevorzugen – lieber mögen – präferieren – favorisieren – befürworten – höher einschätzen – …
> * (Unternehmens-)Zusammenschluss: fusionieren – sich zusammenschließen – sich zusammentun – sich verbinden – sich vereinigen – zusammenlegen – integrieren – …
> * Freude: sich freuen – amüsiert / verzückt / beglückt / entzückt sein – jubeln – jauchzen – jubilieren – …
> * Konsum: konsumieren – verzehren – genießen – aufbrauchen – verbrauchen – gebrauchen – nutzen – verwerten – verwenden – benutzen – verarbeiten – …

Entscheiden Sie anschließend, welches Verb mit Blick auf die Stilhöhe am besten in den **Kontext** passt.

6.2.1.3 Reanimieren Sie tote Verben!

In einer Ausgabe der Financial Times Deutschland hieß es, Utz Claassens Rückzug „sei freiwillig erfolgt". Wäre es nicht schöner gewesen, der ehemalige Vorsitzende der EnBW hätte auf das **Spreizverb** verzichtet und „sich freiwillig zurückgezogen"? Vermeiden Sie sog. **Spreiz-**, **Bläh-** bzw. **tote Verben**, wie

- aufweisen („Das Produkt weist kein Preisschild auf."),
- beinhalten („Die Studie beinhaltet folgende Themen: …"),
- bewerkstelligen,
- bewirken,
- durchführen („Die Untersuchung der Mitarbeiter wurde durchgeführt."),
- erfolgen („Die Befragung erfolgte anhand einer siebenstufigen Skala."),
- geben („es gibt"),
- gehören,
- herrschen („Es herrscht eine große Kälte."),
- liegen,
- sich befinden,
- sich handeln um,
- vergegenwärtigen,
- vornehmen (→ „Die Analyse wurde vorgenommen."),
- weilen.

Und **warum** sollten Sie auf diese Verben verzichten? Weil diese Tätigkeitswörter **alles andere** als eine Tätigkeit oder ein Tun ausdrücken: Sie bezeichnen lediglich, dass etwas **vorhanden** ist – und auch dies teilweise sehr abstrakt. Fraglos benötigt man auch dann ein Verb, wenn etwas bloß ist und nichts tut; deshalb ist auch nichts dagegen einzuwenden, wenn im Text mitunter ein totes Verb darnieder liegt. Jedoch: Treten sie gehäuft auf, so mindern Spreizverben die Anschaulichkeit – sie machen müde (vgl. Schneider 2006, S. 67).

Im Regelfall ist es leicht möglich, dem toten Verb Leben einzuhauchen, indem man es **konkretisiert**.

Beispiele

1. „Peter befindet sich im Keller."
   → „Peter spielt im Keller Schlagzeug."
2. „Herr Meier weilt in Madrid."
   → „Herr Meier besucht in Madrid den Inhaber eines mittelständischen Unternehmens."

Bisweilen kann man entsprechende Sätze auch **kürzen**.

Beispiele

1. „In Thailand herrscht eine große politische Anspannung."
   → „Die politische Lage in Thailand ist sehr angespannt."
2. „In der Regel findet zur Analyse dieser Problemstellung die Diskriminanzanalyse Anwendung."
   → „Probleme dieser Art lassen sich gewöhnlich mit der Diskriminanzanalyse lösen."

Zu den „Unwörtern" gehört auch *erstellen*. Wolfgang Manekeller, der mehr als 20 Jahre das Institut für moderne Korrespondenz leitete, drückte dies einmal wie folgt aus: „Früher – es ist noch gar nicht so lange her – haben wir Briefe, Berichte, Angebote und Gedichte *geschrieben*, Statistiken *erarbeitet*, Konzepte *entwickelt*, Manuskripte *verfasst*, Waren *produziert*, Häuser, Straßen, Schlösser und Kirchen *gebaut*, Parks *angelegt* oder *gestaltet* […] Heute gibt es für all diese Tätigkeiten nur noch ein einziges Wort: erstellen. Ob Zeugnisse, Gebäude oder Werbekampagnen: Alles wird erstellt. Ich bin sicher, demnächst werden Haustiere nicht mehr gezüchtet, Liebesnächte nicht mehr erlebt und Brötchen nicht mehr gebacken – auch sie werden erstellt. Die Brötchen schmecken schon danach."

Übermäßig häufig wird übrigens auch vom Verb *machen* „Gebrauch gemacht"; denn „Deutsch ist die Sprache der Macher und des Machens. Das fängt bei der Geburt an (den ersten Schrei machen) und endet mit dem Tod (den Abgang machen). Dazwischen kann man das Frühstück machen und die Wäsche, einen Schritt nach vorn und zwei zurück; man kann Pause machen, Urlaub oder blau, eine Reise ins Ungewisse und plötzlich Halt; man kann eine gute Figur machen und trotzdem einen schlechten Eindruck; man kann den Anfang machen, seinen Abschluss machen,

Karriere machen; man kann drei Kreuze machen, Handstand oder Männchen; man kann die Nacht durchmachen, ein Opfer kalt machen, in den Westen rübermachen, Mäuse, Kies und Kohle und sich ins Hemd machen; man kann andere zur Schnecke machen und sich selbst zum Affen; man kann sogar Unsinn machen" (Sick 2004, S. 49).

Die Beispiele verdeutlichen, wie wichtig es ist, **prägnant** zu argumentieren / zu formulieren. Nutzen Sie vorzugsweise jene Verben, die mit dem dazugehörigen Objekt in (enger) **Beziehung** stehen; denn in solchen Fällen sorgt eine unbewusste Verbindung dafür, dass wir die vermittelten Informationen leichter aufnehmen können.

Verzichten Sie möglichst auch auf **Hilfsverben** (haben, sein, werden). Sie sagen meist nichts aus, mindern aber die **Dynamik** in Ihrer Ausdrucksweise. Schreiben Sie beim nächsten Mal besser

- nicht *ich habe die Erwartung*, sondern *ich erwarte*,
- nicht *er hat Einfluss auf*, sondern *er beeinflusst*,
- nicht *ich bin in der Lage*, sondern *ich kann*,
- nicht *ich bin im Zweifel*, sondern *ich bezweifle*.

6.2.1.4 Doppelt quält besser:
Pleonasmen und Verben mit unnötigen Vorsilben

Wie folgende Beispiele belegen, erfreuen sich **pleonastische** Verben großer Beliebtheit. Ich fasse mich allerdings kurz, um mich nicht *noch einmal zu wiederholen* (Merken Sie schon was?!).

- Wo sind wir, wenn wir *wieder zurückkehren*? Genau dort, wo wir wären, wenn wir schlicht und einfach zurückgekehrt wären.
- Lassen sich *neu renovierte* Wohnungen besser vermieten als renovierte? Nein, auch wenn sich die Vermieter mittlerweile immer häufiger *gegenseitig Konkurrenz machen*.
- Soll ich mit Beispielen *weiter fortfahren*? Kein Problem, da ständig welche *neu hinzukommen* oder *neu kreiert werden*.
- Schade nur, dass sich manche davon *einander diametral gegenüberstehen*.

Die Zusammenstellung in Abb. 41 verdeutlicht beispielhaft, wie Sie „doppelt gemoppelte" Verben einfach zu Papier bringen.

Abb. 41: Möglichkeiten zur Vermeidung pleonastischer Verben

Pleonasmus	Lösungsmöglichkeit
angeblich sollen (z.B. Das Unternehmen soll angeblich verkauft werden.)	Das Unternehmen soll verkauft werden. Das Unternehmen wird angeblich verkauft.
auseinanderdividieren	auseinanderrechnen, aufteilen, dividieren
durchkalkulieren	durchrechnen, kalkulieren
für gewöhnlich etwas zu tun pflegen	für gewöhnlich etwas tun, etwas zu tun pflegen
herausselektieren	auslesen, herausfiltern, selektieren
hochstilisieren	hochloben, stilisieren
in der Mitte halbieren	in der Mitte teilen
leider etwas bedauern	etwas bedauern, leider etwas tun müssen
möglich sein können (z.B. Das könnte möglich sein.)	Das ist möglich. Das könnte sein.
nachrecherchieren	nachprüfen, recherchieren
reininvestieren	investieren
runterreduzieren	reduzieren
wahrscheinlich scheinen (z.B. Das Produkt scheint wahrscheinlich defekt zu sein.)	scheinen, wahrscheinlich sein Das Produkt scheint defekt zu sein. Das Produkt ist wahrscheinlich defekt.
zusammenaddieren	addieren, zusammenzählen

Quelle: auf der Basis von Sick (2007, S. 32ff.); modifiziert und ergänzt.

Zu den Klassikern in der Rubrik „Verben mit unnötigen **Vorsilben**" gehört *vorprogrammieren*; denn das lateinische „pro" drückt bereits aus, dass etwas im Voraus geschieht. *Austesten* wiederum erscheint uns wesentlich informativer als lediglich *testen*. Und warum *zeigen, ändern, mieten* oder *speichern*, wo wir doch auch *aufzeigen, abändern, anmieten* oder *abspeichern* können. Weitere Beispiele finden sich zuhauf (vgl. hierzu auch Sick 2007, S. 121):

- abklären
- abmildern
- abmindern
- abprüfen
- absenken
- absinken
- abstoppen
- abtesten
- abzielen
- anbetreffen
- ansteigen
- anwachsen

- auffüllen
- aufoktroyieren
- aufspalten
- ausborgen
- ausleihen
- befüllen
- mithelfen

- überprüfen / nachprüfen
- verbuchen
- verfüllen
- vorankündigen
- vorwarnen
- zuliefern
- zuschicken

Außerdem: Verben mit Vorsilben sind häufig **schwer lesbar** und – vor allem in Verbindung mit Schachtelsätzen – **missverständlich**, z.B. *vorschlagen* (→ schlagen … vor) oder *ankündigen* (→ kündigen … an). Entscheiden Sie sich deshalb möglichst für kurze Verben; teilen Sie ggf. die betreffenden Sätze.

Beispiel

Das Management kündigte den Mitarbeitern, die sich in Sonderschichten für das Unternehmen eingesetzt hatten (deshalb kündigte man ihnen?), Sonderzahlungen an (aha!).

→ Besser wäre bspw.: „Die Mitarbeiter setzten sich in Sonderschichten für das Unternehmen ein. Deshalb kündigte ihnen das Management Sonderzahlungen an."

6.2.1.5 Beizeiten das Tempus beherrschen

Wer prägnant argumentieren will, muss zwischen Vergangenheit, Gegenwart und Zukunft strikt unterscheiden; beim korrekten Gebrauch des Tempus spielt die Einheit von Zeit und Ort eine bedeutsame Rolle.

(1) Das **Imperfekt** (= Präteritum), d.h. die „unvollendete" Vergangenheit, kennzeichnet eine in der Vergangenheit liegende Handlung. Sie wird vorzugsweise im **geschriebenen** Deutsch verwendet (= Erzählzeit).

Beispiele

Er kam zu dem Ergebnis; sie analysierten die Daten; er befragte die Konsumenten; sie erwarben.

(2) Das **Perfekt** kennzeichnet gleichfalls eine in der Vergangenheit liegende Handlung. Das Tempus wird so bezeichnet, weil das, was jemand

„gemacht hat", vollendet bzw. **abgeschlossen** (= perfekt) ist. Das Perfekt wird vornehmlich in der **gesprochenen** Sprache eingesetzt und erfreut sich weitaus größerer Beliebtheit als das Präteritum. Es setzt sich zusammen aus „haben" oder „sein" sowie dem zweiten Partizip (= Partizip Perfekt).

> **Beispiele**
> Sie haben die Daten analysiert; er ist zum Direktor befördert worden; sie sind gefahren.

Das Perfekt ist immer dann sinnvoll, wenn ein Ereignis **Folgen** für die Gegenwart hat, die Auswirkungen einer Handlung also in die **Gegenwart** hineinreichen. Deshalb liegt es häufig nahe, das Perfekt an den **Anfang** einer Nachricht zu stellen. Warum sonst sollte eine Information interessant sein, wenn sie sich nicht auf die Gegenwart auswirkt?

> **Beispiele**
> Gestern haben die Gewerkschaften gestreikt; die Straßen sind (noch) übersät mit Plakaten und Flugblättern.

(3) Das **Plusquamperfekt** beschreibt die sog. Vorvergangenheit, d.h. eine Handlung, die vor einer in der Vergangenheit liegenden Handlung **abgeschlossen** wurde (= Vergangenheit vor der Vergangenheit).

> **Beispiele**
> Ich hatte die Befragung organisiert; du hattest die Probanden ausgewählt; er war zu den Experten gefahren; sie hatten teilgenommen.

Dieses Tempus ist erforderlich, um die **zeitliche Ordnung** korrekt wiederzugeben.

> **Beispiele**
> - Bevor er die Daten mit multivariaten Methoden analysierte, hatte er sie wochenlang in mühevoller Arbeit in die Datenbank eingespeist.
> - Nachdem er den Fragebogen verfasst hatte, befragte er die Probanden.

Das Plusquamperfekt ist jedoch sehr „sperrig" und überdies hässlich, wenn es gehäuft auftritt. Ein Text ist leichter lesbar, wenn das Plusquamperfekt nur einmal verwendet wird – und zwar am Anfang des Sprungs in die Vorvergangenheit. Der Text bleibt dennoch grammatisch korrekt.

Im folgenden Beispiel ist das Imperfekt möglich und sinnvoll: „Die Dateneingabe war bereits abgeschlossen, als er damit begann, die Informationen auszuwerten." Eine doppelt verschachtelte Vorvergangenheit sollten Sie auf jeden Fall vermeiden (z.B. „Er hatte, nachdem sie die Daten eingegeben hatten, die Informationen ausgewertet.").

Abschließend ein Beispiel aus dem Handelsblatt vom 10. August 2007. Darin konnte man Folgendes lesen:

Beispiel

„Gestern hatte die EZB bereits interveniert. Auch die US-Notenbank Fed hatte sich zu einem solchen Schritt gezwungen gesehen."

→ Sofern sich die Zeitzonen in der jüngeren Vergangenheit nicht geändert haben, beginnt das (Wirtschafts-)Leben in den USA jeweils einige Stunden später als in Europa. Im Handelsblatt hätte deshalb stehen müssen: „Auch die US-Notenbank Fed sah sich zu einem solchen Schritt gezwungen." Außerdem darf man annehmen, dass die EZB „bereits gestern" interveniert hatte (statt „gestern bereits").

6.2.1.6 Hätte da was im Konjunktiv stehen müssen?

Zu den größten Errungenschaften der deutschen Sprache gehört zweifelsohne der Konjunktiv (vgl. zum Folgenden auch Schneider 2006, S. 296ff.). Zusammen mit Indikativ und Imperativ gehört er zu den **Modi** eines Verbs. Der Gebrauch des Konjunktivs, der in Gegenwart, Vergangenheit und Zukunft gegliedert ist, bereitet bisweilen **Probleme**, zumal seine Formen – Konjunktiv I und Konjunktiv II – oft zusammen verwendet werden können. Überdies erlaubt selbst die korrekte deutsche Sprache in bestimmten Fällen statt eines Konjunktivs auch den **Indikativ** bzw. den **Konditional**.

Ganz generell gilt: Der Konjunktiv I ist immer dann erforderlich, wenn Sie **zitieren** (indirekte Rede). Als Konjunktiv II benennt er jenes,

- was **nicht ist**, was wir uns aber **wünschen** („Wenn ich doch nur die Stelle des Vorstandsvorsitzenden bekäme!"),

- was wir **bedauern**, dass es war („Hätte ich die Stelle des Vorstandsvorsitzenden doch nur nicht angenommen!").

Heutzutage wird der Konjunktiv wohl auch deshalb immer seltener genutzt, weil seine grammatische Form kompliziert und der Klang bisweilen ungewohnt ist (z.B. hätte, dächte, gewänne, vollzöge, hülfe). In der Tat: Wer den Konjunktiv nicht oder nicht korrekt einsetzt, dem müssen die vielen klangvollen Formen derart hochgestochen und antiquiert erscheinen, dass er sie für falsch hält.

Im Übrigen verschafft es dem ein oder anderen große Mühe, den Konjunktiv II (z.B. „er sagte, er wäre") von jenem der indirekten Rede (z.B. „er sagte, er sei") **abzugrenzen** – obwohl Letzterer (= Konjunktiv I) eigentlich das Gegenteil des Ersten besagt: „Er sagte, er sei Unternehmer" bedeutet: Er ist Unternehmer. Hingegen lässt der Satz „Er sagte, er wäre Unternehmer." den Schluss zu, dass er gar keiner ist; denn *wäre* ist **Irrealis** und damit Ausdruck des **Unwirklichen**.

Also: Gebrauchen Sie den Konjunktiv, aber bitte richtig – und: Übertreiben Sie es nicht mit ihm. Sick (2005, S. 77ff.) behandelt dieses Thema u.a. in „Der traurige Konjunktiv" auf amüsante Weise; an dieser Stelle sei auf einen Beitrag verwiesen, den Andreas Maier in „Die Zeit" veröffentlicht hat. Auch dieser Artikel unterstreicht sehr unterhaltsam die **Besonderheiten** des Konjunktivs.

„Vor einiger Zeit, es war auf der Buchmesse, fragte mich ein Kritiker, warum die Leute so häufig falsche Konjunktive setzten, wenn sie die indirekte Rede gebrauchten. „Sie erzählte, sie habe dazu keine Lust gehabt, und wäre daraufhin ins Kino gegangen." Die erste Konjunktivform, habe, ist richtig, die zweite, wäre, ist falsch. Über die Regeln waren wir, der Kritiker und ich, uns sofort einig (es war auf einem Empfang).

Erste Regel: In der indirekten Rede wird Konjunktiv I gesetzt (zum Beispiel habe, sei; gebe und nicht: gäbe; also immer die schwach klingenden Formen). Regel zwei: Nur wenn Formengleichheit mit dem Indikativ besteht, wird Konjunktiv II verwendet (hätte, gäbe, also die stark klingenden Formen). Das kann der Fall sein in der ersten Person Singular, in der ersten Person Plural und in der dritten Person Plural. Daher schreiben die Zeitungen, der Kanzler (also Schröder) habe dies und das gesagt, die anderen aber hätten ihm widersprochen (und nicht: haben).

Diese zwei Regeln sind überaus leicht zu verinnerlichen. Woher dann aber, rief der Kritiker (er trank gerade ein Bier) dieses grundfalsche Wäre-hätte-sei-Gemisch, das die Leute anrichten? Ich trank nun ebenfalls ein Bier, und beide gingen wir daran, die Gründe für dieses Wäre-hätte-sei-Gemisch zu untersuchen. Solche Gespräche werden auf der Buchmesse geführt!

Wir begannen einfach und untersuchten den Satz: „Er sagte, er wäre unglücklich." Die Form wäre ist falsch, es muss sei heißen. Wie aber kommt das wäre in den Satz? Vermutung eins: Der Sprecher findet, dass das nach Konjunktiv klingt, und zwar mehr nach Konjunktiv klingt als sei. Der Kritiker argwöhnte, dass einige Sprecher sowieso nur den Konjunktiv II (wäre, löge, trüge) als Konjunktiv identifizierten und sozusagen nur auf die gröberen Reize reagierten: ä, ö, ü.

Manche (Vermutung zwei) argumentieren möglicherweise gewiefter: Es heißt, könnte man denken: „Ich sagte, ich hätte Hunger", also heißt es folglich auch: „Er sagte, er wäre unglücklich." Diese Sprecher wollen den Konjunktiv II (hätte, wäre) überall benutzen, und sie begründen das durch Beispielsätze, die auf Regel zwei beruhen, sie machen also die Ausnahme zur Regel. Aber sie machen dabei einen weiteren Fehler. Sie greifen auf die Form wäre zurück. Dabei ist der reguläre Konjunktiv sei überhaupt nie mit dem Indikativ zu verwechseln. Man muss also bei dem Verb sein nie (!) auf Regel zwei zurückgreifen. Es heißt immer: sei, seiest, sei, seien, seit, seien; es heißt nie: wäre, wären et cetera. Ich, zum Kritiker: Wenn ich einen Satz schriebe wie: „Ich sagte, ich wäre unglücklich", dann erwartete ich geradezu zwanghaft, dass ein Bedingungssatz folgte, etwa so: „Ich sagte, ich wäre unglücklich, wenn ich heute nicht das Kümmelchen sähe." Nur dort wäre ein wäre möglich.

Der Kritiker sagte, das sei zwar richtig, aber wen oder was ich denn bitte mit Kümmelchen meine. Das sagte ich ihm allerdings nicht. Der Kritiker schwieg und schaute mich an. Dann beugte er sich vor und sagte nach einer gewissen Pause fast vorwurfsvoll: Sie reden vom Konjunktiv, aber in Wahrheit reden Sie von sich. Das, sagte ich, ist vermutlich so, das ist vermutlich überhaupt immer so. Wir kehrten zurück zum eigentlichen Thema (ich trank ein weiteres Bier, der Kritiker ebenfalls).

Oft hört man vermeintliche Regeln folgender Art: Es heiße doch: „Er sagt, er habe Hunger", und das sei doch ein Satz im Präsens, nämlich: „Er sagt." Wenn der Satz aber in der Vergangenheit stehe, müsse er doch so lauten: „Er sagte, er hätte Hunger." Hier will der Sprecher eine Abhängigkeit der zu verwendenden Konjunktivform von der Zeitstufe herstellen, in der das Verb des Sagens steht. Das ist vollkommen falsch (das bekräftigten wir beide, der Kritiker und ich, mit einem ordentlichen Prost). Es heißt sowohl: „Er hatte gesagt, er habe Hunger", als auch (um als Beispiel die voneinander entferntesten Zeitstufen zu nehmen): „Er wird gesagt haben, er habe Hunger." Egal, ob das Verb des Sagens im Plusquamperfekt oder in der einfachen Vergangenheit oder wo auch immer steht, das Verb in der indirekten Rede schert sich darum einen Teufel.

Die vorangegangene Fantasieregel hat ein Pendant. Gleich ein Beispiel: Angenommen, ein Herr H. hat am Montag einen Apfel gegessen und erzählt jemandem am Dienstag, dass er am Montag einen Apfel gegessen habe. Wenn man nun das ganze Geschehen zusammenfasste, so könnte man meinen, müsste das doch so heißen: „Herr H. erzählte am Dienstag, er hätte am Montag einen Apfel gegessen." Wenn man nachfragt, wieso hier um Gottes willen der Konjunktiv II stehen soll (hätte) statt Konjunktiv I (habe), dann sagen sie: Weil Herr H. den Apfel vorher gegessen hat, weil das doch schon Vergangenheit für den Sprecher ist. Wäre diese Regel wahr, müsste das zu Folgendem führen. Man müsste sagen: „Er sagte am Dienstag, er habe Hunger" – denn er hat den Hunger dann ja gegenwärtig; aber man müsste sagen: „Er sagte am Dienstag, er hätte am Montag einen Apfel gegessen" – denn das ist ja am Dienstag schon Vergangenheit gewesen. Natürlich müssen solche Fantasieregeln jeden Sprecher in eine heillose Verwirrung stürzen.

Ein weiteres Bier, eine weitere Vermutung (eine letzte). Wer meint, ein Ohr für den Wohlklang der Sprache zu haben, ist möglicherweise eher von den Formen des Konjunktiv II angezogen: zöge, trüge, wärest, schösse, verlöre et cetera. Wenn man dann die indirekte Rede auch noch für etwas quasi Altertümliches hält, also geradezu schon für Hohen Stil, dann möchte man natürlich alles möglichst zum Klingen bringen, und man sagt also zum Beispiel: „Ulrich ließ verlautbaren, er zöge noch schnell sein Gewand an und brächte dann den Kaiser aufs Schafott." Hier hat man einige schöne Vokale gewonnen (ö, ä), allerdings fügt sich dieser Satz doch eher in jeder Hinsicht zum Missklang, trotz der Vokale.

Beide standen wir da und nickten uns zu. Der Konjunktiv, sagte der Kritiker, ist einfach, allerdings sind die Köpfe der Menschen oft kompliziert. Ich, nachdenklich: In der Tat, die Menschen machen oft aus etwas sehr Einfachem etwas sehr Schwieriges, sie verwirren noch die leichtesten Dinge. Der Kritiker schaute mich erneut an. Sie reden schon wieder von sich, sagte er. Er ahnte es.

Solche Gespräche werden auf der Buchmesse geführt, das ist die Wahrheit. Wir sprachen noch dies und das, dann gingen wir auseinander. Über das Kümmelchen sagte ich nichts mehr. Man muss ja nicht alles sagen. Man kann ja auch schweigen. Und das dann ganz ohne Konjunktiv."

Quelle: Andreas Maier: Kümmelchen im Konjunktiv, in: Die Zeit, Nr. 3, 2003, S. 37.

6.2.1.7 Sollten Passivsätze seitens des Autors vermieden werden?

Ja: **Vermeiden Sie Passivsätze** und schreiben Sie möglichst **aktiv**! Wissenschaftliche Texte kranken nicht selten daran, dass sie **unpersönlich** sind: Dies wurde gemacht, jenes wurde betrachtet, das wurde festgestellt, es wurde analysiert und und und … Und von wem? Dies verraten uns die „Passivisten" meistens nicht. Schade! Vermeiden Sie diese von Bürokraten bevorzugte Ausdrucksweise. Nennen Sie die handelnden Akteure grundsätzlich beim **Namen** und geben Sie Ihren Sätzen das **Subjekt** zurück. Damit entfallen **sperrige Passivkonstruktionen** und das hässliche Wort *wurde*. Wenn Sie bspw. schreiben, dass etwas angeordnet, untersucht oder geprüft *wurde*, so ist dies **langweilig**, schwerfällig und alles andere als wissenschaftlich, da Sie dem Leser die handelnde(n) Person(en) verschweigen. Als Wissenschaftler sollen Sie genau dies aber nicht tun, sondern exakt beschreiben, Ursachen aufspüren, analysieren und begründen – und zwar indem Sie **Ross und Reiter** nennen.

Wie einfach es sein kann, sieben Passivkonstruktionen in fünf Sätzen zu eliminieren, zeigt folgendes Beispiel. Die ursprüngliche Fassung entstammt einer älteren Seminararbeit zum Thema „Internet-Befragung als innovatives Instrument der Datenerhebung: Vor- und Nachteile gegenüber den klassischen Methoden".

Beispiel

„Newsgroups dienen der zeitversetzten Diskussion zu verschiedenen Themenbereichen. Beiträge zu einem bestimmten Thema **werden** hier veröffentlicht („gepostet"), gelesen und öffentlich oder privat durch andere Teilnehmer kommentiert. Die Themengebiete sind ganz unterschiedlich: Hilfegesuche können hier gestellt **werden**, allgemeine Meinungen geäußert **werden** oder ein ‚Plausch unter Freunden' betrieben **werden**. In Newsgroups kann entweder ein Fragebogen direkt veröffentlicht **werden** oder zur Teilnahme eingeladen **werden**. Es sind spezielle Newsgroups eingerichtet **worden**, die sich mit Befragungen befassen."

Verbesserungsvorschlag

Newsgroups bieten ihren Mitgliedern die Möglichkeit, zu unterschiedlichen Zeitpunkten über verschiedene Themen zu diskutieren. Teilnehmer können ihre Meinung zu einem Thema veröffentlichen („posten"), aber auch Beiträge Dritter lesen und kommentieren. Das Themenspektrum reicht von Hilfegesuchen über Meinungen allgemeiner Art bis hin zum „Plausch unter Freunden". Darüber hinaus finden sich spezielle Newsgroups, etwa zu Fragen der Marktforschung; auf diesem Weg ist es bspw. möglich, Fragebögen zu veröffentlichen bzw. andere zur Teilnahme an einer Befragung einzuladen.

Wer aktiv schreibt, vermeidet eine typische **Fehlerquelle** der „Passiv-Fetischisten": Diese bedienen sich nämlich häufig des Wortes *durch*, obwohl *von* korrekt wäre. Beispielsweise wurde Chrysler **nicht durch** Cerberus (= US-amerikanischer Investor) erworben, sondern **von** Cerberus.

6.2.1.8 Infinitive ad infinitum?

Nutzen Sie auch Infinitivkonstruktionen eher selten.

(1) Ein Infinitiv ist immer dann hässlich, wenn ein **zweiter Infinitiv** von ihm abhängt.

Beispiel

„Die Studentenvertreter akzeptierten den Vorschlag, nach Hause zu gehen, um über die Konsequenzen nochmals intensiv nachzudenken."

(2) Nicht wenige setzen den Infinitiv falsch ein, indem sie damit eine getroffene Aussage **wiederholen**. Bastian Sick, von dem einige der folgenden Beispiele stammen, bezeichnet diesen Sachverhalt als „angedrohten Willen".

> **Beispiel**
> „Bundeskanzlerin Merkel kündigte an, die Bedingungen für Arbeit verbessern zu wollen."
> → Wörter wie ankündigen, versprechen, drohen und erwägen drücken bereits aus, dass jemand etwas tun will. Der Satz muss folglich lauten: „Bundeskanzlerin Merkel kündigte an, die Bedingungen für Arbeit zu verbessern."

Immer dann, wenn der Hauptsatz bereits darauf hinweist, dass jemand etwas tun *will*, *darf*, *kann*, *soll* oder *muss*, benötigt man im Nebensatz das entsprechende Modalverb (z.B. wollen, dürfen, können, sollen, müssen) **nicht**. Prüfen Sie deshalb, ob Infinitivkonstruktionen mit *zu können*, *zu dürfen*, *zu wollen*, *zu sollen*, *zu müssen* erforderlich sind.

> **Beispiele**
> 1. „Der Vorstand versprach, im nächsten Jahr deutlich mehr Umsatz machen zu wollen."
>   → „Der Vorstand versprach, im nächsten Jahr deutlich mehr Umsatz zu machen."
> 2. „Bush sprach Kerry die Fähigkeit ab, die USA regieren zu können."
>   → „Bush sprach Kerry die Fähigkeit ab, die USA zu regieren."
> 3. „Mutter erlaubte ihm, ins Kino gehen zu dürfen."
>   → „Mutter erlaubte ihm, ins Kino zu gehen."

6.2.2 Substantive

6.2.2.1 Nominalkonstruktionen? No!

„Anlässlich des Anfangs erfolgte die Erschaffung des Himmels und der Erde seitens Gottes." Glücklicherweise hauchte Gott den Verfassern der Bibel auch Hirn ein, sodass es zu diesem sprachlichen Waterloo nie gekommen ist; denn in der Bibel steht: „Am Anfang schuf Gott Himmel und Erde." GOTT sei Dank! Dieses wunderbare Beispiel, das Liane Borghardt in „Junge Karriere" zum Thema „Schöner schreiben" verfasste, verweist auf ein großes Problem, das auch vor wissenschaftlichen Arbeiten nicht haltmacht: den Drang vieler Schreiber, Verben (und auch Adjektive) zu substantivieren.

Substantive sind fraglos nötig und wichtig, aber: Nicht jedes Substantiv ist zwingend erforderlich. Außerdem sind Verben i.d.R. **„wertvoller"** als Substantive, da sie die **Aussage** des Satzes tragen. Verwenden Sie deshalb kein Substantiv, wenn ein Verb dieselbe Funktion erfüllen kann. Und vor allem: Verzichten Sie darauf, Verben (aber auch Adjektive) zu **substantivieren**; denn die so geschaffenen **Nominalkonstruktionen** sorgen im Allgemeinen dafür, dass Ihr Text länger, „sperriger", abstrakt und überdies weniger verständlich wird. Schreiben Sie also

nicht		sondern
der Untersuchung / Verwertung zuführen	→	untersuchen / verwerten
die Bewertung / Internationalisierung vollziehen	→	bewerten / internationalisieren
eine Beratung / Umstrukturierung durchführen	→	beraten / umstrukturieren
eine Einteilung / Analyse vornehmen	→	einteilen / analysieren
eine Feststellung machen	→	feststellen, bemerken
eine Unterscheidung vornehmen	→	unterscheiden
in Erwägung ziehen	→	erwägen
Stimmenthaltung üben	→	sich der Stimme enthalten
unter Beweis stellen	→	beweisen
zur Anwendung / Aufführung bringen	→	anwenden / aufführen
die Korrektheit	→	korrekt
die Verwendbarkeit	→	verwendbar

Verzichten Sie auf sog. **unechte**, **abstrakte** Hauptwörter, die vorzugsweise dadurch entstehen, dass man an Adjektive, Verben, aber auch Substantive folgende Endungen hängt:

- -ung, -heit, -keit (z.B. Begriff → Begrifflichkeit; selbstständig → Selbstständigkeit; schön → Schönheit; Streit → Zerstrittenheit; erwarten → Erwartung; Regel → Regelung; Ziel → Zielsetzung),
- -nis, -tum, -schaft (z.B. Reichtum, Behältnis, Professorenschaft, Studentenschaft).

Auch bei Substantiven auf -ät, -ion, -ive sowie auf -ismus sollten Sie vor Gebrauch prüfen, ob sie erforderlich sind. Alle diese Nachsilben verwenden wir überaus gerne, um aus Adjektiven oder Verben (künstliche) Substantive zu schaffen oder um Substantive künstlich zu verlängern. **Weg damit!** Wer durch **Nachsilbenchinesisch** Substantivmonster in Umlauf bringt, löst zumeist eine Kettenreaktion aus, die fast zwangsläufig in einem **Bürokratensatz** mündet: „-heit, -keit, -ung → vollzog sich / wurde vorgenommen / erfolgte → durch". Ergo: Schreiben Sie nicht „Die Prüfung der Sicherheit des Produkts erfolgt durch den Techniker."; lassen Sie ihn einfach Subjekt sein und „prüfen, ob das Produkt sicher ist".

Betrachten wir abschließend drei Beispiele aus wissenschaftlichen Arbeiten von Studierenden.

Beispiele

(1) „Diese soll es ermöglichen, eine Abgrenzung zwischen den aufgeführten Begriffen durch den Autor zu ermöglichen."

Was war geschehen? Indem er „abgrenzen" substantivierte, entledigte sich der Autor seines wichtigen Verbs. Da er Ersatz benötigte, griff er auf „ermöglichen" zurück – und dies gleich zweimal! Überdies verdrängte er mit seinem „Nominalbau" das eigentliche Subjekt des Satzes (sich selbst) von seinem angestammten Platz – mithilfe von „durch" brachte er sich dann wieder ins Spiel. Ohne Substantivierung hätte sich der Diplomand wesentlich leichter getan. So wäre u.a. folgende Variante möglich gewesen: „Ziel des Autors ist es, die zu diskutierenden Begriffe in einer Synopse abzugrenzen."

(2) „Die Erzielung von Preisvorteilen durch das Unternehmen wurde möglich durch ..." → „Das Unternehmen kann beim Einzelhandel höhere Preise durchsetzen, weil es ..."
Der zweite Satz(-teil) ist ebenso lang wie der erste, aber informativer.

(3) Der Satz „Das Magazin bietet die Möglichkeit der Mitgestaltung der Clubmitglieder durch persönliche Erfahrungsberichte." ergibt sprachlogisch keinen Sinn.

Wenn man aber auf einige Substantive verzichtet, lässt sich ein genießbarer und unmissverständlicher Satz formulieren: „Auch Clubmitglieder dürfen das Magazin mitgestalten, bspw. indem sie darin über ihre Erfahrung mit dem Produkt berichten."

6.2.2.2 Ein konkretes Substantiv für einen konkreten Sachverhalt

Wer den Unterschied zwischen Lizenzvergabe und Franchising oder zwischen Strategischer Allianz und Joint Venture nicht kennt, freut sich, dass es den Begriff Markteintrittsstrategie gibt. Abstraktion ist äußerst bequem, da sie es dem wenig detailverliebten Autor erspart, weitergehende Information zu beschaffen. Sie ist aber auch alles andere als wissenschaftlich; denn **Präzision** gehört zu den wesentlichen Anforderungen, die man an einschlägige Arbeiten stellt. Im Übrigen sind abstrakte Begriffe auch weniger anschaulich.

Verwenden Sie deshalb **konkrete** Substantive statt abstrakter (Ober-) Begriffe. Schreiben Sie bspw.
- nicht *Sitzgelegenheit* oder *Baum*, wenn Sie *Stuhl* bzw. *Tanne* meinen,
- nicht *Markteintrittsstrategie*, wenn Sie das *Exportverhalten* von Unternehmen betrachten,
- nicht *Investitionsverhalten*, wenn Sie sich mit *Portfolioinvestitionen* beschäftigen,
- nicht *Studie*, wenn Sie eine *schriftliche Befragung* durchgeführt haben,
- nicht *Unternehmen*, wenn Sie sich speziell mit *klein- und mittelständischen Betrieben* auseinandersetzen.

Vergleichbares gilt für abstrakte, nichtssagende, metasprachliche Begriffe wie *Aspekte*, *Dinge* und *Punkte* („Mir geht es dabei vorrangig um drei Aspekte / Dinge / Punkte: …"). Diese sind sehr unspezifisch und lassen sich problemlos durch das ersetzen, was Sie konkret sagen wollen, nämlich *Einflussfaktoren*, *Probleme*, *Forschungsfragen* usw.

6.2.2.3 Zu Ihrer Rückerinnerung ein Testversuch als Gratisgeschenk: keine pleonastischen Substantive!

Verlängern Sie Ihre Sätze nicht durch sog. **pleonastische Substantive**, z.B. Unkosten, Kostenaufwand oder Rückantwort. Es genügt, wenn Kosten anfallen oder Sie eine Antwort geben. Auch Ihre Initiative ist genauso viel wert wie Ihre Eigeninitiative. Eine „Win-win-Situation für beide Seiten" ist gleichfalls doppeltgemoppelt; ansonsten wäre es eine „Win-lose-" oder eine „Lose-lose-Situation". Weitere Beispiele finden sich auch hier zuhauf; eine „kleine selektive Auswahl" gefällig?

- ABM-Maßnahmen (ABM = Arbeitsbeschaffungsmaßnahmen)
- Ausgangsvoraussetzungen
- Auslandsexport (Kann man ins Inland, d.h. in sein eigenes Land, exportieren?)
- Außenfassade
- der Einzigste
- Einzelindividuum (Gibt es ein „Gruppenindividuum"?)
- Endergebnis
- Frontlinie
- Frühpionier
- Fußpedal
- Glasvitrine
- Gratisgeschenk
- Grundprinzip / Grundkonzept
- GUS-Staaten (GUS = Gemeinschaft Unabhängiger Staaten)
- Mitbeteiligung
- Rückerinnerung
- Rückerstattung
- Sanddüne
- Testversuch
- Volksdemokratie
- Vorderfront
- Zukunftsperspektiven / Zukunftspläne (Kann man Pläne für die Gegenwart oder gar für die Vergangenheit schmieden?)
- Zukunftsprognosen

Auch zahlreiche „aneinandergeleimte" Substantive liefern redundante Information (redundare; lat. = im Überfluss vorhanden sein), vorzugsweise dann, wenn sie enden mit
- -prozess (z.B. Steuerungsprozess),
- -verlauf (z.B. Heilungsverlauf),
- -ablauf (z.B. prozessuale Verfahrensabläufe),
- -verfahren (z.B. Personalausleseverfahren),
- -effekt (z.B. Endeffekt; Agglomerationseffekt),
- -funktion (z.B. Selektionsfunktion) oder
- -entwicklung (z.B. Lärmentwicklung)

(um nur einige zu nennen).

Nehmen wir das Beispiel *Internationalisierung*: Da bereits die Wortendung „ierung" den **prozessualen Charakter** einer bestimmten Tätigkeit verdeutlicht (hier = internationalisieren), ist der Informationsgehalt von *Internationalisierungsprozess* und *Internationalisierung* identisch. Auch Interaktions*prozesse*, Informationsverarbeitungs*prozesse* oder Lektüre*prozesse* sind doppelt gemoppelt – es sei denn, Sie sind der Auffassung, dass sich während der Interaktion, der Informationsverarbeitung oder der Lektüre nichts tut (procedere; lat. = vorwärtsschreiten; vorrücken).

6.2.2.4 (Wort-)Blähungen der besonderen Art
Wortblähungen entstehen u.a. dadurch, dass ein aussagekräftiges Substantiv um ein Hauptwort erweitert wird, welches letztlich aber keine zusätzliche Erklärungskraft verleiht (z.B. Beratungs„projekt"). Zu allem Überfluss erscheinen diese imposanten Wortgebilde dann zumeist auch noch im Plural (z.B. Bedeutungsinhalte, Operationalisierungsaspekte).

Beliebt sind auch Worterweiterungen mit *Bereich, Kreis, Gebiet, Sektor, Umfeld, Ebene, Raum*. Hier einige **Worthülsen**, die sich mittlerweile zu veritablen „Problembereichen" entwickelt haben:
- Kreis: Wirtschaftskreise, Unternehmenskreise, Bankenkreise, Problemkreis, weite Kreise der Bevölkerung (was ist ein „weiter" Kreis?), gut unterrichtete Kreise
- Bereich: Wirtschaftsbereich, Unternehmensbereich, Industriebereich, Werbebereich, Bankenbereich, F&E-Bereich, Themenbereich, im Bereich der Wirtschaft, im Bereich der Werbung, wissenschaftlicher Bereich, unternehmerischer Bereich, technischer Bereich, sprachlicher

Bereich, Erziehungsbereich / erzieherischer Bereich
* Raum: im politischen Raum, Erfahrungsraum
* Sektor: kommunaler Sektor, landwirtschaftlicher Sektor, Bankensektor.

Begnügen Sie sich mit Banken, Kommunen, (Land-)Wirtschaft, Unternehmen, F&E, Erziehung usw. Das genügt vollkommen.

Auch die mit der Endung „-nahme" aufgeblähten Substantive lassen sich i.d.R. problemlos **kürzen** und **präzisieren**, z.B.
* Einflussnahme (z.B. Einflussnahme ausüben → beeinflussen),
* Einblicknahme / Einsichtnahme (z.B. Einsichtnahme der Akten vornehmen → die Akten einsehen),
* Inangriffnahme (z.B. „Das Unternehmen hat die Inangriffnahme des Projekts für 2009 geplant." → „Das Unternehmen will das Projekt 2009 starten."),
* Inanspruchnahme (z.B. „Die Inanspruchnahme der Zuwendung ist ausschließlich Sozialhilfeempfängern gestattet." → „Ausschließlich Sozialhilfeempfänger haben Anspruch auf die Zuwendung."),
* Zuhilfenahme (z.B. unter Zuhilfenahme von … → mit …).

Fraglos werden Sie in Ihrer wissenschaftlichen Arbeit auch das ein oder andere Substantiv mit den hier an den Pranger gestellten Endungen benötigen; es soll deshalb nicht der Eindruck entstehen, dass alle so gebildeten Wörter entbehrlich wären. Dennoch spricht einiges dafür, sie **wohldosiert** einzusetzen (vgl. Schneider 2006, S. 63):
(1) Durch ein Übermaß an Hauptwörtern, wie wir sie soeben behandelt haben, wird Ihr Text abstrakt, blass – und grundlos länger.
(2) Wer Substantive häuft, verschlechtert den Stil und erschwert damit letztlich die Verständlichkeit des Textes; außerdem klingen die entsprechenden Sätze zumeist äußerst unerfreulich – in bestem Bürokratendeutsch und im Rhythmus eines ergrauten Ackergauls.

Wetten, dass man den folgenden Satz von seinem Ballast befreien kann? Versuchen Sie's!

Beispiel
„Unter Zuhilfenahme von Kollegen aus dem skandinavischen Raum haben deutsche Vertreter aus dem Consultingsektor im Bankenumfeld

sowie in weiten Kreisen der Bevölkerung verschiedene ökonomische Problembereiche entdeckt."

Verlängern Sie Substantive auch nicht dadurch, dass Sie ohne Not den **Plural** gebrauchen. Im Regelfall genügt nämlich der Singular – auch wenn uns Wörter wie Effekte, Kompetenzen, Ansprüche, Befürchtungen, Unterstellungen, Gerüchte, Vorwürfe und Sachverhalte bisweilen leichter von den Lippen gehen. Fast schon zwanghaft wird Nomen um Nomen im Plural verwendet. Warum von Struktur, Inhalt, Technologie oder Kapazität sprechen, wo doch Strukturen, Inhalte, Technologien und Kapazitäten wesentlich eindrucksvoller klingen – aber nicht mehr ausdrücken. Manch einer erfreut sich auch an Aktivitäten und Symptomatiken. Auch das schlichte Problem soll nicht einfach „nur" zur Problematik werden, zum Problemfeld oder zum Problemkomplex – nein: Es sollten schon Problematiken sein (vgl. hierzu auch Schneider 2006, S. 83). Belassen Sie es bei einem Informationsdefizit; dieses ist im Singular genauso groß (oder klein) wie im Plural. Beliebt sind auch Wörter, für die es gar keine Mehrzahl gibt, z.B. *die Alternativen*; denn *die Alternative* meint die – einzige bestehende – andere Möglichkeit, welche man bei einer Entscheidung hat. Wer in diesem Fall den Plural benötigt, muss auf ein anderes Wort ausweichen, z.B. die *Optionen*.

6.2.2.5 Das Substantivaneinanderreihungsproblem

Als Kinder amüsierten wir uns über die Donaudampfschifffahrtskapitänsehefrau. Gewiss ließe sich auch dieses Wortmonstrum noch um das ein oder andere Nomen erweitern; denn es ist ein Fluch der deutschen Grammatik, dass sie nachgerade dazu einlädt, Substantive zu Hauptwortpaketen zusammenzuschnüren. Diese sind zwar äußerst praktisch, häufig aber auch schwer verständlich, zumeist nicht eindeutig und selten logisch (vgl. Schneider 2006, S. 21). Wenn ein Autor bspw. von den „Anwendungsmöglichkeiten dieser Regel" schreibt, so meint er natürlich nicht die „Möglichkeiten dieser Regel", sondern die Möglichkeiten, diese Regel anzuwenden. Auch der Satz „Unternehmen bevorzugen eine einheitliche länderübergreifende Kommunikationsstrategie" ist letztlich das Ergebnis der **Substantivierungswut** – und „schief"; denn nicht die Strategien sind länderübergreifend, sondern die Kommunikation. Korrekt muss es demnach lauten: „Unternehmen bevorzugen eine einheitliche Strategie der länderübergreifenden Kommunikation". Nicht zuletzt alte Studien- und Diplomarbeiten bieten einen reichhaltigen Schatz an schlechten Beispielen – die so gesehen wieder ihr Gutes haben.

Beispiele

(1) Seit Anfang der Neunzigerjahre lässt sich eine rückläufige Spartätigkeit der privaten Haushalte in Deutschland beobachten.

→ Da nicht die „Tätigkeit" der privaten Haushalte rückläufig ist, sollte man den Satz umstellen. „Seit Anfang der Neunzigerjahre verringert sich die Sparquote der deutschen Privathaushalte." – und schwupps ist der Satz nicht nur eindeutig, sondern auch kürzer und um ein Adjektiv ärmer.

(2) kritische Ereignismessung

→ Nicht die Messung ist kritisch; der Autor meinte vielmehr das „Verfahren zur Erfassung kritischer Ereignisse" („Critical incident method") – eine Methode zur Analyse der Kundenzufriedenheit.

(3) „die menschliche Bedürfnisveränderung"

→ Es geht nicht um menschliche Veränderung, sondern um die „Veränderung der menschlichen Bedürfnisse".

Mit dem „Substantivaneinanderreihungsproblem" eng verknüpft ist die übermäßige Verwendung des Bindestrichs (= ‚divis') – nicht zu verwechseln mit dem (längeren) Gedankenstrich. Der Bindestrich ist u.a. dann angebracht, wenn derart viele Substantive aneinandergereiht werden, dass **Lesbar-** und **Verständlichkeit** darunter leiden (vgl. Sick 2004, S. 71ff.). Dies ist i.d.R. bei Wortketten mit mehr als 30 Buchstaben der Fall, z.B. Aktiengesellschaftsanteilseigner-Treffen oder eben Donaudampfschiff-fahrtskapitäns-Ehefrau. Mittlerweile hat es sich jedoch eingebürgert, den Bindestrich auch dann einzusetzen, wenn er **nicht angemessen** ist. „So entstehen zerrupfte Gebilde wie Atom-Krieg, Jahrhundert-Flut, Gedenk-Veranstaltung und Ausnahme-Zustand: Wortzusammensetzungen, die nur noch Wort-Zusammensetzungen sind. Selbst Miniwörter werden noch zu Mini-Wörtern zerbindestricht: Partei-Tag, Spar-Plan, Golf-Platz, Seh-Test. Der Bindestrich wird dabei seinem Namen immer weniger gerecht; denn er trennt mehr, als dass er bindet. Deshalb heißt er in der Druckersprache wohl auch Divis" (Sick 2004, S. 72).

Allerdings sollten Sie den Bindestrich nur dann verwenden, wenn Sie **Klarheit** schaffen wollen, d.h. z.B. ein Missverständnis vermeiden oder einen wichtigen Wortbestandteil hervorheben. Er erfüllt in erster Linie „die Funktion einer Lesehilfe. Bei Zusammensetzungen mit Fremdwörtern gilt: Der Bindestrich dient zur Hervorhebung des Unbekannten, Unerwarteten, Ungewöhnlichen. Für viele deutschsprachige Menschen sind Wörter wie Computer, Internet und online heute nichts Ungewöhnliches mehr, sodass sie in Zusammensetzung wie Computerbranche, Internetfirma und Onlinedienste auf den Bindestrich verzichten. Dies entspricht durchaus dem Prinzip der deutschen Sprache: Wortzusammensetzungen, die sich bewährt haben, werden als ein Wort geschrieben. Zusammensetzungen mit Fachfremdwörtern, die noch keinen festen Platz im deutschen Wortschatz haben, dürfen/sollten gekoppelt werden: Remote-Rechner, Viren-Patch, Consulting-Unternehmen" (Sick 2004, S. 75).

6.2.2.6 Geeignete Synonyme statt Wortwiederholungen

Ernst R. Hauschka meinte einmal: „Das Lesen im Bett zeugt von völliger Hingabe an die Kunst: Man überlässt es dem Dichter, wann man einschläft." Diese Aussage gilt auch für wissenschaftliche Arbeiten. Zu den wirkungsvollsten Schlafmitteln gehören Wortwiederholungen; wer schon einmal Diplomarbeiten oder andere wissenschaftliche Werke gelesen oder gar korrigiert hat, weiß, wie ermüdend und langweilig es sein kann, wenn in einem Absatz (oder gar Satz) mehrmals *machen*, *wurde* oder bspw. *geworden ist* steht. Lullen Sie Ihre Leser nicht ein – schreiben Sie **variantenreich**! Wer in einem Text häufig *der Meinung ist*, kann auch mal *der Auffassung sein* oder *die Auffassung vertreten* (vgl. zum Folgenden Schneider 2006, S. 139f.). Wer darüber schreibt, wie englische Begriffe auf Deutsch *heißen*, kann der Abwechslung halber auch mal darlegen, was sie *besagen* oder *bedeuten*. Auch *überdies*, *außerdem* und *ferner* kann man wechselweise gebrauchen; dasselbe gilt für *obwohl*, *obgleich*, *obzwar* und bspw. *obschon*. Und wer eine längere Passage im Plusquamperfekt verfasst, sollte regelmäßig zwischen den beiden einzigen dann noch denkbaren Optionen variieren: *hatte gehabt* und *war geworden* – wobei man die Verben plausiblerweise so auszuwählen hat, dass sie diesen Wechsel auch ermöglichen.

Sowohl der Duden („Sinn- und sachverwandte Wörter") als auch die Funktion „Thesaurus" von Microsoft Word unterstützen Ihr Bemühen um Vielfalt. Dennoch sollten Sie bei der Suche nach geeigneten **sinnverwand-**

ten Begriffen mit Bedacht vorgehen – zumal der Vorrat wesentlich geringer ist als man meint; bei genauer Betrachtung sind viele (vermeintliche) Synonyme allenfalls Verwandte zweiten oder dritten Grades.

Variantenreichtum zeigt sich im Übrigen **nicht** darin, dass Sie

- auf **Pseudolösungen** ausweichen (z.B. Esel → Grautier, Lasttier; Elefant → Dickhäuter, Rüsseltier),
- Begriffe **aufblähen** (z.B. Ziel → Zielsetzung; Maßnahmen → Maßnahmenkatalog),
- auf die entsprechenden **Fremdwörter** (v.a. Anglizismen) zurückgreifen (z.B. Kundenzufriedenheit → „Customer satisfaction"; Markteintrittsstrategie → „Market entry strategy").

Das Prinzip „Variantenreichtum" **gilt auf keinen Fall**, wenn Sie **Hauptsachen** beschreiben, d.h. die entscheidenden Begriffe Ihrer Arbeit. Beispielsweise lässt es sich nicht vermeiden, dass Sie in einer Arbeit über Direktinvestitionen diesen **Terminus technicus** mehrfach verwenden. Hier greift die Regel: Wer **dieselbe Sache** meint, muss sie mit **demselben Wort** bezeichnen, da es einen spezifischen Umstand konkret benennt (und verschiedene Wörter i.d.R. auch eine zumindest leicht unterschiedliche Bedeutung haben):

- Lebensqualität ersetzt nicht Zufriedenheit oder Glück.
- Profit hat einen anderen Bedeutungsumfang als Gewinn.
- Aufwand ist nicht dasselbe wie Auszahlung, Ausgabe oder Kosten, Ertrag nicht identisch mit Einzahlung, Einnahme oder Erlös.
- Distributionspolitik ist etwas anderes als Vertrieb (oder gar Verteilung).

Globalisierung ist nicht identisch mit Internationalisierung; wenn Sie sich mit dem Thema „Internationalisierung / Globalisierung" beschäftigen und deshalb den Unterschied zwischen beiden Begriffen herausarbeiten wollen, so wäre es **irreführend** und **unsinnig**, beide Pfeiler auch nur ein einziges Mal durch verwandte Begriffe zu ersetzen oder gar wechselseitig zu verwenden. Das Gebäude Ihrer Argumentation würde unweigerlich einstürzen.

Und wer sich mit dem Thema „Strategische Konzepte der Internationalisierung" auseinandersetzt, sollte die **zentralen** Konstrukte (v.a. Markteintrittsstrategie und Internationalisierungsstrategie) keinesfalls synonym verwenden; denn gerade zur Beantwortung der aufgeworfenen Frage ist es wichtig zu unterscheiden, dass beide Begriffe zwar eine überlappende, aber nicht dieselbe Bedeutung haben.

Wer zwischen mehreren Wörtern variiert, zwingt seine Leser nachgerade dazu, sich darunter eine andere Sache vorzustellen und lässt sie fälschlicherweise glauben, dass verschiedene Wörter dieselbe Sache benennen können. Sprachliche Variabilität kann dann sogar schaden. Tipp: Anstatt Wörter zu wiederholen oder nach Synonymen zu suchen, sollten Sie Ihren Text so **gestalten**, dass Sie quasi **spielerisch** auf die ein oder andere Wortwiederholung verzichten können.

Beispiel
Die **Markt**eintrittsstrategien der Unternehmen für den ungarischen **Markt** sind unterschiedlich.
→ besser: Unternehmen entwickeln unterschiedliche Strategien, um den ungarischen Markt zu betreten.

Abschließend sei an einer Seminararbeit (Auszug) zum Thema „Standardisierung der Marketinginstrumente: Voraussetzungen, Möglichkeiten, Probleme" beispielhaft dargestellt, wie man auf den zentralen Begriff (= „Standardisierung") weitgehend verzichten kann.

Beispiel
„Um die **Standardisierung** der Marketinginstrumente durchzuführen, gibt es generell zwei Ansätze: die Marketing-Prozess-**Standardisierung** und die Marketing-Programm-**Standardisierung**. Die Programm**standardisierung** findet unter den Firmen seit etwa zehn Jahren großen Anklang, wohin gegen die Prozess**standardisierung** kaum verfolgt und eingehend untersucht sowie beschrieben wird, obgleich dieses Verfahren angesichts erheblicher Probleme und behindernder Rahmenbedingungen der Programm**standardisierung** womöglich bessere und erfolgsträchtigere Aussichten bieten kann."

Anmerkung
Das Substantiv „Standardisierung" kommt gleich **sechsmal** in zwei Sätzen vor.

Verbesserungsvorschlag

Standardisierungspotential besitzen nicht nur die sog. Marketingprogramme; angesichts der mit der Vereinheitlichung der Marketinginstrumente verknüpften Probleme halten viele Wissenschaftler und Praktiker die Bereiche Information und Planung für leichter standardisierbar als Kommunikations-, Distributions- und Preispolitik; lediglich die Produktpolitik wird davon ausgenommen (vgl. Bolz 1992, S. 67).

6.2.2.7 Männliche und / oder weibliche Ausdrucksform?

In den 1980er-Jahren begann „man / frau" damit, die deutsche Sprache zu „entmännlichen", ohne indes zur Kenntnis zu nehmen, dass es sich bei den Sammelbegriffen (z.B. Arbeitgeber, Bürger, Unternehmer) um das sog. **Genus** des Wortes (= Fall) handelt. Dieses darf man jedoch nicht mit dem **Geschlecht** der bezeichneten Personen verwechseln. Sick (2004, S. 171f.) hat zahlreiche Beispiele zusammengetragen, die geeignet sind, über Sinn und Unsinn dieser Art der „Entmännlichung" nachzudenken; „denn wer genau hinsieht, muss feststellen, dass die weibliche Form längst nicht in allen Zusammenhängen angewendet wird. Kann man/frau das durchgehen lassen? Als Bundeskanzler Schröder im Zusammenhang mit dem Thema Dauerarbeitslosigkeit den Begriff ‚Faulenzer' aufbrachte, löste er damit einen Sturm der Entrüstung aus. Allerdings hat sich niemand darüber ereifert, dass er die ‚Faulenzerinnen' unterschlagen hatte. Nicht mal in der ‚taz' gab es Beiträge zur ‚FaulenzerInnen-Debatte'. Hat der Bundestag sich schon jemals mit Steuerhinterzieherinnen und Steuerhinterziehern auseinandergesetzt? Interessiert es wirklich niemanden, wie viele Schwarzfahrerinnen und Schwarzfahrer jedes Jahr erwischt werden? Wo bleiben, wenn die Rede von Sozialschmarotzern und Leistungserschleichern ist, die Sozialschmarotzerinnen und Leistungserschleicherinnen? Sie zu unterschlagen, bedeutet positive Diskriminierung. Und wollte man der Diskriminierung nicht gerade entgegentreten?"

Wer sich dieser Form der „FeministInnenbewegung" anschließen möchte, sollte dies **nicht uneingeschränkt** tun.

- Mit Blick auf Sprache, Ästhetik, Lesbarkeit und Aussprache sind **Artefakte** ungeeignet, die durch ein **großes „I"** Gleichbehandlung herstellen (z.B. ArbeitgeberInnen, BürgerInnen, UnternehmerInnen).

- **Doppelbezeichnungen** wiederum (z.B. „Studentinnen und Studenten", „Arbeiterinnen und Arbeiter") sollten Sie nur insoweit nutzen, als Schreibstil und Lesbarkeit nicht darunter leiden; denn ein Übermaß an derartigen Tandems sorgt leicht für Sprachbarrieren und Verständnisschwierigkeiten.
- Auch **neutrale Formen** (z.B. Arbeitende, Studierende) müssen Sie gezielt verwenden; genau betrachtet ist der Kunstgriff mit dem Partizip auch „ein grammatikalischer Missgriff: ‚Studierend' ist nur, wer im Moment auch wirklich studiert, so wie der Lesende gerade liest und der Arbeitende arbeitet. Ein Leser kann auch mal fernsehen, und ein Arbeiter Pause machen. Der Lesende aber ist kein Lesender mehr, wenn er das Buch aus der Hand legt, und so ist auch der Studierende kein Studierender mehr, wenn er zum Beispiel auf die Straße geht, um gegen Sparmaßnahmen zu demonstrieren" (Sick 2004, S. 171).

6.2.3 Adjektive

6.2.3.1 Misstrauen Sie Adjektiven!

In wissenschaftlichen Arbeiten sind Adjektive mit Vorsicht zu genießen; denn häufig dienen sie lediglich dazu, den Text **künstlich** zu **verlängern** (vgl. zum Folgenden insb. Schneider 2006, S. 48ff.). **Erforderlich** und **erwünscht** sind sie nur dann, wenn man damit zwischen Substantiven **unterscheiden** will, z.B.

- ein deutsches Unternehmen (kein US-amerikanisches, französisches oder britisches),
- ein national tätiges Unternehmen (kein internationales),
- ein teures Produkt (kein billiges).

In allen anderen Fällen sind Eigenschaftswörter folglich **entbehrlich**; bisweilen lassen sie sich durch ein **treffendes** Substantiv ersetzen. Verzichten Sie vor allem in folgenden Fällen auf ein Adjektiv.

(1) In wissenschaftlichen Arbeiten sind **„Edelfüllsel"** (Schneider 2006, S. 48) aus dem Repertoire von Sonntags- und Festrednern tabu, z.B. eklatant, geflissentlich, ungeahnt, unmissverständlich, zukunftsweisend.

(2) Ein Adjektiv ist auch dann überflüssig, wenn es durch die **Zerlegung** eines Substantivs in Haupt- und Eigenschaftswort entsteht (z.B. Wirtschaftsordnung → wirtschaftliche Ordnung; Werbeaktion → werbliche Aktivität). So werden aus Bilanzproblemen „bilanzielle Probleme"; auch wenn ein Unternehmen „Probleme mit der Bilanz" hat (welcher Art auch immer), so sind diese dennoch nicht bilanziell. Schreiben Sie besser ganz konkret, welcher Art diese Schwierigkeiten sind. Vermutlich handelt es sich nämlich um einen Verlust oder Liquiditätsengpass.

Oder nehmen wir „Ausbau der Infrastruktur": Wenn man diesen Ausdruck verknappt – zu „Infrastrukturausbau" –, dann ist es nur noch ein Katzensprung zum „infrastrukturellen Ausbau". Et voilà: Ein neues Wort ist geschaffen. Herzlichen Glückwunsch! Des Öfteren hört und liest man auch von „humanitären Katastrophen"; aber: Kann eine Katastrophe humanitär (= menschlich, wohltätig) sein? Entsorgen Sie derart **unsinnige Wortkombinationen**!

(3) Sinnlos ist es auch, ein aussagekräftiges Substantiv zu einem Adjektiv zu **degradieren**, um anschließend ein inhaltsleeres „Ding", wie *Bereich, Belange, Sektor, Kreise* dranzuhängen, z.B. *im medizinischen Sektor* statt *in der Medizin*. Weitere Beispiele gefällig? Bitte schön:
- verkehrliche Belange, logistische Belange,
- im universitären Bereich, im betrieblichen Bereich, im städtischen Bereich.

Schlimmer noch: Aus *Erziehung* wird zunächst der *Erziehungsbereich*, der schließlich im *erzieherischen Bereich* „verendet".

(4) Bisweilen verursachen auch **Wortschöpfungen** schmerzhafte Blähungen. So wurde aus dem Automobil *automobil* – sodass Hersteller hochwertiger Pkw ihre *automobile Spitzenklasse* besser positionieren konnten. Auch die *informationelle Selbstbestimmung* ist eine Kreation des *medialen Overflow*.

(5) Ungeeignet ist ein Adjektiv auch dort, wo es einem zusammengesetzten Hauptwort **nicht eindeutig zugeordnet** werden kann, z.B. *staatliche Almosenempfänger* (statt Empfänger staatlicher Almosen) oder *medizinische Forschungseinrichtung*. Weitere Beispiele finden sich in Hülle und

Fülle: So ist ein *wirtschaftspolitischer Maßnahmenkatalog* sprachlich ein „wirtschaftspolitischer Katalog für Maßnahmen". Was auch immer dies sein mag – helfen wird es dem Staat nicht; denn dieser bräuchte vielmehr einen „Katalog von wirtschaftspolitischen Maßnahmen" bzw. einen „Katalog von Maßnahmen in der Politik für die Wirtschaft".

(6) Vorsicht auch bei der **Negation**; da sie häufig bereits im Wort selbst steckt (z.B. Manko, Defizit, Fehler, Mangel, Schwäche), führt die Kombination mit einem Adjektiv mitunter zu einer doppelten Verneinung, z.B.
*   fehlerhafter Mangel des Produkts,
*   missglückter Fehlstart,
*   mangelhafte Schwächen in der Produktentwicklung.
Auch wenn sie mündlich häufig als Verstärkung wirken, im Schriftlichen neutralisieren sich doppelte Verneinungen. Belassen Sie es deshalb bei einer Negation (z.B. missglückter Start).

In all diesen Fällen gilt: Bevor Sie ein Eigenschaftswort verwenden, das keine sachliche Information liefert, sollten Sie darauf verzichten. Suchen Sie bspw. nach einem Substantiv, das eine bestimmte Eigenheit bereits umfasst. Vertrauen Sie darauf, dass Ihre Leser die Charakteristika, die Sie mit den Adjektiven beschreiben wollen, Ihrer Argumentation entnehmen können. Bevor Sie ein Eigenschaftswort zu Papier bringen, sollten Sie an den Ausspruch des ehemaligen französischen Ministerpräsidenten Clemenceau denken (der auch Zeitungsverleger war); zu seinen Mitarbeitern soll er einmal gesagt haben: „Bevor Sie ein Adjektiv hinschreiben, kommen Sie zu mir in den dritten Stock und fragen, ob es nötig ist."
  Wer kürzen und prägnant formulieren möchte, fängt folglich am besten beim Ausmisten überflüssiger Adjektive an. Vielleicht hätte auch Utz Claassen dies beherzigen sollen. Für seinen Rückzug von der EnBW 2007 hatte der ehemalige Vorsitzende nämlich „strukturelle, professionelle, persönliche und familiäre Gründe" verantwortlich gemacht. Mag sein, dass er mit diesem „Wortgedusel" die Situation vernebeln wollte – professionell war dieses Statement indessen nicht. Er mag tatsächlich „persönliche Gründe" gehabt haben. Aber: Können Gründe „familiär" sein, d.h. bekannt oder gar vertraut? Wollte er damit womöglich ausdrücken, dass wir alle über die Medien ohnehin irgendwie in seine Geschichte involviert sind? Ich vermute jedoch, er wollte uns arg verkürzt mitteilen, dass auch seine Familie bei der

Entscheidung eine wichtige Rolle gespielt hat. Und vermutlich haben auch die „beruflichen Umstände" seine Entscheidung beeinflusst (gesagt hat er in beiden Fällen aber etwas anderes). Was er mit „strukturellen Gründen" meint, lässt sich nicht erschließen; aber die Leser des Handelsblatts oder der Financial Times Deutschland müssen ja auch nicht alles wissen.

Aussortieren sollten Sie auch die als **Pleonasmen** verpackten Adjektive. Diese behandeln wir in Abschnitt 6.2.3.3.

6.2.3.2 Wählen Sie präzise Adjektive!

Achten Sie darauf, dass Ihre Adjektive einen bestimmten Sachverhalt **präzise** beschreiben:

*   Temperaturen (= Wärmegrade) sind nicht warm oder kalt, sondern – wenn überhaupt – hoch oder niedrig („Das Wetter ist warm.").
*   Preise sind nicht teuer oder billig, sondern – wenn überhaupt – hoch oder niedrig („Die Produkte im Einzelhandelsgeschäft sind teuer.").
*   Geschwindigkeiten sind nicht schnell oder langsam, sondern – wenn überhaupt – hoch oder niedrig („Das Auto fährt schnell.").
*   Das Alter von Konsumenten ist nicht jung (oder alt).

Allerdings sind auch Angaben, wie *hoch / niedrig*, *groß / klein*, *viel / wenig*, *fast / kaum* **äußerst ungenau**; denn deren Bewertung hängt maßgeblich vom Ermessen des Beurteilenden ab: Was ist hoch? Niedrig? Viel? Wenig? Für einen 2,20 m langen Mann mag ein Mensch mit 1,75 m Körperlänge klein sein, für einen Kleinwüchsigen (z.B. 1,30 m) hingegen ist dieser groß. Unscharfe Größenangaben sind nur dann gestattet, wenn konkrete Informationen unter keinen Umständen verfügbar sind. Falls möglich sollten Sie allerdings einen Maßstab oder eine Tendenz angeben, damit der Leser die **eigentliche** Menge **einschätzen** kann, z.B. „Das Unternehmen mit seinen 10 000 Mitarbeitern musste 2006 relativ wenige Mitarbeiter entlassen.". Normalerweise aber sind konkrete Angaben erforderlich, z.B. „2006 entließ das Unternehmen 50 seiner 10 000 Mitarbeiter (= 0,5%).".

Auch in den anfangs genannten Fällen wäre es besser, Temperatur, Preis bzw. Geschwindigkeit zu **konkretisieren** (z.B. 24°C, 2,25 €, 49 km/h), da man sich sonst fragt:

*   Was sind hohe / niedrige Temperaturen?
*   Was ist ein hoher / niedriger Preis?
*   Was ist eine hohe / niedrige Geschwindigkeit?

Vermeiden Sie **diffuse qualitative Aussagen** und Bewertungen (z.B. „sprunghaft gestiegene F&E-Kosten"; „rasante Entwicklung"). Wenn Sie bspw. sagen, etwas sei *rational, ökologisch, ethisch, moralisch* oder *sozial*, dann müssen sie **konkretisieren**, was Sie mit diesen mehrdeutigen Begriffen meinen (z.B.: „Das Unternehmen agiert ökologisch, d.h. es …").

Beispiele

(1) „Es wurden 205 erfolgreiche Interviews geführt."
→ Inwiefern waren die Interviews erfolgreich? Wie lässt sich Erfolg in diesem Zusammenhang definieren? Wurden die Interviewer nicht gleich an der Haustür abgewimmelt? Gilt es nur dann als erfolgreich, wenn die Fragebögen vollständig ausgefüllt wurden?

(2) „Gewinnspiele sind sehr beliebt."
→ Was bedeutet „beliebt"? Bei wem? Wie äußert sich die Beliebtheit konkret? In einer intensiven Nutzung? In einer großen Zahlungsbereitschaft?

(3) „Auffällig ist, dass von den 205 befragten Jugendlichen 92,5% aus den alten und nur 7,5% aus den neuen Bundesländern stammen."
→ Was ist daran „auffällig"? Sie könnten bspw. anhand der Zahlen des Statistischen Bundesamtes (Grundgesamtheit der Jugendlichen in West- und Ostdeutschland) zeigen, dass der Anteil an ostdeutschen Jugendlichen an der Befragung „auffallend gering" ist. Außerdem: Was ist mit „Jugendlichen" gemeint? Bis 18 Jahre? Bis 21? Oder gar noch älter?

Suchen Sie auch nicht nach Adjektiven, um zu **übertreiben** (z.B. enorme Schäden, riesige Lücken, phänomenale Produkte, erhebliche Beträge, immense Summen, gigantischer Boom) oder zu **verallgemeinern**.

Beispiele

(1) „Es wäre fatal, in alle Faktoren gleich viel zu investieren."
→ Warum fatal? Dieser Begriff ist ebenso übertrieben wie unspezifisch. Hängt wirklich das Schicksal des Unternehmens von dieser Entscheidung ab? Wie sieht das Schicksal dann konkret aus? Bankrott? Oder „nur" Verkauf des Unternehmens?

(2) „Die einzige strategische Option besteht darin, dass …"
→ Wirklich die einzige?

(3) „Das Unternehmen befragte alle Kunden."
→ Trifft dies tatsächlich und ausnahmslos auf alle Kunden zu?

Ein Adjektiv kommt in der deutschen Sprache besonders häufig vor: **hoch**:

- hohe Abhängigkeit,
- hohes Risiko,
- hohe Intensität,
- hohe Fähigkeit,
- hohe Nutzung.

Erst neulich konnte ich (musste ich?) in einer Arbeit lesen: „Werden die Grundbedürfnisse der Menschen erfüllt, wächst nach der Theorie Maslows das Interesse, höhere Bedürfnisse zu befriedigen."

- Was aber sind *höhere Bedürfnisse*? Kann ich sie messen? Wenn ja, wie viele Zentimeter beträgt der Abstand zum *nächst höheren Bedürfnis*?
- Haben manche Mitarbeiter internationaler Unternehmen tatsächlich eine *hohe Bereitschaft*, ins Ausland zu gehen? Sind diese nicht einfach *entsendungsbereit* oder *entsendungswillig*?
- Und müssen Kunden wirklich eine *hohe Zufriedenheit* haben? Wäre es tatsächlich weniger präzise, von *sehr zufriedenen Kunden* zu sprechen?
- Oder Sprachkenntnisse: Sind sie *hoch* – oder nicht vielleicht doch *fundiert*?

Sie sehen: Ein verkümmerter Wortschatz schadet dem Stil, mindert die **Präzision der Sprache** und damit die Genauigkeit der **Aussage**. Fragen Sie sich deshalb immer, ob es kein aussagefähigeres Adjektiv als *hoch* gibt oder ob Sie überhaupt ein Eigenschaftswort benötigen. In Abb. 42 finden Sie einige Beispiele, wie Sie „hohe" Adjektive in die Niederungen der deutschen Sprache zurückholen können.

Abb. 42: Möglichkeiten zur Vermeidung des Wortes „hoch"

Beispiel		Verbesserungsvorschlag
hohe Abhängigkeit	→	starke Abhängigkeit
hohe Bereitschaft	→	große Bereitschaft
hohe Kenntnisse	→	fundierte Kenntnisse
hohe Marktdynamik	→	dynamischer Markt
hohe Neigung	→	starke Neigung
hohe Nutzung	→	intensive Nutzung
hohe Wirkung	→	intensive / starke Wirkung
hoher Aufwand	→	großer Aufwand
hoher Spielraum	→	großer / weiter Spielraum
hoher Zeitaufwand	→	großer Zeitbedarf
hohes Bedürfnis	→	ausgeprägtes / starkes Bedürfnis
hohes Marktpotential	→	erfolgversprechendes / großes Marktpotential
hohes Risiko	→	großes Risiko
hohes Volumen	→	großes Volumen

Übrigens: Auch viele der in Abb. 42 beispielhaft dargestellten **Verbesserungsvorschläge** sind lediglich **Notlösungen**; denn zumeist könnte man noch einfacher und präziser formulieren, z.B.

- *er ist sehr abhängig* statt *starke Abhängigkeit,*
- *er ist unter allen Umständen bereit* statt *große Bereitschaft,*
- *es ist sehr zeitaufwendig* statt *großer Zeitbedarf.*

6.2.3.3 Sperren Sie schwarze Raben in die Vogelvoliere!

Pleonastische Adjektive kennt wohl jeder: den alten Greis, die tote Leiche, die lautlose Stille, den runden Kreis, die schwache Brise, die schwere Verwüstung. Im Folgenden finden Sie zahlreiche Beispiele (vgl. hierzu auch Sick 2007, S. 32ff.), die Ihren Blick für die **überflüssige Häufung** sinngleicher oder sinnverwandter Adjektive schärfen sollen (Pleonasmus – griech.; Überfluss, Übermaß):

- andere Alternative
- anfängliche Startschwierigkeiten
- berühmter Star
- dichtes Gedränge
- erste Vorboten
- falsche Illusion
- feste Überzeugung
- fundamentale Grundkenntnisse
- fundamentale Grundvoraussetzungen
- gemeinsame Schnittmenge
- geschiedene Exehefrau
- gezielte Maßnahme
- grundlegendes Fundament
- im augenblicklichen Moment
- in bunten Farben
- internationale Auslandstätigkeit
- interpersonale Kommunikation
- jeweilige Relationen
- kumulative Erfahrung
- langfristige Strategie
- lästiges Ärgernis
- manuelle Handarbeit
- marginale Randerscheinungen
- mehrfacher Multimilliardär
- mögliche Variante
- natürlicher Instinkt
- persönliche Erfahrung / Meinung
- potentielles Risiko
- resultierendes Ergebnis
- runde Kugel
- schwarzer Rappe
- seltene Rarität
- semantische Bedeutung
- situative Gegebenheiten
- spontaner Reflex
- starker Kurseinbruch
- weibliche Kandidatin
- zwischenmenschliche Interaktion

Nachdenken lohnt sich, bevor Sie jemanden vor *vollendete Tatsachen* stellen wollen oder darüber schreiben, dass sich die *konjunkturelle Lage* (Konjunktur = Wirtschaftslage) *dynamisch wandelt* (Gibt es einen „statischen Wandel"? Womöglich in der Politik?).

Der Gipfel des **Unsinns** ist jedoch die *weltweite Globalisierung*, die scheinbar vor nichts und niemandem haltmacht. Was um Himmels willen meint denn *global*, wenn nicht *weltweit*? Oder haben Sie schon mal von der europaweiten, deutschlandweiten oder gar südbadenweiten Globalisierung gehört? Natürlich hat der Begriff der Globalisierung einen sehr großen Bedeutungshof (vgl. hierzu auch Abb. 18, S.100); dennoch geht es bei jeder dieser Abgrenzungen immer um die weltweite (= globale) Perspektive. Also: Bevor Sie diesen und ähnlichen Hirnbrei löffelweise zu sich nehmen und anschließend unverdaut von sich geben, denken Sie besser noch einmal über den (Un-)Sinn der von Ihnen verwendeten Begriffe nach.

6.2.3.4 Adverb ≠ Adjektiv

Nachdem ich im August 2007 in einer Sonntagszeitung folgende Nachricht gelesen hatte, musste ich schrecklich weinen: „Die Bayern traten beim dritten Sieg trotz teilweiser Klasseaktionen von Franck Ribéry nicht ganz so glanzvoll wie zuletzt in Bremen auf." Was mir ins Auge stach und Tränen in die Augen trieb, war allerdings nicht der Sieg des FC Bayern (ich bin Bayern-Fan), sondern das Wort *teilweiser*. Dabei handelt es sich nämlich um ein **Adverb** – ein Umstand, der äußerst bedeutsam ist; denn im Gegensatz zum Adjektiv, welches die Beschaffenheit einer Person oder einer Sache beschreibt, bezeichnet das Adverb die näheren Umstände einer **Tätigkeit**, eines Vorgangs oder eines Zustands. Oder anders formuliert: Ein Adjektiv bezieht sich auf ein Nomen (bisweilen auch auf ein Pronomen), das Adverb hingegen (i.d.R.) auf ein Verb.

> **Beispiele**
> Adjektiv:
> Der fleißige Professor korrigiert Klausuren.
> → Eine Person (hier = Professor) wird näher beschrieben.
>
> Adverb:
> Der Professor korrigiert gewissenhaft die Klausuren.
> → Das Adverb (hier = gewissenhaft) charakterisiert nicht den Professor, sondern liefert nähere Information darüber, WIE er die Klausuren korrigiert. Es bezieht sich somit auf das Verb (hier = korrigieren).

Ein wesentlicher **Unterschied** zwischen Adjektiv und Adverb besteht darin, dass ein Eigenschaftswort unmittelbar vor einem Hauptwort platziert werden kann.

> **Beispiel**
> Das Unternehmen ist multinational und damit ein „multinationales Unternehmen".

Adverbien können sich aber nicht nur mit Verben verbinden, sondern auch mit Adjektiven, Adverbien und auch Nomen.

Beispiele
(1) Adverb mit Verb: Die Mitarbeiter haben zügig gearbeitet.
(2) Adverb mit Adverb: Die Mitarbeiter haben sehr zügig gearbeitet.
(3) Adverb mit Adjektiv: Die Mitarbeiter sind sehr fleißig.
(4) Adverb mit Nomen: Die Mitarbeiter dort sind fleißig.

Adverbien kann man – anders als Adjektive – **nicht beugen**; einige lassen sich jedoch steigern, was plausibel ist; denn manche Umstände können in unterschiedlichem Maße auftreten.

Beispiel
gern, lieber, am liebsten

Gewöhnlich unterscheidet man folgende **Arten** von Adverbien:

(1) **Lokaladverbien** bestimmen den Standort (Frage: Wo? Woher? Wohin?), z.B. bergab, dort, dorthin, draußen, heim, hier, hinein, irgendwo, links, rechts, überall, weg.

(2) **Temporaladverbien** bestimmen die Zeit (Frage: Wann? Bis wann? Seit wann? Wie lange?), z.B. bisher, damals, danach, einst, heute, immer, jetzt, morgen, nachher, noch, später, stets.

(3) **Kausaladverbien** kennzeichnen eine Begründung oder Ankündigung (Frage: Warum? Weshalb?), z.B. daher, darum, dennoch, deshalb, deswegen, folglich, hierzu, nämlich, trotzdem.

(4) **Modaladverbien** bestimmen die Motivation bzw. Haltung des Sprechers zum Gesagten (Frage: Wie? Wie sehr?), z.B. beinahe, genug, gern, kaum, leider, sehr, sogar, sonst, teilweise.

Zu den Adverbien gehören u.a. Wörter, die auf „-weise" enden, wie schrittweise, paarweise, zeitweise, teilweise, abschnittsweise.

Beispiele
Der Prozess vom nationalen zum multinationalen Unternehmen vollzieht sich schrittweise, d.h. es handelt sich um eine langsame Zunahme der Internationalisierung, **aber nicht** um eine „schrittweise Zunahme".

Ebenso wenig gibt es eine „abschnittsweise Sperrung der Autobahn", einen „teilweisen Rückgang der Nachfrage" oder ein „zeitweises Einfrieren der Devisenreserven". Sie finden das kompliziert? Keine Sorge: Den Lapsus „Adjektivierung von Adverbien" findet man mitunter auch in angesehenen Blättern (was die „Qualität" dieses Fehlers jedoch nicht verbessert). So stand in der Frankfurter Allgemeinen Zeitung (vom 31.12.2005): „Dort soll durch schrittweises Vorgehen die westlich-christliche Gesellschaft in eine islamische Gesellschaftsordnung überführt werden." Und am 3. Januar 2008 konnte man in dieser Zeitung lesen: „Drittens gibt es die begründete Hoffnung auf ein zumindest teilweises ‚Recycling' der Petrodollar."

6.2.3.5 Die maximalste Steigerungsstufe ist immer die optimalste! Oder etwa nicht?

Wenn Subjekte oder Objekte nicht gleich sind, muss man den **Unterschied** mithilfe der Sprache verdeutlichen. Eine Möglichkeit besteht darin, Adjektive zu **steigern**, wobei grundsätzlich drei **Steigerungsstufen** in Betracht kommen:

*   Positiv (= Grundstufe),
*   Komparativ (= Vergleichsstufe),
*   Superlativ (= Höchststufe).

Aber Obacht: Nicht jedes Adjektiv kann in der beschriebenen Form gesteigert werden, z.B. *schwanger* oder *weiß*, auch wenn uns die Hersteller von Zahncreme und Waschmittel seit Jahrzehnten einreden wollen, dass es ein „noch weißeres Weiß" gibt.

1. Folgende Eigenschaftswörter lassen sich lediglich **einmal** steigern:
*   äußere → äußerste,
*   hintere → hinterste,
*   innere → innerste,
*   untere → unterste,
*   vordere → vorderste.

2. Nicht gesteigert werden bspw.
*   einmalig   • enorm
*   einzig (z.B. der einzige Kunde)   • ganz

- gleichmäßig
- golden, schwarz, weiß
- himmelweit
- ideal
- maximal (z.B. der maximale Gewinn)
- optimal
- perfekt

- repräsentativ (z.B. repräsentative Studie)
- riesengroß
- signifikant
- steinhart
- tot
- total
- vorurteilsfrei
- zentral

Dennoch finden sich zahllose wissenschaftliche Arbeiten mit Komparativen und / oder Superlativen, obwohl das zugehörige Adjektiv **nicht gesteigert** werden kann. So liest man des Öfteren, dass Kunden in Kaufhäusern wieder *präsenter* seien. *Präsent* aber meint „anwesend". Kann man anwesender sein als anwesend? Auch folgende Ausdrücke gehören (in dieser oder ähnlicher Form) zum Standardrepertoire vieler Studenten; dennoch sind sie falsch – oder anders formuliert: Diese Beispiele sind **„in keinster Weise"** korrekt.

- Für viele Unternehmen ist die Internationalisierung die *einzigste* Strategie, um langfristig zu überleben.
- Broker nutzen beim An- und Verkauf von Wertpapieren *minimalste* Differenzen.
- Aktiengesellschaften versprechen ihren Anteilseignern häufig *maximalste* Gewinne.
- Amerikanische Unternehmen sind stets bestrebt, die *erstklassigsten* Absolventen für sich zu gewinnen.
- Die *einfallsloseste* Strategie besteht darin, den Preis zu senken.
- Manche Befragungsdaten sind viel *valider* und *reliabler* als alle bislang ermittelten Ergebnisse, vor allem dann, wenn die Studie auf „*vorurteilsfreiste Art und Weise*" durchgeführt wurde.

Fallstricke lauern auch, wenn man die aus **Adjektiv** und **Partizip** gebildeten **Attribute** steigern will (vgl. Sick 2004, S. 42ff.). Aus *weit reichenden Maßnahmen* werden dann zunächst *weit reichendere Maßnahmen* und schließlich die *weit reichendsten Maßnahmen*, obwohl es lauten muss: *weit reichend, weiter reichend, weitest reichend.*

6.2.3.6 Sie arbeiten nicht in der Kreativabteilung

Erfinden Sie keine Adjektive. Was im Falle des VfL Bochum (der früher einmal als „unabsteigbar" galt) und der PET-Flasche von Coca Cola („unkaputtbar") noch als Marotte oder Werbegag durchgehen kann, wird mittlerweile zu einer Volkskrankheit. Bar jeder Vernunft wird bei zahlreichen Adjektiven getestet, ob sie bspw. auch in der modernen Form mit „-bar" funktionieren (vgl. Sick 2004, S. 83ff.). Allerdings werden Sie die folgenden Wörter (um nur einige Beispiele zu geben) in keinem Duden finden:

- *akzeptierbar* (statt *akzeptabel*),
- *bewältigbar* (statt zu *bewältigen*),
- *diskutierbar* (statt *diskutabel*),
- *leistbar* (statt *zu leisten*),
- *unaufhaltbar* (statt *unaufhaltsam*),
- *unaufhörbar* (statt *unaufhörlich*),
- *unentbehrbar* (statt *unentbehrlich*),
- *unertragbar* (statt *unerträglich*).

6.2.4 „Simpel = unwissenschaftlich"?
Zum Umgang mit Fachbegriffen, Fremdwörtern und Amerikanismen/Anglizismen

6.2.4.1 Muss man kasuistisch auf ein Kompendium extraordinärer Termini rekurrieren?

Der ein oder andere deutschsprachige Autor greift gerne mal auf (ungewöhnliche) Fremdwörter zurück in dem Irrglauben, seine Arbeit werde erst dadurch zu einem wirklich wissenschaftlichen Werk. Diese Neigung dürfte ein wesentlicher Grund sein, warum man den hierzulande verfassten wissenschaftlichen Texten bisweilen nachsagt, sie seien **schwer verdaulich** oder gar **unverständlich**. Die folgenden Beispiele nehmen dieses deutsche Phänomen aufs Korn:

- Auf dem Areal der pädagogischen Institution unterliegen ballistische Experimente mit kristallinem H_2O striktester Prohibition! (→ Das Werfen von Schneebällen auf dem Schulhof ist verboten!)
- Das Volumen subterraner Agrarprodukte steht in reziproker Relation zur intellektuellen Kapazität der Produzenten. (→ Die dümmsten Bauern ernten die dicksten Kartoffeln.)

- Komplexe Algorithmen werden gegenüber der Applikation relativ primitiver Methoden favorisiert. (→ Warum einfach, wenns auch kompliziert geht.)
- In meiner psychologischen Konstitution manifestiert sich eine absolute Dominanz positiver Effekte für die existente Individualität Deiner Person. (→ Ich liebe Dich.)

Wissenschaftlich arbeiten bedeutet keinesfalls, dass man komplex und unverständlich schreiben und viele Fremdwörter verwenden muss. Formulieren Sie eher kurze Sätze und benutzen Sie eine einfache, präzise Sprache. Sie meinen, was **simpel** klingt, sei **unwissenschaftlich**? Umgekehrt wird ein Schuh draus: Wer kompliziert schreibt, denkt zumeist auch kompliziert. Jedenfalls erliegt einem Trugschluss, wer glaubt, ein „Kompendium spezifischer Termini" sei Ausdruck von „ganz besonders wissenschaftlichem Arbeiten".

Halten Sie sich an die Worte des großen deutschen Philosophen Sir Karl Popper: „Das Schlimmste – die Sünde gegen den Heiligen Geist – ist, wenn die Intellektuellen es versuchen, sich ihren Mitmenschen gegenüber als große Propheten aufzuspielen und sie mit orakelnden Philosophien zu beeindrucken. Wer's nicht einfach und klar sagen kann, der soll schweigen und weiterarbeiten, bis er's klar sagen kann" (Popper 1987, S. 100); denn jede unübliche Bezeichnung mindert **Lesefluss** und **Verständlichkeit** des Textes, was sich letztlich in der Qualität einer Arbeit niederschlägt. Deshalb gilt: Verwenden Sie so wenige Fremdwörter wie möglich und nur so viele wie nötig!

Wissenschaftliche Arbeiten sind **keine Plattform** für Wortschöpfungen oder Kuriositäten des Sprachgebrauchs. Lassen Sie Ihr „Latein für Angeber" und das „English for Runaways" in der Schublade und folgen Sie dem Grundsatz: Weniger ist oft mehr. Nutzen Sie nur dann ein Fremdwort, wenn es

- allgemein verständlich ist oder
- nicht ersetzt werden kann, weil es einen Sachverhalt **anschaulicher** und konkreter beschreibt als sein deutsches „Pendant".

Sofern aber ein gleichwertiges, für alle Leser verständliches Wort zur Verfügung steht, sollten Sie auf das entsprechende Fremdwort verzichten.

- Oder finden Sie die *Konversation* vielsagender als das *Gespräch*?
- Die *Repetition* tatsächlich treffender als die *Wiederholung*?

- Sind *Diskrepanz* oder *Differenz* konkreter als *Unterschied*?
- *Imponderabilien* präziser als *Unwägbarkeiten*?

Entbehrlich sind die meisten Verben auf „-ieren", z.B. instrumentalisieren, problematisieren, prämieren, reflektieren, sondieren, stabilisieren, tabuisieren, thematisieren, verbalisieren. Möglicherweise gehört auch *sensibilisieren* dazu, das Sie in einem der nächsten Abschnitte werden lesen können … Viele dieser **Imponiervokabeln** könnte man durch das entsprechende deutsche Wort ersetzen. Wenn Sie mir nicht glauben, dürfen Sie anhand einschlägiger Quellen gerne *eruieren*, ob meine Aussagen zutreffen oder nicht. Na, schon was *herausgefunden*? Oder *ermittelt*?

6.2.4.2 Fremdwort ≠ Fachbegriff

Wichtig: **Verwechseln** Sie Fremdwörter nicht mit Fachbegriffen! Letztere sind – anders als die eben behandelte Gruppe – **wesentlicher Bestandteil** eines wissenschaftlichen Textes. So kennt man in jeder Wissenschaft eine sog. **„Lingua franca"**. Und dies aus gutem Grund: Fachtermini sind – zumindest in der jeweiligen Disziplin – anerkannt, sodass sich damit ein bestimmter Sachverhalt kurz, prägnant und eindeutig be- bzw. kennzeichnen lässt. Mit Blick auf das Ziel „sparsamer Umgang mit Text" ist es ratsam und sinnvoll, in wissenschaftlichen Arbeiten Fachbegriffe zu verwenden; diese bringen einen komplexen Sachverhalt „auf den Punkt".

> **Beispiele**
> Wortkonstruktionen wie *Benchmarking*, *Shareholder Value*, *Spill over-Effekt* oder *Supply Chain Management* sind durchaus nützlich, da wir vermutlich mehr als eine Zeile bräuchten, um den damit verknüpften Sachverhalt zu umschreiben. Ähnliches gilt u.a. für
> - Awareness advertising
> - Halo-Effekt
> - Efficient Consumer Response (ECR)
> - Stakeholder-Ansatz
> - Trading up
> - Customer Relationship Management (CRM)

Auch **Eigennamen**, wie Conjoint Measurement (= in den USA entwickeltes multivariates Analyseverfahren), Radio Frequency Identification (RFID; = Funkchiptechnik) oder „On line analytical processing" (OLAP; = spezielles Werkzeug zur Analyse von Kundendaten), können – und sollten – Sie in der jeweiligen Schreibweise übernehmen.

Indessen besteht kein Grund, Kundennutzen durch „Customer benefit" oder Produktlebenszyklus durch „Product life cycle" zu ersetzen. Muss ein Unternehmen mit seinen Produkten einen Markt unbedingt „penetrieren" (weil man im Englischen „to penetrate" bzw. „penetration strategy" sagt)? Wäre das deutsche Wort „durchdringen" nicht ebenso treffend?

6.2.4.3 Weitere coole Infos

(1) Die Internetseiten der Süddeutschen Zeitung schreiben Hilmar Kopper folgendes **Kauderwelsch** zu: „Jeder muss im Job permanently seine intangible assets mit high risk neu relaunchen und seine skills so posten, dass die benefits alle ratings sprengen, damit der cash flow stimmt. Wichtig ist corporate identity, die mit perfect customizing und eye catchern jedes Jahr geupgedatet wird!" Leider aber ist der ehemalige Vorstandssprecher und Aufsichtsratsvorsitzende der Deutschen Bank AG kein Einzelfall; denn auch andere Prominente (Manager, Politiker, Unternehmer, Stars usw.), die ja bekanntlich Vorbilder sein sollen, laden derartigen **Sprachmist** gerne in der Öffentlichkeit ab. So meinte die Modeschöpferin Jil Sander in einem Interview mit der Frankfurter Allgemeinen Zeitung (vom 22. März 1996): „Ich habe vielleicht etwas Weltverbesserndes. Mein Leben ist eine giving-story. Ich habe verstanden, dass man contemporary sein muss, das future-Denken haben muss. Meine Idee war, die hand tailored-Geschichte mit neuen Technologien zu verbinden. Und für den Erfolg war mein coordinated concept entscheidend, die Idee, dass man viele Teile einer collection miteinander combinen kann. Aber die audience hat das alles von Anfang an auch supported. Der problembewußte Mensch von heute kann diese Sachen, diese refined Qualitäten mit spirit eben auch appreciaten. Allerdings geht unser voice auch auf bestimmte Zielgruppen. Wer Ladyisches will, searcht nicht bei Jil Sander. Man muss Sinn haben für das effortless, das magic meines Stils." Dieses **Business-Gebrabbel** (oder wie auch immer man die Sprachfetzen nennen mag) ist auf gut Deutsch gesagt ziemlicher Bullshit, den Sie weder in den Mund nehmen, noch aufs Papier schmieren sollten.

Auch wenn Sie es noch so „trendy" finden: In einer wissenschaftlichen Arbeit haben **Modeanglizismen** und andere „coole" englische Begriffe nichts zu suchen! Freilich ist **grundsätzlich** nichts dagegen einzuwenden,

wenn Sie Wörter nutzen, die anderen Sprachen entstammen – vorausgesetzt sie gehören auch zu unserem Wortschatz; zu denken wäre u.a. an *Job*,
Team oder *Eye-catcher* (auf den Sie in diesem Buch auch an anderer Stelle
stoßen werden). Allerdings: *Arbeit* (bzw. *Arbeitsplatz*), *Gruppe* oder *Blickfang* wären nicht weniger geeignet. Nichts spricht indes gegen *Mind maps*
oder *Brainstorming*; denn unter *Gedankenlandkarten* oder *Gehirnsturm*
können sich vermutlich nur wenige etwas Konkretes vorstellen.

(2) Vor allem bei Amerikanismen sollten Sie auf sog. **falsche Freunde** achten, d.h. auf wörtlich übersetzte Begriffe, die nur scheinbar passen (weil sie
eigentlich etwas anderes bedeuten), z.B. (vgl. Sick 2005, S. 89ff.)

- „silicon" = Silizium (nicht: Silikon),
- „billion" = Milliarde (nicht: Billion),
- „sensitive" = sensibel, feinfühlig (nicht: sensitiv).

In den Medien ist häufig von der *Bush-Administration* die Rede; tatsächlich
aber bedeutet das amerikanische „administration" nicht Administration
(= Verwaltung), sondern Regierung, weshalb es – wenn überhaupt – die
Bush-Regierung heißen müsste (vgl. Sick 2004, S. 205). Auch gibt es in der
deutschen Sprache keine *vitale Rolle* („vital role"). Und erst die Modera-
toren von n-tv erfanden während der sog. New Economy Phase den *Ana-
lysten* („analyst"); denn dieser konnte die Gründe für Aktien(ver-)käufe
und für Kursschwankungen offenbar besser erklären als der *Analytiker*,
den die deutsche Sprache schon seit Langem kennt.

(3) Die in Abb. 43 dargestellten Beispiele sollen Sie für unsinniges Ein-
deutschen **sensibilisieren**. Zu den „Klassikern" gehört *Es macht Sinn.* (von
It makes sense.). Korrekt wäre jedoch *Es ist sinnvoll.*; denkbar wäre darüber
hinaus *Das ergibt einen Sinn.*, *Das hat einen Sinn.* oder *Ich sehe einen Sinn
darin.*, um nur einige Beispiele zu geben.

Abb. 43: Beispiele für korrekte Übersetzungen aus dem Englischen

Englisch	Wie es häufig übersetzt wird	Wie es heißen sollte
at the end of the day	am Ende des Tages	letzten Endes, schließlich
What makes the difference?	Was macht den Unterschied aus?	Worin besteht der Unterschied?
It makes sense.	Es macht Sinn.	Es ist sinnvoll.

(wird fortgesetzt)

Englisch	Wie es häufig übersetzt wird	Wie es heißen sollte
I remember the day.	Ich erinnere den Tag.	Ich erinnere mich an den Tag.
I met him.	Ich traf ihn.	Ich traf mich mit ihm.
I think he is right.	Ich denke, dass er recht hat.	Ich meine, dass er recht hat.
not really	nicht wirklich	eigentlich nicht
once more	einmal mehr	wieder einmal
in 2007	in 2007	2007 / im Jahre 2007
that means	das meint	das bedeutet

Quelle: auf der Basis von Sick (2004, S. 49f.); ergänzt.

Vergleichbare Übersetzungsfehler finden sich zuhauf. Mit *rights and responsibilities* sind nicht *Rechte und Verantwortlichkeiten* gemeint, sondern *Rechte und Pflichten*. Zu denken wäre auch an das Verb *realisieren*, „das auf Deutsch lange Zeit nur ‚verwirklichen' hieß und neuerdings laut Duden auch die im Englischen übliche Bedeutung ‚begreifen', ‚sich einer Sache bewusst werden' haben kann. Dass an der Börse Gewinne realisiert werden, ist lange bekannt, denn die Wirtschaft kennt ‚realisieren' als Fachterminus für ‚in Geld verwandeln'; aber neu ist, wenn der Sieger eines Radio-Quiz gefragt wird, ob er seinen Gewinn von 18 000 Euro denn schon realisiert habe? Oder wenn eine Schwimmweltmeisterin nach ihrem dreifachen Triumph in Barcelona im Fernsehen verkündet, sie könne ihre Siege noch gar nicht realisieren, obwohl ihr die Medaillen bereits um den Hals hingen. Und dann dieser tragische Fall aus Vorarlberg, auf www.orf.at vermeldet: Da war von einer geistig verwirrten Frau die Rede, die neben ihrem toten Mann im Bett lag und die „aufgrund ihrer Krankheit nicht in der Lage" war, „den Tod zu realisieren". Wohin das noch führen soll? Womöglich zu neudeutschen Drehbuchtexten wie diesem: „Wie bitte, dein Mann betrügt dich mit deiner besten Freundin? Das realisier ich einfach nicht! Das macht doch irgendwie total keinen Sinn!" (Sick 2004, S. 50).

Auch das heute so populäre *Netzwerk* ist letztlich das Ergebnis sinnlosen Nachäffens eines englischen Vorbilds; denn auf Englisch heißt Netz nicht „net", sondern „network" – was nachgerade dazu einlud, dieses Wort ins Deutsche zurückzuübersetzen (vgl. Schneider 2006, S. 110f.). So sind wir hierzulande nun in der überaus glücklichen Lage, mit zwei Begriffen ein und dasselbe ausdrücken zu können: Schwafler sagen Netzwerk,

Wortökonomen Netz. Einen ähnlichen Werdegang wie Netzwerk nahm das Wort *Technologie* (Technik → „technology" → Technologie). Auch *Aktivität„en"*, die auf Deutsch unsinnig sind (denn *Aktivität* meint „die Summe aller Handlungen"), entstammen dem **Rückübersetzungswahn** (Aktivität → „activities" → Aktivitäten).

6.2.5 Präpositionen

Auch Präpositionen werden häufig falsch verwendet, z.B. *um* und *über*. Hier einige wenige Beispiele (vgl. Sick 2004, S. 117f.).

- Auseinandersetzung über
- Beratungen über
- Debatte über
- Diskussion über
- Gespräch über
- Konflikt über (bei geteilter Meinung)
- Konflikt um (bei Besitzanspruch)
- Mutmaßungen über
- Nachdenken über
- Spekulation über
- Streit über (bei geteilter Meinung)
- Streit um (bei Besitzanspruch)
- Vermutung über
- Verwirrung über
- Wirrwarr um

Fehler treten häufig beim Gebrauch von *meines Wissens* (m.W.) auf, das **ohne** die Präposition *nach* verwendet wird; dasselbe gilt für *meines Erachtens* (m.E.). Hingegen steht *nach* bspw. bei *seiner Meinung nach, seinem Urteil nach* oder *dem Vernehmen nach*.

6.2.6 Hinweise zur Wortwahl

6.2.6.1 Nicht journalistisch, nicht salopp

Drücken Sie das, was Sie sagen, beschreiben oder erklären wollen, möglichst **konkret** aus und schreiben Sie in einem **leserfreundlichen** Stil. Dies wird Ihnen allerdings nicht gelingen, wenn Sie **journalistisch**, **umgangssprachlich** oder etwa **plakativ** formulieren.

Kein Stil à la BILD-Zeitung

Lassen Sie sich beim Schreiben Ihrer wissenschaftlichen Arbeit nicht von

Überschriften und Ausdrücken aus Zeitungen und Zeitschriften anstecken. Dort liest man
- von der *Jahrhundertflut,*
- von der Steuerreform, die der Bundesregierung Milliarden *in die Kasse gespült* hat oder
- vom Sturm, der die Bäume *wie Streichhölzer umgeknickt* hat.

Zeitschriften und Boulevardblätter verwenden diese und ähnliche Begriffe zwar häufig; dies ist aber kein Grund, sie ohne besonderen Anlass und kritiklos zu übernehmen. Denn Sätze und Überschriften à la BILD-Zeitung sind i.d.R. missverständlich, „verbraucht" und außerdem viel zu reißerisch. In einer wissenschaftlichen Arbeit sind sie fehl am Platz. Auch Modewörter (z.B. hochkarätig, spektakulär, optimal) helfen Ihnen nicht weiter. Anbei einige Beispiele, denen Sie in Ihrer Arbeit NICHT nacheifern sollten (vgl. hierzu z.B. auch Disterer 2007, S. 167ff.).

- Auf den Internetzug aufspringen
- China: die verlängerte Werkbank Deutschlands
- Das Marktpotential ist noch lange nicht am Ende.
- Das unaufhaltsame Sterben der Kleinbäckereien
- Daten per Knopfdruck verarbeiten
- Denkbar einfach erschien die Möglichkeit, ...
- Der Kunde ist König!
- Die Gewinne der Unternehmen sprudeln wieder.
- Die Idee der Euromarke ist auf den ersten Blick einfach wie genial: Der Marketer ...
- Die Maßnahmen zur Reorganisation der Prozesse verschlingen hohe Kosten.
- Die Vorteile der sog. Euromarken scheinen in der Theorie über jeden Zweifel erhaben.
- Die Wichtigkeit des Marketingkonzeptes liegt auf der Hand: Nur wenn ...
- Die Banken beklagen drastische Kundenabwanderungen.
- Kundenfreundlichkeit wird großgeschrieben.
- Osteuropa liegt direkt vor unserer Haustür.
- Amerikanische Unternehmen heuern in Indien Personal an.
- Riesenmarkt China

204 Wissenschaftlich schreiben leicht gemacht

Vermeiden Sie derartige Passagen: Sie sind weder originell noch anregend und haben überdies nur eine sehr geringe Aussagekraft.

Werfen Sie Floskeln in die Mülltonne!
Nichts ist langweiliger als ein ausgelutschtes Nimm 2-Bonbon. Die weiche Füllung ist raus und Vitamine sind auch keine mehr drin (wenn je welche drin waren). Wer in Schablonen schreibt, muss in Kauf nehmen, dass seine Leser ebenso über die leer gedroschenen Phrasen rennen wie der Verfasser.

- Empfänge sind *eher* langweilig und die Angebetete, deren Eltern *stinkreich* sind, sieht immer *echt* gut aus – und *absolut unvergleichlich.*
- Bei Fußballspielen ist ein null zu null für die schwächere Mannschaft immer *schmeichelhaft* und ein Hattrick in einer Halbzeit *lupenrein.*
- Im Unfallbericht *rast* ein Auto in die Menschenmenge und stets sucht die Polizei *fieberhaft* nach Ganoven, die bei *stockfinsterer* Nacht eingebrochen sind und am Tatort *keinerlei* Spuren hinterlassen haben. Doch *schlussendlich* liegt der Kommissar mit seiner Vermutung dann doch *goldrichtig,* sodass er *last but not least* die Einbrecher schnappt.
- Teilnehmerzahlen *brechen alle Rekorde,* Kunden werden regelmäßig *übers Ohr gehauen* und Steuerzahler *zur Kasse gebeten.*
- Beschlüsse des Managements sind *unumstößlich* und erfolglose Manager *weg vom Fenster.*

Verzichten Sie auf derart abgewetzte Floskeln – auch wenn diese (bildhaften) Redewendungen mittlerweile literaturfähig geworden sind. Abschließend einige weitere Beispiele:

- am Puls der Zeit
- bitterer Ernst
- das bittere Ende
- die breite Masse
- die goldene Mitte

- grünes Licht
- in die Höhe schießen
- Nadel im Heuhaufen
- Spitze des Eisbergs

Schreiben Sie schlicht!
Erfinden Sie keine verquasten Begriffe, z.B.
- Analyse durch Insider-Befragungen (gemeint ist: Analyse auf Basis einer Führungskräftebefragung),
- Datenschutzbedenken,

- Designerwartungen (gemeint ist: die Erwartungen der Kunden an das Produktdesign),
- Diabetesmanifestation (gemeint ist: „Diagnose Diabetes"),
- Doppelskala (Wie hat man sich eine solche Skala vorzustellen?),
- Erhebung der Online-Zufriedenheit (gemeint ist: Analyse der Zufriedenheit mithilfe einer online durchgeführten Befragung),
- Hyperwettbewerb,
- insulinisierte Therapien,
- intelligente Customer Relationship Managementlösungen (Haben Lösungen einen IQ? Wie wird dieser gemessen?),
- kompensatorischer Lösungsvorschlag,
- Konsumkarriere (gemeint ist: Veränderung der Bedürfnisse eines Konsumenten im Zeitverlauf),
- pragmatischer Nutzenvorteil,
- Telefonnachbearbeitungsphase (gemeint ist: die Nachbereitung der in einem „Callcenter" geführten Telefongespräche),
- unhomogene Merkmale,
- unsignifikante Werte (gemeint ist: nicht signifikant),
- Verhaltensbarrieren,
- Wettbewerbskunden (gemeint: Kunden der Wettbewerber),
- Zufriedenheitstreiber.

Vermeiden Sie Schwulst!
Im Folgenden finden Sie eine klitzekleine Auswahl aus der riesengroßen Welt des Schwulstes – gerne genutzt in jeglicher Form von wissenschaftlicher Arbeit.

Beispiele
(1) Positive Diskonfirmation wird durch herausragende Produkt-, Leistungs- und Begeisterungsqualität erreicht.

(2) Die fokussierte Bindung bestehender Kunden bildet die Basis für weitere Maßnahmen.

(3) Problematisch ist die (Nicht-)Authentizität der Ergebnisse bezüglich der Kundenzufriedenheit.

(4) Da das Portal seit seinem Launch nicht grundlegend überarbeitet wurde und so mit Inhalten generisch anwuchs, ergeben sich einige Schwierigkeiten hinsichtlich Navigation und Strukturierung.

(5) Es resultieren Inhomogenitäten und Widersprüche hinsichtlich der Schlussfolgerungen über die Erfolgsdeterminanten im Vergleich verschiedener Analysen.

(6) Eine Optimierung sollte jedoch hinsichtlich Gestaltung, Texting und Navigation durchgeführt werden, da in diesen Bereichen, unabhängig von der Studie, Mängel im Rahmen von Einzelinterviews mit Mitarbeitern aus der Fachabteilung und im Vergleich zu den allgemeinen Zufriedenheitsfaktoren im Onlinebereich aufgedeckt wurden.

Vorsicht bei Gewürzen!
Wer zum Lesen anregen will, kann grundsätzlich verschiedene Gewürze verwenden, z.B. Ironie, Über- und Untertreibung oder Wortspiele (z.B. Oxymoron). Jedoch: Bereits bei gewöhnlicher Prosa sollte man Textgewürze äußerst behutsam einstreuen (vgl. hierzu auch Schneider 2006, S. 267f.); bei wissenschaftlichen Arbeiten ist der bedachtsame Umgang demzufolge noch viel wichtiger.

- Weil sie auf dem Spiel mit dem Gegenteil beruht („DaimlerChrysler, der erfolgreiche Zusammenschluss zweier Weltunternehmen."), ist **Ironie** eine Quelle von Missverständnissen: Allzu häufig lässt sich dem Textzusammenhang nämlich nicht entnehmen, ob der Autor einen Satz ernst meint oder ironisch.
- Verzichten Sie auf das Stilmittel des **Oxymorons**, d.h. auf das Verbinden zweier sich widersprechender Begriffe (= Form des Paradoxons). Zu denken wäre an Ausdrücke wie kurzfristige Strategie, stark geschwächt, absolut vergleichbar, soziale Kälte, Nobelherberge, beredtes Schweigen, begeisterte Verzweiflung.

Am ehesten eignen sich derartige Stilmittel – wenn überhaupt – für die Einleitung: Indem Sie gezielt und kalkuliert gegen „eingerastete Erwartungen" (Schneider 2006, S. 264) verstoßen, können Sie (möglicherweise) die Aufmerksamkeit Ihrer Leser gewinnen (bzw. aufrechterhalten). Vermutlich aber wird Ihnen dies weitaus besser gelingen, wenn Sie auf die in Kap. 5.2 skizzierten Optionen zurückgreifen (z.B. These / Antithese).

6.2.6.2 Der Kontext Ihrer Wörter ist wichtig

Die folgenden Beispiele dienen im Wesentlichen dazu, Ihren Blick für das korrekte Wort zu schärfen (vgl. z.B. Sick 2004).

(1) Das Wort *beziehungsweise* (*bzw.*) wird häufig **falsch** verwendet. *Beziehungsweise* ist dann angebracht, wenn man sich auf **zwei Substantive** bezieht, nicht aber, wenn man damit die Konjunktionen *und* oder *oder* ersetzen will.

> **Beispiel**
> „Singapur und Hongkong erwirtschafteten 2004 das größte Exportvolumen pro Kopf: 33.550 Euro bzw. 30.650 Euro."

Häufig ist statt *beziehungsweise* auch *genauer gesagt* geeignet.

> **Beispiel**
> „Unternehmen betreten Auslandsmärkte vorzugsweise mit Strategien, die wenig Kapital binden, genauer gesagt per Export."

(2) *Dasselbe* und *das Gleiche* sind nicht dasselbe. Mit *der-, die-, dasselbe* drückt man aus, dass zwei Dinge **identisch** sind. Mit *der, die, das Gleiche* verdeutlicht man, dass sich zwei unterschiedliche Dinge **gleichen**.

> **Beispiel**
> „Die beiden Brüder hatten die gleiche Haarfarbe und fuhren denselben Wagen (den ihres Vaters)."

(3) Auch *effektiv* und *effizient* haben eine unterschiedliche Bedeutung:
- effektiv = wirkungsvoll im Vergleich zu den aufgewendeten Mitteln,
- effizient = leistungsfähig, wirtschaftlich.

Effektiv bezieht sich auf das Ergebnis (Hat die Maßnahme einen Effekt?), *effizient* hingegen auf die Art der Umsetzung (Hat sich die Maßnahme gelohnt?).

Beispiele
- Skonto in Anspruch zu nehmen mag effektiv sein, weil man so ggf. eine kurzfristige Unterdeckung des Kontos – und damit einen Überziehungskredit – vermeidet; diese Vorgehensweise ist i.d.R. aber nicht effizient, weil es zumeist wesentlich günstigere Kredite gibt.
- Den gesamten Werbeetat eines Jahres zu einem Zeitpunkt auszugeben kann effektiv sein, wenn man die Werbewirkung schnell steigern will. Wenn aber die Werbewirkung über einen längeren Zeitraum (z.B. ein Jahr) anhalten soll, dann ist dieser Ansatz nicht effizient. In diesem Fall wäre es vermutlich effizienter, den Werbeetat auf verschiedene Zeitpunkte zu verteilen (= pulsierende Werbung).

6.2.6.3 Versenken Sie Wortdreimaster!

Im Zusammenhang mit Verben und Substantiven wurde bereits darauf hingewiesen: Für Ihre Argumentation brauchen Sie **keine imposanten** Wortungetüme. Vermeiden Sie Silbenschleppzüge, wie man sie in Bürokratenwörtern, Spreizvokabeln und abstrakten Oberbegriffen findet; denn ganz generell gilt: Wörter sind umso anschaulicher und leichter verständlich, je weniger Silben sie haben (vgl. Schneider 2006, S. 80). Verwenden Sie deshalb – falls Sie die Wahl haben – kurze, prägnante Begriffe.

Beispiele

Schreiben Sie …

… nicht		… sondern
ansonsten	→	sonst
Ausgestaltung	→	Gestaltung
Beantwortung	→	Antwort
eine Vielzahl von	→	viele
Grundbefindlichkeit	→	Zustand
in ihrer Gesamtheit	→	alle
in vollem Umfang	→	ganz
in Zusammenhang mit	→	beim
keine Seltenheit	→	häufig
kritische Anmerkungen	→	Kritik
Lichtzeichenanlage	→	Ampel
literarisches Werk	→	Buch

mit großer Sorgfalt	→	sorgfältig
positive Entwicklung	→	Steigerung
Postwertzeichen	→	Briefmarke
Problematik	→	Problem
Problemlösungsaktivitäten	→	Problem lösen
Räumlichkeit	→	Raum
strengstes Stillschweigen	→	schweigen
Thematik / Themenkomplex	→	Thema
Unterschiedlichkeit	→	Unterschied
Zielstellung / Zielsetzung	→	Ziel
zu einem späteren Zeitpunkt	→	später
zum wiederholten Mal	→	wieder

Beliebt sind auch **Pleonasmen**, wie *klammheimlich, stillschweigend, bereits schon, (höchst-)persönlich anwesend* oder *lohnenswert* (vgl. Sick 2007, S. 32ff.; Sick 2004, S. 217f.). Letzteres etwa ist die überflüssige Zusammensetzung aus „lohnend" und „wert". Ein vergleichbares Phänomen lässt sich bei *letztendlich* und *schlussendlich* beobachten, die beide auf das Wort *letztlich* zurückgehen. In einer wertvollen Wortschatzkiste sollte auch für *nichtsdestotrotz, nichtsdestoweniger* und *nichtsdestominder* kein Platz sein; sie stehen zwar seit einiger Zeit im Wörterbuch, sind aber umgangssprachlich. Die Begriffe *wenngleich, obwohl* und *trotzdem* sind kürzer, etabliert und drücken dasselbe aus (vgl. Sick 2004, S. 219). *Proaktiv* wiederum ist ein von der Werbung geprägtes Kunstwort, das nicht mehr aussagt, als dass jemand „sehr aktiv" ist. Auch Wörter, die auf „-mäßig" enden, sind nur „mäßig" geeignet, z.B. *zahlenmäßig, umsatzmäßig, renditemäßig*.

Beispiel
Schreiben Sie nicht „Umsatzmäßig war die XY-AG 2007 sehr erfolgreich.", sondern: „Im Jahr 2007 konnte die XY-AG ihren Umsatz auf 52,4 Mio. Euro steigern; dies entspricht einem Zuwachs von 24,2% gegenüber dem Vorjahr." (vgl. XY-AG 2008, S. 45)

6.2.6.4 Ich, wir oder man?

Eine wissenschaftliche Arbeit ist i.d.R. die Leistung einer Person; diese verknüpft Gedanken anderer Autoren mit eigenen. Persönlich gewonnene Erkenntnisse sollen Sie keinesfalls „unter den Scheffel" stellen, sondern klar hervorheben – nicht zuletzt durch die Gestaltung Ihrer Sätze (vgl. hierzu Kap. 6.3.1). Jedoch: Kennzeichnen Sie Ihre Überlegungen nur in Ausnahmefällen durch Konstruktionen wie *meines Erachtens* (oder *m.E.*), etwa dann, wenn Sie

- Ihre Meinung besonders **betonen** wollen oder
- vermitteln möchten, dass Ihre Position von der herrschenden Auffassung **abweicht**.

Bedenken Sie aber: Aussagen wie „Nach Auffassung / Meinung des Verfassers folgt daraus, dass …" können Zweifel an der Gültigkeit Ihrer Aussage schüren und u.U. Ihre Leser verunsichern. Wichtig ist deshalb, dass Sie Ihre **Position** gut **begründen**.

Während der Gebrauch von *m.E.* strittig ist, besteht bei folgendem Sachverhalt weitgehend Einigkeit: Vermeiden Sie Formulierungen in der 1. Person Singular oder Plural (z.B. „Ich meine"; „Wir sind der Auffassung"); dies wirkt aufgesetzt, auch aufdringlich, ja sogar peinlich. Auch das (anonyme) *man* („Wie man sieht"; „Man kann annehmen, dass …") sollten Sie eher selten verwenden.

6.2.6.5 Anthropomor… was?

In vielen Arbeiten findet man sog. **Anthropomorphismen**. Damit ist gemeint, dass menschliche Eigenschaften, Ziele und Verhaltensweisen (unzulässigerweise) auf die **nicht humane Umwelt** (z.B. Unternehmen, Tiere, Objekte) übertragen werden.

> **Beispiele**
> (1) In der Literatur versuchen verschiedene Modelle, die Entstehung von Kundenzufriedenheit zu erklären.
> → Nicht Modelle erklären etwas; vielmehr sind es Autoren bzw. Forscher, die mithilfe von Modellen einen Umstand zu erklären versuchen. So könnte man bspw. formulieren: „In der Literatur finden sich verschiedene Modelle, mit denen Wissenschaftler die Entstehung von Kundenzufriedenheit erklären."

(2) Subjektive Messmethoden sind bspw. in der Lage, Kundenzufriedenheit zu erfassen.

→ „Mit subjektiven Messmethoden ist es möglich, Kundenzufriedenheit zu erfassen."

(3) Die Telekom will in den USA investieren.

→ „Die" Telekom ist eine juristische und keine natürliche Person; sie kann deshalb weder etwas sagen, noch in irgendeiner Weise handeln. Wer bei der Telekom ggf. agiert, sind das Management, der Aufsichtsrat, die Mitarbeiter oder bspw. der Betriebsrat.

6.3   Sätze

6.3.1   Generelle Hinweise zur Formulierung von Sätzen

Jeder Satz ist ein **Transportmittel**, mit dem Sie eine Aussage befördern: Sie beschreiben etwas Bestimmtes, erklären, prognostizieren, stellen infrage, leiten Konsequenzen ab, bieten Optionen an usw. Gießen Sie Ihre Gedanken dergestalt in Sätze, dass der Inhalt Ihrer Aussage auch tatsächlich **beim Empfänger** ankommt (vgl. hierzu auch Rossig/Prätsch 2006, S. 161f. sowie S. 174f.).

(1) Fragen Sie sich bei jedem Satz: „Welche **Information** will ich dem Leser mitteilen?"

(2) Streichen Sie ALLE Sätze (und Wörter) **ohne** wesentlichen Inhalt – und damit ohne wesentliche Funktion innerhalb Ihres Textes.

(3) Konzentrieren Sie sich auf das **Wesentliche**. Auch in einer wissenschaftlichen Arbeit verlangt man von Ihnen keine übertriebene Genauigkeit.

Beispiel

Die Y-AG ist im Ausland tätig, genauer gesagt in mehreren europäischen Ländern. Das Unternehmen erzielte im Jahr 2006 in Frankreich einen Umsatz von 12,5 Mio. Euro, in Dänemark 2,4 Mio Euro und in Polen 1,6 Mio. Euro.

→ Zwei Angaben sind **überflüssig**:

1. Die Y-AG ist im Ausland tätig.
2. Die Y-AG ist in mehreren europäischen Ländern tätig.

Beide Informationen lassen sich nämlich aus dem darauf folgenden Satz erschließen. Nutzen Sie den so gewonnenen Raum und teilen Sie dem Leser bspw. mit, wie **bedeutsam** diese drei Auslandsmärkte sind, z. B.: „2006 erzielte die Y-AG in Frankreich einen Umsatz von 12,5 Mio. Euro, was einem Anteil von 24,3% am Gesamtumsatz entspricht. In Dänemark erwirtschaftete das Unternehmen 2,4 Mio Euro (= 4,7%), in Polen 1,6 Mio. Euro (= 3,1%)."

(4) Fassen Sie Ihre Aussagen und Gedanken in eine **gegenständliche** (konkrete) Sprache und schreiben Sie **abwechslungsreich** und **lebendig**! Nichts ist langweiliger, als wenn sich im immer gleichen Stil ein Satz an den anderen reiht. Irgendwann schläfern Sie damit selbst jene Leser ein, die Ihre „Abarbeitung" des Themas gutwillig über sich ergehen lassen. Vermeiden Sie vor allem Sätze in **„Bürokratendeutsch"**. Entsprechende Hinweise finden Sie in diesem Buch zur Genüge. Vielleicht noch ein letzter Tipp: Wann immer Sie das Wort *seitens* verwenden wollen, sollten Ihre Alarmglocken schrillen; in der Regel sind Sie dann nämlich dabei, einen ungenießbaren Satz zu formulieren, z.B.

• „Ausgangspunkt ist ein kognitiver Soll-Ist-Vergleich seitens des Kunden",
• „Eine Prüfung der Durchführbarkeitsstudie seitens des Diplomanden erfolgte …".

Verzichten Sie auch auf hochtrabende, gestelzte Formulierungen und folgen Sie nicht der Vorgehensweise eines ehemaligen Studenten: In seiner Diplomarbeit wollte er der empirischen Analyse eine Hypothese „zuführen".

Beispiel

„Im Folgenden soll Hypothese $H0_2$,Männer und Frauen unterscheiden sich in ihrer Markenpräferenz nicht.' der empirischen Analyse zugeführt werden."

→ Weniger gestelzt könnte der Satz so lauten: „Mithilfe der empirischen Daten ist Hypothese $H0_2$ zu prüfen: ,Die Markenpräferenz von Männern und Frauen unterscheidet sich nicht.'"

(5) Haben Sie Mut zu einem **eigenen Stil**. Trotz aller Einschränkungen und Hinweise, auf die Sie in diesem Buch stoßen, ist dies problemlos möglich.

(6) Sie sollen nicht kopieren, sondern etwas **Originäres** entwickeln, etwas das von Ihnen stammt – und sei es „lediglich" die Kritik an einer Aussage. Leiern Sie deshalb nicht Satz für Satz ein Zitat nach dem anderen herunter (A sagte …, B meinte …, C erklärte …). Nutzen Sie wörtliche Zitate **nur ausnahmsweise!** Sie sollen nicht nachplappern, sondern **kritisch** betrachten. **Verlieren Sie nicht Ihre Stimme**, wie Liane Borghardt dies einmal formulierte.

Betrachten wir ein Beispiel aus einer neulich verfassten Diplomarbeit. Darin schrieb eine Studentin Folgendes.

Beispiel

Nach Laux (2005, S. 1) und Zimmermann/Gutsche (1991, S. 6) bildet die Entscheidung als Bestandteil der Informationsverarbeitung die abschließende Selektion „einer von mehreren möglichen Handlungsalternativen" (Laux 2005, S. 1) im Rahmen der Problemlösung.

Ein wörtliches Zitat einzubinden ist aus zwei Gründen nicht zweckmäßig:

1. Es ist – bei allem Respekt vor dem Autor (hier = Laux) – keinesfalls so einzigartig und perfekt, dass man es nicht besser formulieren könnte.

2. Das Zitat ist zu allem Übel auch sprachlogisch falsch: „Alternative" meint die **einzig** bestehende andere Möglichkeit; d.h. „mehrere mögliche Handlungsalternativen" gibt es **nicht!**

Außerdem hat sich die Autorin in einem Knäuel von Substantiven verfangen, weil sie sich nicht zugetraut hat, den in der Literatur häufig kompliziert dargestellten – aber letztlich trivialen – Zusammenhang in eigenen Worten zu erklären.

---

(7) Gestalten Sie Ihre Sätze so, dass jeder Leser Ihre Gedanken und Argumentationslinien verstehen kann. Formulieren Sie möglichst **präzise**. Alle Aussagen, die sich aus einem Satz, einem Absatz oder auch aus dem gesam-

ten Text ergeben, müssen **logisch korrekt** und **nachvollziehbar** sein. Achten Sie vor allem darauf,

- dass Ihre Aufzählungen **überschneidungsfrei** sind,
- dass sich Ihre Aussagen (z.B. in verschiedenen Absätzen) nicht **widersprechen**,
- dass Sie nicht dem Problem der **Scheinkorrelation** (vgl. hierzu Kap. 5.4.2.2) erliegen.

Prüfen Sie anschließend, ob sich die schriftlichen Formulierungen mit Ihren ursprünglichen Gedanken decken. Haben Sie Bedenken, dann suchen Sie so lange nach passenden Wörtern und Formulierungen, bis Sie dem geschriebenen Satz die von Ihnen beabsichtigte Aussage unmittelbar entnehmen können, d.h. ohne weiteres Nachdenken und Interpretieren. Wird dies auch dem Gutachter und den ggf. fachfremden Lesern gelingen?

Vermeiden Sie **tautologische Aussagen**, die ausschließlich durch den Zusammenhang zwischen den Begriffen gekennzeichnet sind und keine (empirische) Substanz besitzen. Anbei finden Sie beispielhaft Tautologien, wie man sie in Arbeiten von Studierenden lesen kann – aber nicht nur dort: Eines der folgenden „Prachtexemplare" stammt aus einem Buch zum Thema „Wissenschaftliche Arbeiten".

Beispiele

(1) „Die im Jahr 2000 durchgeführten Transaktionswerte waren sehr hoch, was das damals hohe Transaktionsvolumen erklärt."

(2) „Um Kulturdifferenzen erkennen zu können, sollte bereits vor der Verschmelzung der beiden Unternehmen eine Kulturanalyse durchgeführt werden."

(3) „Gruppenarbeiten sind meist zugelassen, um Teamarbeit zu fördern." (wer „Team" eindeutscht, kommt zu folgender „Erkenntnis": „Gruppenarbeiten sind meist zugelassen, um Gruppenarbeit zu fördern." – Respekt!)

(8) **Pseudoargumente** sind in wissenschaftlichen Arbeiten ungeeignet, z.B.
- „Daraus folgt natürlich, dass …",
- „Es ist offenkundig, dass …",

- „Wie leicht / unmittelbar ersichtlich, …“,
- „Es muss nicht näher ausgeführt werden, dass …“,
- „Daraus folgt selbstverständlich, dass …“,

Streichen Sie derartige Wörter und Phrasen, die letztlich nur Ausdruck sprachlicher **Unbeholfenheit** sind, aus Ihrem Wortschatz, zumindest aus jenem, aus welchem Sie für Ihre schriftliche Arbeit schöpfen. Überarbeiten Sie Ihre Argumentationslinie so lange, bis der Inhalt tatsächlich *offenkundig* bzw. *leicht ersichtlich* ist – oder anders formuliert: Überlassen Sie es Ihren Lesern, ob diese den Inhalt Ihres Textes als *selbstverständlich* erachten.

(9) Wer eine **Aussage** treffen, **Argumente** darlegen bzw. eine **Position** beziehen will, kann u.a. auf folgende Formulierungen zurückgreifen:
- „Da A … und weil B …, lässt sich folgern, dass …“.
- „Vor dem Hintergrund der hier dargelegten Befunde ist anzunehmen / zu vermuten, dass …“.
- „Daraus lässt sich ableiten, dass …“.
- „Daraus ergibt sich, dass …“.
- „Hierzu ist festzuhalten, dass …“.
- „Diesem Argument ist insoweit zu widersprechen, als …“.
- „Den genannten Argumenten ist hinzuzufügen, dass …“.
- „Hingegen ist in Frage zu stellen, ob …“.
- „Angesichts der aufgeführten / diskutierten Vorteile ist anzunehmen, dass …“.
- „Offen bleibt allerdings, ob …“.
- „Fasst man die vorliegenden Befunde zusammen, so liegt es nahe, dass …“.

(10) Inhaltliche oder funktionale **Beziehungen** zwischen Äußerungen können Sie mit sog. **Operatoren** herstellen, z.B.
- Bedingung (z.B. außer, es sei denn),
- Begründung (z.B. da, weil),
- Ergänzung (z.B. außerdem, darüber hinaus, ferner, überdies),
- Erklärung / Präzisierung / Verdeutlichung (z.B. genau genommen, streng genommen, das heißt),
- Folgerung (z.B. deshalb, darum, folglich),

- Gegensatz (z.B. dennoch, trotzdem, im Gegenteil),
- Gegenüberstellung (z.B. einerseits … andererseits),
- Konkretisierung / Spezifizierung / Exemplifizierung (z.B. beispiels-weise, etwa, konkret, näher betrachtet, zum Beispiel),
- Paraphrase (z.B. anders ausgedrückt, anders formuliert, mit anderen Worten),
- Steigerung (z.B. vielmehr, mehr noch),
- Übersetzung (z.B. zu Deutsch, mathematisch formuliert, technisch ausgedrückt),
- Verallgemeinerung (z.B. allgemeiner, ganz generell, prinzipiell, grundsätzlich),
- Zusammenfassung (z.B. somit, mithin, zusammengefasst).

6.3.2 In der Kürze liegt die Würze!

Bandwurmsätze sind (ebenso wie Bandwurmwörter) für deutschspra-chige Arbeiten durchaus charakteristisch; dies macht sie aber dennoch nicht zum Stilmittel erster Wahl. Im Gegenteil: Wer übermäßig lange Sätze schreibt, verlagert die Aufgabe, zwischen Wichtigem und weniger Wich-tigem zu differenzieren, auf den Leser. Erledigen SIE diese Aufgabe und formulieren Sie Ihre Sätze so, dass keiner sie zweimal lesen muss, wenn er die korrekte Bedeutung erfassen will.

Kurze Sätze sind im Allgemeinen leichter **verständlich** und besser zu lesen als lange. Wann aber ist ein Satz zu lang? Die Meinungen über die **Höchstlänge** gehen auseinander. So argumentieren manche, dass Satz-teile, die logisch, psychologisch und „lesetechnisch" zusammengehören, nicht weiter als sechs Wörter (bzw. zwölf Silben) auseinanderstehen dürf-ten; denn die Zeitspanne, die Leser als Einheit erfassen und überbrücken können, wird durch das **Kurzzeitgedächtnis** beeinflusst, welches lediglich etwa drei Sekunden beträgt. Institutionen, die mit Sätzen und Texten ihr Geld verdienen (z.B. dpa), haben die Obergrenze des Erwünschten auf 20 Wörter fixiert, die des Erlaubten auf 30 (vgl. Abb. 44). Wer Sätze mit deut-lich mehr als 20 Wörtern bildet, überfordert viele Leser und stiehlt ihnen die Zeit, wie Thomas Goll dies einmal formulierte.

Abb. 44: Zahl der Wörter je Satz in verschiedenen Informationsquellen

Art der Informationsquelle	Zahl der Wörter (= Satzlänge)
Deutsche Presse-Agentur (dpa)	
• Optimale Verständlichkeit (Obergrenze)	9
• Erwünscht (Obergrenze)	20
• Länge des 1. Satzes (Durchschnitt)	23
• Erlaubt (Obergrenze)	30
Duden-Stilfibel (W. Seibicke)	
• Empfohlene Satzlänge (Durchschnitt)	10 bis 15
Westdeutsche Allgemeine	
• Leicht verständlich (Obergrenze)	18
BILD-Zeitung	
• Länge eines Satzes (Durchschnitt)	12 (7% der Sätze haben vier Wörter oder weniger)
Gesprochene Texte	
• Obergrenze	7 bis 14

Quelle: Schneider (2006, S. 198); modifiziert.

Allerdings: Kurze Sätze wirken wie ein Stakkato. Punkte unterbrechen die Gedankenführung. Dies ist nicht attraktiv. Es schläfert ein. Der Text wirkt hölzern. Er ist trocken. Sie sehen an diesem kurzen Beispiel, dass auch die Regel „Kurze Sätze bevorzugen" nicht als Dogma zu verstehen ist. Die Mischung macht's: Der Erfolg liegt im richtigen **Sprachrhythmus**, im lebhaften Wechsel von kürzeren und mäßig langen Sätzen. Überdies können Sie auf zahlreiche Konjunktionen zurückgreifen, um Sätze und Absätze angemessen zu verbinden. Sie erleichtern damit Lesefluss und Nachvollziehbarkeit Ihrer Gedanken(-ketten). Neben *und* und *oder* sind dies qualifizierende Formulierungen wie *ebenso*, *daraus folgt*, *deshalb*, *ähnlich* oder *vergleichbar*.

Kurze Sätze eignen sich vor allem für den Einstieg in eine Arbeit: Sie erzeugen damit einfacher Spannung und können das Interesse des Lesers für Ihren Beitrag wecken. Indem Sie alles Überflüssige beseitigt haben, zeigen Sie mit kurzen Sätzen außerdem, dass Sie sich Gedanken gemacht und den Kern Ihres Themas erfasst haben.

6.3.3   Keine „russischen Puppen"!

Konstruieren Sie keine „russischen Puppen", indem Sie einen Relativsatz in einen anderen einbauen. **Schachtelsätze**, an deren Satzende sich die Prädikate stauen, sind häufig mehrdeutig. Mehr noch: Wer seinen Text mit Einschüben und Nebensätzen spickt, zwingt seine Leser dazu, dass sie jeden Satz **mehrmals** lesen müssen. Außerdem geht häufig wichtige Information **verloren**; denn je länger der Nebensatz, desto größer die Wahrscheinlichkeit, dass der Leser den Gedanken des Hauptsatzes vergisst.

Wer indes meint, das mit Schachtelsätzen einhergehende Verständnisproblem lösen zu können, indem er auf
- Partizipialkonstruktionen,
- Nominalgruppen oder
- Einschübe

ausweicht, ist auf dem Holzweg; die eigentliche Herausforderung, seine Aussagen **verständlich** zu transportieren, bewältigt er damit nicht.

Verschachtelte Konstruktionen lassen sich zumeist mit wenig Aufwand in kurze, kompakte, leicht verständliche Sätze wandeln. Verteilen Sie wesentliche Aussagen auf mehrere Sätze:
- **grundlegende** Gedanken stehen in (selbstständigen) Hauptsätzen,
- **zusätzliche** Informationen hingegen in einfachen Nebensätzen.

Da bereits ein einfacher Zwischensatz, den man in der gesprochenen Sprache übrigens sehr selten verwendet, die Aussage des Hauptsatzes unterbricht, ist es gewöhnlich besser, statt eines einzigen Satzes mit einem oder mehreren Einschüben zwei oder mehrere zu bilden. MERKEN SIE WAS? Nein, dann lesen Sie den folgenden Kasten.

> In der gesprochenen Sprache verwendet man selbst einen einfachen Zwischensatz sehr selten, da er den Gedanken des Hauptsatzes unterbricht. Deshalb ist es gewöhnlich besser, statt eines einzigen Satzes mit einem oder mehreren Einschüben zwei oder mehrere zu bilden.

6.3.4 Achten Sie auf den Satzbau!

Schreiben Sie einfach und damit leicht verständlich. Ein typischer deutscher Satz besteht aus Subjekt, Prädikat und Objekt: Frau Mayer (= Subjekt) mag (= Prädikat) Kirschen (= Objekt).

(1) Sorgen Sie auch beim Satzbau für **Abwechslung**, um Monotonie und einen langweiligen Stil zu vermeiden. Prinzipiell aber gilt: Subjekt und Verb sollten möglichst am Anfang des Satzes stehen.

(2) **Hauptsachen** gehören in Hauptsätze.

(3) Nebensätze sollten Sie dann **vermeiden**, wenn sie
* die Hauptsache transportieren,
* eine Handlung tragen,
* eine zweite Hauptsache verstecken,
* einen Fremdkörper einschieben.

(4) Vermeiden Sie **Einschübe** (z.B. „Das Unternehmen musste, da es seine Rechnungen nicht mehr begleichen konnte, Konkurs anmelden.“). Besser ist es im Allgemeinen, einen Nebensatz anzuhängen (z.B. „Das Unternehmen musste Konkurs anmelden, da es seine Rechnungen nicht mehr begleichen konnte.“). Wer den Satzbau variantenreicher gestalten will, kann Nebensätze gelegentlich voranstellen (z.B. „Da es seine Rechnungen nicht mehr begleichen konnte, musste das Unternehmen Konkurs anmelden.“).

(5) Achten Sie bei der Satzkonstruktion darauf, dass sich die **Bezüge** (z.B. „diese“, „deren“, „die“) **eindeutig** auf ein vorangestelltes Nomen beziehen. Fehler können Sie vermeiden, indem Sie Ihre Formulierungen mit den sog. W-Fragen prüfen: Wer macht was, wie, wo, warum?

Beispiel
„Unternehmen beschäftigen immer häufiger Mitarbeiter von Zeitarbeitsfirmen, die dadurch wesentlich wohlhabender geworden sind.“
→ Worauf bezieht sich „die“? Zeitarbeitsfirmen? Mitarbeiter? Unternehmen?

6.3.5 Zeichnen Sie (Sprach-)Bilder!

Wer konkret schreiben will, kann und sollte in seinen Texten auch (Sprach-) Bilder zeichnen. Diese sind tief in unserem „kollektiven Unterbewusstsein" verankert und haben deshalb viel Bedeutungskraft. Allerdings erfüllen sie nur dann ihren Zweck, wenn sie in ihren Sprachkontext **korrekt eingearbeitet** werden.

- In einer Diplomarbeit stand: „Gelingt der Spagat zwischen den hohen Ansprüchen der Zielgruppe, den Gegebenheiten aus dem Marktumfeld und der Qualität der Kundenbindungsmaßnahmen, dann kann …". Mit dem Bild des Spagats beschreibt man bisweilen den Versuch, zwei Ziele, die eigentlich unvereinbar sind, dennoch gleichzeitig zu erreichen. Schwer vorstellbar ist allerdings, wie ein Spagat auf drei Feldern zugleich gelingen soll (jedenfalls käme dies einem anatomischen Wunder gleich).

- Hier ein Beispiel aus einer jüngst verfassten Studienarbeit: „Der Übergang zwischen den Phasen ist nicht trennscharf." → Kann ein Übergang „trennscharf" sein?

- Wer sich vor einer Flut schützen will, muss einen Damm bauen. Deshalb sollte man eine „Flut von Spam-Mails" nicht „vermeiden" oder „begrenzen", sondern eben „eindämmen".

- In einem gut gemeinten Beitrag (zum Thema „Richtig schreiben"!) stand: „Versuchen Sie, den Schatz an Verben, den die deutsche Sprache bietet, auszuschöpfen." Natürlich versteht man, was der Autor uns sagen will. Jedoch: Was macht man mit einem Schatz? Schöpft man ihn aus? Wohl kaum – man hebt ihn. Außerdem: Kann die deutsche Sprache einen Schatz „bieten"? Formulieren wir also den Satz einfach wie folgt: „Versuchen Sie, den Schatz an Verben in der deutschen Sprache zu heben." oder aber: „Schöpfen Sie das Potential aus, das die Verben in der deutschen Sprache bieten."

- In einer Wirtschaftszeitung war zu lesen: „Außerdem will Obermann die Synergien heben, …". Kann man „Synergien heben"? Synergien mögen zwar ein wertvoller Schatz sein (den man heben kann), sie selbst kann man aber allenfalls „nutzen". Denkbar wäre auch, „von Synergien zu profitieren".

6.3.6 Redewendungen sollten Sie korrekt aufs „Trapez" bringen!

Redewendungen – in einen falschen Kontext gestellt – können ihre Kraft nicht entfalten (vgl. hierzu z.B. Sick 2004, S. 39ff.). Wer etwa „Morgenluft wittert" wie Hamlet, der sieht keine Chance für ein Comeback, sondern weiß vielmehr, dass es höchste Zeit ist zu verschwinden.

Redewendungen – gedankenlos eingesetzt oder nach Belieben durcheinandergewürfelt – sind wenig effektiv (vgl. Sick 2005, S. 189ff.). Lassen Sie also nichts „unter den Teppich fallen" und auch nicht „alle viere gerade sein". Auch sollten sich Ereignisse nicht „wie ein rotes Tuch" durch die Geschichte ziehen. In wissenschaftlichen Arbeiten findet man sehr häufig die „Mund-zu-Mund-Propaganda", wobei man sich als Leser fragt, ob diese Form der Kommunikationspolitik wirklich nützt. Vermutlich hat ein Kommunikator mehr Erfolg, wenn er nicht in den Mund, sondern ins Ohr spricht – und Mundpropaganda betreibt. Auch wird ein Thema nicht aufs „Trapez" oder „Tablett" gebracht, sondern auf das „Tapet".

Achten Sie auch generell auf Ihre Formulierungen. So schrieb der Autor eines Werks zum wissenschaftlichen Schreiben, er wolle bei seinen Lesern „Nachdenken im täglichen Umgang mit der Sprache erzeugen". Kann er das wirklich – *Nachdenken erzeugen*? Nein, das können nur Big Brother und – vielleicht – Uri Geller. Der Autor könnte aber seine hoffentlich zahlreichen Leser dazu *anregen*, über den korrekten Gebrauch ihrer Sprache nachzudenken.

6.3.7 War da was? Achten Sie auf Korrelationen!

Ist es Ihnen auch schon einmal so ergangen? Sie lesen einen Text und bleiben bei einem „zweitens" oder bei einem „andererseits" hängen. Ihr Blick wandert nochmals über das Gelesene, weil Sie vermuten, etwas Wichtiges übersehen zu haben. Sie scannen also die letzten Passagen nach einem „erstens" bzw. „einerseits" und – werden nicht fündig. Ha! Da hat sich der Schreiber wohl einen Scherz erlaubt! Eher unwahrscheinlich, zumal bei einem wissenschaftlichen Text. Wahrscheinlicher ist, dass der Verfasser missachtet hat, dass es sich dabei um sog. **Korrelationen** handelt, d.h. um **grammatisch-logische** Wechselbeziehungen, die durch sog. Korrelate (z.B. einerseits, andererseits; entweder … oder; nicht nur, sondern auch) hergestellt werden. Korrelationen sollen das Erfassen des Textes **erleichtern**; denn beim Lesen des „einerseits" können wir uns bereits darauf vorbereiten, dass **zumindest ein Argument** folgen wird, welches dagegen spricht. Ein „erstens" wiederum kündigt uns ganz nebenbei an, dass zumindest zwei Faktoren eine Rolle spielen. Hier einige der wichtigsten „Verbindungsstücke":

- ebenso / in gleichem Maße … wie (Bsp.: „Sie ist ebenso intelligent wie schön.")
- einerseits, andererseits
- einesteils, anderenteils
- entweder […] oder
- erstens, zweitens, drittens, …
- halb, halb
- je, desto
- je, je
- nicht nur, sondern auch
- ob, ob
- sowohl […] als auch
- teils, teils
- weder […] noch
- zwar, aber
- zwar, doch

6.4 Den Teig immer mal wieder probieren: Überarbeiten und korrigieren Sie Ihren Text gewissenhaft!

6.4.1 Machen Sie Ihre Arbeit zu einem eigenständigen Werk!

Vollständigkeit / Geschlossenheit

Verfassen Sie Ihren Text so, dass jeder Leser Ihrer Argumentation **ohne weitere Hilfsmittel** uneingeschränkt folgen kann. Erläutern Sie alle Schritte, die zum Verständnis Ihrer Arbeit erforderlich sind. Ihre Ausführungen sollten so gut **verständlich** sein, dass Ihre Leser keinen Blick in Anlagen und Fußnoten werfen müssen. Anlagen haben **keine „Batch-Funktion"**: Auslagern, nur um Platz zu gewinnen, gilt nicht! In Anlagen präsentieren Sie ausschließlich jenes Material, das in Ihrem eigentlichen Text fehl am Platz ist, weil es Ihre Argumentation **nur mittelbar** unterstützt (z.B. den Fragebogen Ihrer empirischen Studie).

Genauigkeit

Grundsätzlich gilt: Beschreiben Sie so **genau** wie möglich. Mit Blick auf Umfang, Schwierigkeitsgrad bzw. Anspruchsniveau der verschiedenen Arten wissenschaftlicher Arbeiten (z.B. Seminar-, Studien-, Bachelor-, Masterarbeit) liegt es natürlich nahe, dass Sie jeweils einen anderen **Schwerpunkt** setzen bzw. das Thema Ihrer Arbeit in gewissem Maße eingrenzen. Ausflüchte, wie „Um den Rahmen der Arbeit nicht zu sprengen, ...", sind allerdings **unzulässig**.

Bezug zum Thema

Wegen der begrenzten Seitenzahl sollte sich der Autor auch bei der Diskussion auf den entscheidenden Sachverhalt konzentrieren, diesen dann aber detailliert behandeln. Es verspricht also keinen Erfolg, eine Fülle von Gesichtspunkten in knapper Form anzusprechen, um diese dann im weiteren Verlauf nur oberflächlich zu diskutieren. Die Qualität einer Arbeit zeigt sich hauptsächlich darin, wie **tiefgründig**, **vielschichtig** und **umfassend** der Autor das aufgeworfene Forschungsproblem vorstellt, analysiert und bewertet. Verzichten Sie auf Ausflüge in (vermeintlich) interessante Randgebiete.

Tipp: Indem Sie die **Harvard-Zitierweise** verwenden (statt Fußnoten), hindern Sie sich in gewisser Weise selbst daran, all das, was „ebenfalls irgendwie interessant ist", in Fußnoten auszulagern.

6.4.2 Stehlen Sie Ihren Lesern nicht die Zeit!

Da der Seitenumfang häufig vorgeschrieben ist, stellt gerade auch die Fähigkeit, mit dem „knappen Gut" Seitenzahl sinnvoll umzugehen und dieses nicht für Nebensächliches zu verschwenden, ein wesentliches **Bewertungskriterium** dar. Unzählige Male habe ich von Studierenden gehört: „Ich kann die vorgeschriebene Seitenzahl auf keinen Fall einhalten. Ich habe gekürzt, wo ich nur konnte. Mehr geht nicht." Mehr geht! Sie können jedes Thema als Dissertation, als Masterarbeit, als Bachelorarbeit, als Seminar- oder Studienarbeit oder auch nur als mehrzeiliges Statement verfassen. Es ist **Ihre Aufgabe** zum eigentlichen Kern Ihrer Forschungsfrage vorzudringen.

Werfen Sie **jeglichen Ballast** ab. Überarbeiten Sie den Inhalt Ihres Textes – und zwar mehrfach. Schreiben ist ein Prozess. Kein Satz, den Sie geschrieben haben, muss so bleiben. Im Gegenteil: Je öfter Sie Ihren Text lesen und überarbeiten, je mehr dringen Sie selbst in die Materie ein und desto kritischer wird Ihr Blick für das bereits Geschriebene. Meine Diplomarbeit (sie liegt schon einige Jahre zurück) musste ich von 100 auf 80 Seiten „zusammenstreichen" – eine harte Arbeit, die sich jedoch ausgezahlt hat, weil Überflüssiges weggefallen ist: Absätze, Wörter, Satzteile, Sätze, Phrasen, Lieblingsfloskeln (wohl jeder Autor hat eine Vorliebe für bestimmte Begriffe).

Stehlen Sie Ihren Lesern nicht die Zeit. Gehen Sie mit allen Buchstaben **sparsam** um und zwingen Sie niemanden dazu, mehr und länger zu lesen als erforderlich. Um es mit George Orwell zu sagen: Wenn es möglich ist, ein Wort zu streichen, dann streichen Sie es! Verzichten Sie aber nicht nur

- auf **unnötige Wörter** und **Silben**, sondern auch
- auf **überflüssige Sätze** und
- auf **entbehrliche Absätze**.

Hinweise auf „Einsparpotential" finden Sie in diesem Buch zuhauf.

Vermeiden Sie **Geschwafel**, indem Sie fehlende Substanz mit dichtem Wortnebel verhängen. Zu den **Schlüsselfragen**, die helfen, Wichtiges von Unwichtigem zu trennen, gehören:

- Was trägt ein Satz bzw. Gedanke zur Bearbeitung des **Themas** bei?
- Dient er der Vertiefung, **Veranschaulichung** usw.?
- Bringt er meine **Argumentation** voran? Hilft er tatsächlich bei der Problemlösung? Inwiefern?
- Was kann ich **weglassen**?
- Was kann ich **einfacher** formulieren?
- Was kann ich **konkreter** ausdrücken?

Stellen Sie jeden Satz auf den Prüfstand. Wer sich diesem äußerst aufwendigen Prozess unterzieht, wird erkennen, dass der Text und die darin formulierten Aussagen mehr und mehr an **Prägnanz** gewinnen. Nehmen wir folgendes Beispiel aus einer älteren Diplomarbeit zum Thema „Kundenorientierung".

Beispiel

„Für das Bestehen eines Unternehmens ist in der heutigen Wirtschaftslage, die durch Rezession und Globalisierung beherrscht wird, die Implementierung einer kundenorientierten Firmenphilosophie in deren bestehenden Grundsätze notwendig. Ein integratives Gesamtkonzept zur Durchsetzung von Kundenorientierung kann als entscheidender Erfolgsfaktor für die Positionierung am Markt angesehen werden.

Seit dem Wiederaufbau der Wirtschaft nach dem Ende des Zweiten Weltkrieges hat sich die wirtschaftliche Marktlage stark gewandelt. Von einer anfänglichen Produktionsorientierung der Unternehmen hat sich deren Einstellung von einer Verkaufs-, Markt- und Wettbewerbsorientierung hin zur Umfeldorientierung weiterentwickelt. Die Prognosen für dieses Jahrhundert deuten auf einen Hyperwettbewerb, der sich dabei vielschichtiger, aggressiver, schneller und komplexer gestalten wird.

In der in dieser Arbeit verwendeten Literatur wird auf die Chancen der Kundenorientierung als Marketingstrategie hingewiesen. Denn nicht nur die Marktorientierung, in der alle Kunden des gesamten

Marktes inklusive aller anderen Marktteilnehmer wie beispielsweise Konkurrenten, Absatzmittler, Mitarbeiter oder Anteilseigner und Fremdkapitalgeber im Visier der Unternehmensstrategien stehen, sondern die eigene Zielgruppe soll stärker in das Blickfeld des unternehmerischen Handelns gerückt werden, um sich von den Wettbewerbern abzugrenzen. Diese Kundenorientierung leistet durch ihre „dyadische Beziehung", also dem permanenten Dialog zwischen Kunde und Unternehmen, einen direkten Informationsfluss, der eingesetzt werden kann, um das primäre Ziel der Erfüllung spezieller Kundennutzen und -erwartungen zu erreichen. Die somit erreichbare Kundennähe kann, falls optimiert umgesetzt, zu einer starken Kundenzufriedenheit und damit zu einer Bindung an das Unternehmen führen, was sich oftmals anhand steigender Umsatzzahlen beweisen lässt."

Anmerkung:
Was hat uns der Verfasser dieser Zeilen mitgeteilt? Neben Plattitüden und nicht belegten / nicht erläuterten Behauptungen hat er uns lediglich mitgeteilt: „Kundenorientierung ist wichtig". Wer würde dem widersprechen, möchte man ergänzen. Also: Was hat er uns mitgeteilt? Nichts. Er hat was geschrieben – und uns kostbare Lebenszeit geraubt.

Weitaus ergiebiger wäre es in dem soeben skizzierten Fall gewesen, wenn der Verfasser bspw. ausführlich die **Gründe** erläutert hätte, warum Kundenorientierung immer wichtiger wird und worin sich Kundenorientierung konkret manifestiert. Scheuen Sie sich folglich nicht, Ihren **Text** zu **ergänzen**, um einen bestimmten Vorgang oder Sachverhalt stärker zu betonen. Stellen Sie sich also auch die Frage: Wo ist **Ergänzungsbedarf**, damit der Text leichter verständlich wird?

Wichtig ist auch Folgendes:
1. Verfrachten Sie Überflüssiges weder in Fußnoten noch in den Anhang. Langweilen und verwirren Sie Ihre Leser nicht mit solchen **Winkelzügen**!
2. Korrigieren Sie Ihren Text **nicht** am Bildschirm. Drucken Sie ihn aus; denn nur wer seinen Text schwarz auf weiß vor sich liegen hat und damit die gesamte Arbeit überblicken kann, entdeckt Schwächen in Struktur, Argumentation oder etwa Rechtschreibung. Markieren Sie mit dem **Textmarker** und **überarbeiten** Sie mit dem Stift.

6.4.3 Lesen Sie den Inhalt Ihrer Arbeit laut vor!

Schneider (2006, S. 136f.) hat äußerst anschaulich beschrieben, wie man beim Überarbeiten eines Textes vorgehen sollte: „Lies laut, was Du geschrieben hast. […] Es ist überraschend heilsam, das Geschriebene dem Gehörtwerden auszusetzen: Kleine Unebenheiten, über die der schweigende Leser hinweghuschte, erweisen sich als Stolpersteine; Füllwörter und ungewollte Wiederholungen stellen sich plötzlich borstig auf; bei hölzernem Rhythmus kracht es hörbar im Gebälk; und Sätze, die uns kurzatmig oder langatmig geraten sind, entlarvt unser keuchender Atem. Schreibe für die Ohren!" Wer laut liest, entdeckt Rhythmusstörungen und kann sie beheben. Er wird dann darüber nachdenken,

- ob er *zum Beispiel*, *beispielsweise* oder *etwa* schreibt,
- ob er *auch*, *gleichfalls* oder *ebenfalls* verwendet,
- ob er *trotzdem* oder *gleichwohl* nutzt, *aber* oder *jedoch*, *meistens* oder *zumeist*, *oft* oder *häufig*, *verbrauchen* oder *konsumieren*.

Denn **abweichende Betonung** und **unterschiedliche Silbenzahl** bieten vielfältige Möglichkeiten zur rhythmischen Gestaltung des Textes (vgl. hierzu auch Schneider 2006, S. 233).

6.4.4 Machen Sie den „Muttitest"!

Ein wissenschaftlicher Text ist wie ein Baby, das man großzieht. Als Eltern eines solchen Wonneproppens gesteht man sich Erziehungsfehler natürlich nur ungern ein. Sie selbst sind **blind** für (offensichtliche) Fehler (z.B. Inhalt, Orthografie) und bevorzugte Formulierungen. Ab einer bestimmten Stufe lesen Sie Ihre Arbeit nicht mehr so gründlich wie jemand, der sich mit Ihrem Text erstmals auseinandersetzt. Außerdem sind Sie befangen: So manche Formulierung, die Sie „ziemlich gut" finden, die Ihnen griffig erscheint oder ans Herz gewachsen ist, sorgt bei anderen für Verständnislosigkeit, Kopfschütteln oder Lachfalten.

Wenn Sie wissen wollen, ob das, was Sie verfasst haben, auch verständlich ist, dann sollten Sie den „**Muttitest**"[2] machen, wie einer meiner Kolle-

---

2 Alle Mütter dieser Erde mögen mir verzeihen; aber ich finde diesen Ausdruck einfach zu schön. Außerdem hat „Vati-" oder „Vatertest" eine ambivalente Konnotation.

gen einmal dazu sagte. Prüfen Sie, ob jene, die nicht Ihr spezifisches Fachwissen besitzen, Ihren Gedanken **folgen** können. Dieser Test bietet sich **bei jeder wissenschaftlichen Arbeit** an, gleichgültig ob in der Betriebswirtschaftslehre, Chemie, Biologie, Soziologie, Medizin oder etwa in der Physik. Denken Sie bspw. an Stephen William Hawking, den englischen Astrophysiker, dem es spielerisch gelingt, hochkomplexe Materie auch für „Otto-Normal-Leser" verständlich darzustellen. Darin zeigt sich die wahre **Qualität** eines Wissenschaftlers. Hawking wird übrigens folgender Aphorismus zugeschrieben: „Jede mathematische Formel in einem Buch halbiert dessen Verkaufszahl". Da sich seine Bücher bestens verkaufen, dürfen Sie diesen Hinweis ruhig ernst nehmen.

Wenn Sie niemanden haben, der gegenlesen kann, dann denken Sie an den Gugelhupf. Den muss man ebenfalls eine Zeit lang stehen lassen. Auch **Nichtstun** kann mitunter dazu beitragen, dass sich was tut. Lassen Sie Ihren Text also einige Tage liegen, bevor Sie sich wieder ans Werk begeben! Das schärft Ihr Urteilsvermögen.

Die Form wissenschaftlicher Arbeiten: Damit Ihr Gugelhupf wie ein echter Gugelhupf aussieht

7.1 Funktionen der Form

Bisweilen gewinnt man den Eindruck, dass einschlägige Werke vorzugsweise dann gelingen, wenn sie „formal in Ordnung" sind, nicht zuletzt weil entsprechende Kriterien in manchen Büchern zum wissenschaftlichen Arbeiten vergleichsweise ausführlich dargestellt werden. Fraglos ist die Form ein wichtiger Bestandteil, zumal sich entsprechende Fehler weitaus leichter vermeiden lassen als inhaltliche und stilistische Missgriffe. Wer aber dieses Buch bis hierher sorgfältig gelesen hat, sollte festgestellt haben, dass die Auffassung „Form gut – alles gut" an den **eigentlichen** Anforderungen an eine wissenschaftliche Arbeit vorbeizielt; denn letztlich ist auch sie nur ein **Vehikel**, um dem Leser Informationen bzw. Aussagen nahezubringen.

Die Form hat im Wesentlichen **drei Funktionen**, die letztlich alle dazu beitragen, dass Leser den Inhalt Ihrer Studie **leichter erfassen**. Sie

- schafft **Ordnung**, z.B. durch Inhaltsverzeichnis, Kapitel, Absätze,
- transportiert **Information**, z.B. durch Hervorhebungen, Zusammenfassungen, Synopsen oder Abbildungen,
- **motiviert**; indem Sie die Arbeit ansprechend gestalten, gewinnen Sie die Leser für den Inhalt Ihres Werks: **Das Auge isst bekanntlich mit!**

Selbstverständlich ist bei einer Arbeit auch wichtig, dass der **äußere Eindruck** stimmt (z.B. das Schriftbild). Beispielsweise wird jedem Leser unmittelbar auffallen, ob der Autor ordentlich gearbeitet hat oder aber schlampig (z.B. Seitenzahlen vergessen). Denken Sie nochmals an den Gugelhupf. Man kann diesen mit Puderzucker bestreuen oder mit einigen Mandeln belegen, um so die **Freude** am Gesamtkunstwerk zu steigern. Gestalten Sie die Seiten attraktiv und variieren Sie Struktur und **Erscheinungsbild**, z.B. durch Absätze und Abbildungen / Tabellen. Zu dichte, gedrängte Schreibweise und zu lange Absätze entmutigen den Leser, ein zu breit auseinandergezogenes Druckbild ist schwer zu erfassen.

Erleichtern Sie es Ihren Lesern, sich in Ihrer Studie zurechtzufinden:

- Sehen Sie bspw. für jeden neuen Gedanken einen eigenen **Absatz** vor.
- Binden Sie Abbildungen und Tabellen ein, die als **Blickfang** („Eye-catcher") oder **Orientierungspunkt** dienen.
- Heben Sie Wörter oder Textteile **hervor**, die Sie Ihren Lesern in besonderer Weise nahebringen wollen (z.B. durch Fettdruck, Kursivschrift oder Kapitälchen), weil Ihnen der entsprechende **Inhalt** besonders wichtig ist.
- Nutzen Sie diese Hilfsmittel aber nicht im **Übermaß**, weil sie Verständlichkeit und Übersichtlichkeit behindern.
- Grafiken sollten sauber gearbeitet und **nachvollziehbar** sein.
- …

Weil sie bei längeren wissenschaftlichen Texten den Lesefluss erleichtert, ist eine sog. **Serifenschrift** (z.B. Garamond, Times New Roman) besser geeignet als eine sog. serifenlose Schrift (z.B. Arial, Verdana oder Tahoma). Der Lesbarkeit wegen sollten Sie bei **Schriftgröße** (mindestens 12 Punkt) und **Zeilenabstand** (1,5-zeilig) gleichfalls bestimmte Standards einhalten. Üblich ist i.d.R. auch ein größerer **Korrekturrand**.

7.2 Stellenwert ausgewählter Formvorschriften

Verabschieden Sie sich von dem Gedanken, dass man Sie in eine „**Form-zwangsjacke**" stecken möchte. Kein seriöser Korrektor wird es bemängeln, wenn Sie ab und an einen Rechtschreib- oder Zeichensetzungsfehler machen. Fehler sind menschlich und deshalb auch nicht schlimm. Wenn sie sich aber Seite für Seite häufen, so ist dies insbesondere deshalb gravierend, weil all diese Mängel es dem Leser erschweren, Ihren Gedanken und Ihrer Argumentation zu folgen. Sie wollen doch etwas **mitteilen**! Außerdem darf man von (angehenden) Akademikern erwarten, dass sie einen Text weitgehend **fehlerfrei** verfassen – man muss dies sogar **einfordern**!

7.2.1 Rechtschreibung und Grammatik

Es zeugt nicht gerade von **Sorgfalt** und **Professionalität**, wenn Wörter oder grundlegende Informationen fehlerhaft sind; Rechtschreib- oder bspw. Zeichensetzungsfehler stören überdies den **Lesefluss**. Sie führen auch zu Missverständnissen und behindern damit das eigentliche Ziel Ihrer Arbeit: Ihr gewonnenes Wissen zu **vermitteln**. Es ist deshalb unabdingbar, dass Sie Ihre wissenschaftliche Arbeit mehrmals sorgfältig nach Fehlern durchsehen. Achten Sie dabei auch darauf, dass Sie Namen, Daten, Zahlen und Fachbegriffe **korrekt schreiben**.

Da in der letzten Phase einer wissenschaftlichen Arbeit die Zeit erfahrungsgemäß besonders knapp bemessen ist, sollten Sie Fehler möglichst von Anfang an vermeiden. Ziehen Sie im Zweifelsfall sofort den **Duden** zu Rate! Häufig genügt auch ein Mausklick auf die **Rechtschreibhilfe** Ihres Textverarbeitungsprogramms.

Achten Sie auch auf korrekte **Grammatik**!

(1) Zu den typischen **Fehlerquellen** gehört das Versäumnis, Subjekt und Prädikat aufeinander abzustimmen – je nachdem ob es sich um **Singular** oder **Plural** handelt.

Beispiele

(1) Die Marktforscher wiesen darauf hin, dass die überarbeitete Klassifikation und die neue Datenbasis die Datenanalyse **verbessert**.

→ Der Autor erkennt nicht, dass sich das Prädikat auf zwei Subjekte bezieht: Klassifikation und Datenbasis. Korrekt wäre demnach: Die Marktforscher wiesen darauf hin, dass die überarbeitete Klassifikation und die neue Datenbasis die Datenanalyse **verbessern**.

(2) Zur Messung der Kundenzufriedenheit **werden** in der Literatur eine Vielzahl von Ansätzen diskutiert.

→ In diesem Fall bezieht sich das Verb nicht auf Ansätze, sondern auf Vielzahl. Das Wort „Vielzahl" steht im Singular, woraus folgt: Zur Messung der Kundenzufriedenheit **wird** in der Literatur eine Vielzahl von Ansätzen diskutiert.

(2) Dem ein oder anderen fällt es bisweilen schwer, den korrekten **Kasus** zu wählen. Auch aus diesem Grund hat Bastian Sick in „Der Dativ ist dem Genitiv sein Tod" zahlreiche Beispiele zusammengetragen, die auf äußerst unterhaltsame Weise daran erinnern, dass die deutsche Sprache **vier Fälle** kennt, von denen vor allem der zweite und der dritte häufig falsch gebraucht werden. In folgendem Beispiel etwa erkennt der Verfasser nicht, dass der Genitiv gefordert ist. „Der Empfänger kann die Nachricht abrufen, wenn er sich unter Angabe seiner E-Mail-Adresse und seinem Passwort in das System einwählt." Der korrekte Satz lautet: „Der Empfänger kann die Nachricht abrufen, wenn er sich unter Angabe seiner E-Mail-Adresse und **seines Passworts** in das System einwählt."

Wie Abb. 45 verdeutlicht, erfordern **Präpositionen** im Allgemeinen einen ganz bestimmten Kasus. So folgt u.a. nach *angesichts* oder *dank* der Genitiv, wohingegen nach *entsprechend, gemäß, nahe* oder *entgegen* der Dativ folgt. Allerdings gibt es auch Ausnahmen. Wenn etwa der Genitiv in der Mehrzahl nicht erkennbar ist, verwendet man den Dativ – bzw. dessen Flexionsendung. Beispielsweise heißt es nicht *wegen Verluste*, sondern *wegen Verlusten* (aber *wegen der Verluste*).

Abb. 45: Zusammenhang zwischen Präposition und erforderlichem Fall

Präposition	erforderlicher Fall	Beispiel
angesichts	Genitiv	angesichts des zunehmenden Konkurrenzdrucks angesichts zahlreicher Veränderungen im Unternehmen
aufgrund / auf Grund	Genitiv	aufgrund schlechten Führungsstils aufgrund fehlerhafter Prognosen aufgrund seines Befragungskonzepts
aufgrund von / auf Grund von	Dativ	aufgrund von gutem Produktdesign aufgrund von Aussagen der Mitarbeiter
dank	Genitiv	dank seines guten Images dank der hochwertigen Verpackung
einschließlich (vor bekleidetem Hauptwort)	Genitiv	einschließlich seines Vermögens einschließlich des Firmenwerts
einschließlich (vor unbekleidetem Hauptwort)	Genitiv / Dativ	einschließlich Firmenwerts / einschließlich Firmenwert
entgegen	Dativ	entgegen dem Vorschlag der Gewerkschaften entgegen seinem Ziel
entsprechend	Dativ	entsprechend seiner Marktforschungsergebnisse entsprechend dem Entwurf
gemäß	Dativ	gemäß dem Entwurf dem Entwurf gemäß
infolge	Genitiv	infolge des schwerwiegenden Mangels infolge der finanziellen Probleme / infolge finanzieller Probleme
infolge von	Dativ	infolge von politischen Veränderungen
innerhalb / außerhalb	Genitiv	innerhalb des Firmengeländes außerhalb der Öffnungszeiten
kraft	Genitiv	kraft seiner Position kraft des ihm verliehenen Titels
laut (vor bekleidetem Hauptwort)	Genitiv	laut eines Artikels in der Financial Times laut seiner Anordnung
laut (vor unbekleidetem Hauptwort)	Dativ	laut Artikel in der Financial Times laut Anordnung
mittels	Genitiv	mittels eines innovativen Produktkonzepts mittels zahlreicher kleiner Veränderungen
nahe	Dativ	nahe dem Firmengelände nahe dem Stadtrand in Baugelände nahe dem Flughafen
namens	Genitiv	namens ihres Vorgesetzten namens des Unternehmens

(wird fortgesetzt)

Präposition	erforderlicher Fall	Beispiel
seitens	Genitiv	seitens seiner Kollegen seitens der Mitarbeiter
statt	Genitiv	statt des Produktmanagers entschied der Vorstandsvorsitzende statt der Eltern entscheiden die Kinder
trotz (vor bekleidetem Hauptwort)	Genitiv	trotz [des] schlechten Quartalsergebnisses trotz seiner gut gemeinten Vorschläge
trotz (vor unbekleidetem Hauptwort)	Genitiv / Dativ	trotz Verlust(s) trotz Neubau(s)
unweit	Genitiv	unweit des Firmengeländes unweit des Flusses unweit des Tors zum Firmengelände
während	Genitiv	während des Gesprächs mit den Mitarbeitern während seines Besuchs in der Auslandsniederlassung
wegen (vor bekleidetem Hauptwort)	Genitiv	wegen der schlechten Marktdaten wurde die Einführung des Produkts verschoben wegen ausbleibender Kunden wurde die Filiale geschlossen
wegen (vor unbekleidetem Hauptwort)	Genitiv / Dativ	wegen fehlerhaften Konzepts / wegen fehlerhaftem Konzept verschoben wegen Umbau(s) ist die Firmenzentrale heute geschlossen
zufolge (vorangestellt) (selten)	Genitiv	zufolge seiner Kollegen zufolge des Marktberichtes
zufolge (nachgestellt)	Dativ	seinen Kollegen zufolge dem Marktbericht zufolge

Quelle: auf der Basis von Sick (2004, S. 17f.).

(3) Mit dem korrekten Kasus ist das Problem häufig noch nicht behoben; denn zu den grammatischen Regeln, die auf den Schlachtfeldern wissenschaftlicher Arbeiten häufig niedergestreckt werden, gehört auch die **Deklination**, z.B. die Beugung von Substantiven. Wörter, denen der ein oder andere Studierende die korrekte Endung verweigert, gibt es zuhauf (vgl. z.B. Abb. 46).

Abb. 46: Endungen ausgewählter Nomen

Nominativ	Genitiv	Dativ	Akkusativ
der Agent	des Agenten	dem Agenten	den Agenten
der Architekt	des Architekten	dem Architekten	den Architekten
der Assistent	des Assistenten	dem Assistenten	den Assistenten
der Automat	des Automaten	dem Automaten	den Automaten
der Demokrat	des Demokraten	dem Demokraten	den Demokraten
der Diamant	des Diamanten	dem Diamanten	den Diamanten
der Fabrikant	des Fabrikanten	dem Fabrikanten	den Fabrikanten
der Favorit	des Favoriten	dem Favoriten	den Favoriten
der Fürst	des Fürsten	dem Fürsten	den Fürsten
der Graf	des Grafen	dem Grafen	den Grafen
der Held	des Helden	dem Helden	den Helden
der Jurist	des Juristen	dem Juristen	den Juristen
der Kandidat	des Kandidaten	dem Kandidaten	den Kandidaten
der Konkurrent	des Konkurrenten	dem Konkurrenten	den Konkurrenten
der Magnet	des Magneten	dem Magneten	den Magneten
der Mensch	des Menschen	dem Menschen	den Menschen
der Patient	des Patienten	dem Patienten	den Patienten
der Patriarch	des Patriarchen	dem Patriarchen	den Patriarchen
der Patriot	des Patrioten	dem Patrioten	den Patrioten
der Produktpirat	des Produktpiraten	dem Produktpiraten	den Produktpiraten
der Planet	des Planeten	dem Planeten	den Planeten
der Praktikant	des Praktikanten	dem Praktikanten	den Praktikanten
der Präsident	des Präsidenten	dem Präsidenten	den Präsidenten
der Student	des Studenten	dem Studenten	den Studenten
der Tourist	des Touristen	dem Touristen	den Touristen

Quelle: Sick (2005, S. 68f.); leicht modifiziert.

(4) In der Umgangssprache hat man sich an Internas, Lexikas, Periodikas oder Praktikas gewöhnt; in wissenschaftlichen Arbeiten aber ist die **fehlerhafte Endung** von Substantiven (in Singular und Plural) kein „Kavaliersdelikt". Wie die Endungen ausgewählter Fremdwörter richtig lauten, lässt sich Abb. 47 entnehmen.

Abb. 47: Korrekte Einzahl / Mehrzahl ausgewählter Fremdwörter

Einzahl	Mehrzahl
Agenda	Agenden
Apostroph	Apostrophe
Atlas	Atlanten, Atlasse
Causa	Causae
Chaos	– (unzählbar)
Corpus Delicti	Corpora Delicti
Datum	Daten
Dementi	Dementis
Fauxpas	Fauxpas
Forum	Foren, Fora
Genus	Genera
Globus	Globen, Globusse
Index	Indizes, Indexe
Internum	Interna
Kasus	Kasus
Klima	Klimata, Klimas (selten), Klimate (fachspr.)
Kodex	Kodizes, Kodexe
Komma	Kommata, Kommas
Lapsus	Lapsus
Lexikon	Lexika, Lexiken
Modus	Modi
Niveau	Niveaus („niveaux" nur frz.)
Nomen	Nomina, Nomen
Opus	Opera
Passus	Passus
Periodikum	Periodika
Plenum	Plenen
Praktikum	Praktika
Schema	Schemata, Schemas, Schemen (selten)
Semikolon	Semikola, Semikolons
Status	Status
Szenario	Szenarios
Szenarium	Szenarien
Thema	Themata Themen
Topos	Topoi
Turnus	Turnus, Turnusse
Universum	Universen
Visum	Visa, Visen
Vita	Viten, Vitae (lat.)

Quelle: Sick (2004, S. 56f.); leicht modifiziert.

7.2.2 Interpunktion: mehr als Punkt und Komma

Zeichensetzung als Glücksspiel: Es ist traurig und unverständlich, dass es vielen Studierenden häufig nicht gelingt, selbst die beiden Standardsatzzeichen (d.h. Punkt, Komma) an die richtige Stelle zu setzen. Nietzsche meinte einmal, das Verständlichste an der Sprache sei nicht das Wort selber, sondern Ton, Stärke, Modulation und Tempo, mit denen man eine Reihe von Wörtern spricht. Gerade die Interpunktion bietet eine sehr gute Möglichkeit, einem geschriebenen Text **Struktur** und **Rhythmus** zu verleihen. So heben wir die Stimme vor Fragezeichen, Doppelpunkt und selbstverständlich auch vor dem Komma; vor dem Punkt senken wir sie. Beim Semikolon lassen wir die Stimme auf niedrigem Niveau in der Schwebe, beim Ausrufungszeichen auf hohem. Indes: Was findet man in den meisten wissenschaftlichen Arbeiten? Über den Text „gestreute" Punkte und Kommas – sonst nichts. „Ärmliche, phantasielose Interpunktion verschenkt mithin die mögliche Musik eines Textes; dem inneren Ohr des Lesers bietet er sich dann als eine Art Rezitativ dar, und wenn er noch dazu blutarm ist, als Schlafpulver" (Schneider 2006, S. 227).

Eine korrekte Interpunktion trägt maßgeblich dazu bei, einen Satz (zumal einen langen) logisch und inhaltlich zu **strukturieren**. Dem Leser erleichtern die Satzzeichen das Verständnis. Im Folgenden geht es deshalb insbesondere darum, wie Sie mit bestimmten Satzzeichen die **Aussage** eines Satzes noch stärker **konturieren** können. Sie sehen: Die Regeln der Zeichensetzung einzuhalten ist **kein Selbstzweck**; und es geht nicht darum, Sie um der Korrektheit willen zur richtigen Interpunktion zu zwingen.

Ganz generell sind in einer wissenschaftlichen Arbeit alle Satzzeichen gestattet; dennoch sollte man mit Ausrufungszeichen, Klammern sowie mit den „drei Punkten am Satzende" („…") sehr **sparsam** umgehen. Nutzen Sie hingegen die Möglichkeiten, die sich mit Gedankenstrich, Doppelpunkt, Semikolon, Komma und Punkt ergeben. Auch das Fragezeichen dürfen Sie bisweilen verwenden. Am besten probieren Sie die mannigfaltigen Optionen aus, indem Sie einen Text mehrmals umformen. Achten Sie jedoch darauf, dass der **Sinn** Ihrer Aussage(n) erhalten bleibt.

7.2.2.1 Komma

Die notorische Schwäche vieler Studierenden nicht zuletzt bei der Kommasetzung ist kaum nachvollziehbar, zumal die Kenntnis einiger weniger Regeln genügen würde, um die Fehlerquote drastisch zu reduzieren.

1. Ein Komma steht zwischen Aufzählungen **gleichartiger Satzglieder**.

> **Beispiel**
> International erfolgreiche Unternehmen benötigen flexible, auslands-orientierte, risikobereite Manager.

Das Komma kann in diesen Fällen ersetzt werden durch:
*   beziehungweise (bzw.)
*   entweder … oder
*   oder
*   sowie
*   sowohl … als auch
*   und
*   weder … noch
*   wie

> **Beispiel**
> Sie benötigen Kapital, Erfahrung und exzellent ausgebildete Fachkräfte.

2. Ein Komma steht vor **entgegengesetzten Konjunktionen** (z.B. aber, allein, doch, jedoch, sondern, vielmehr).

> **Beispiele**
> *   China ist ein großer, aber risikoreicher Markt.
> *   Nicht nur die Risiken, sondern auch die Chancen sind dort sehr groß.

3. Ein Komma steht nach **Anreden**.

> **Beispiele**
> *   Lieber Ralf, für die nette E-Mail danke ich Dir und Silvana sehr herz-lich.

- Herr Kornmeier, ich finde Ihr neues Buch total ätzend!
- Sehr geehrter Herr Trampert, bitte übermitteln Sie Ihrer Gattin meine besten Wünsche!

Eingeschobene Anreden werden durch Kommata eingegrenzt.

Beispiel
- Ich gratuliere Ihnen, lieber Silvan Brandt, sehr herzlich zur bestandenen Diplomprüfung.

4. Ein Komma steht nach **Empfindungswörtern**, falls diese hervorgehoben werden.

Beispiele
- Wahnsinn, das Buch „Wissenschaftlich schreiben" ist ja richtig spannend!
- Mist, schon wieder keine Zeit gehabt, das Buch „Wissenschaftstheorie und wissenschaftliches Arbeiten" zu lesen!
- Mann oh Mann, der Kornmeier stellt richtig schwere Klausuren!

Ohne Hervorhebung steht kein Komma.

Beispiele
- Ach lern doch ohne mich!
- Oh wenn ich doch nur alle Kommaregeln beherrschte!

5. Ein Komma steht
a) zwischen **Hauptsätzen**,

Beispiel
Sie analysieren die Märkte weltweit, sie suchen nach kapitalkräftigen Partnern, sie investieren.

b) wenn ein Hauptsatz in einen anderen **eingeschoben** wird.

Beispiel
Chinesische Unternehmen sind, man mag es glauben oder nicht, „Weltmeister" im Kopieren westlicher Markenprodukte.

6. Ein Komma steht zwischen **Satzteilen**, die aufzählungsartig durch **Konjunktionen** verbunden sind, z.B.

- bald, bald
- einerseits, andererseits
- halb, halb
- je, desto
- nicht nur, sondern auch
- ob, ob
- teils, teils

Beispiele
- Die sog. Hidden champions sind in ihren Marktsegmenten teils Kosten-, teils Qualitätsführer.
- Multinationale Unternehmen können einerseits von Arbitrage, andererseits vom sog. Leverage-Effekt profitieren.
- Erfolgreiche internationale Manager müssen nicht nur fachlich, sondern auch sozial und interkulturell kompetent sein.
- Ob sie nun international tätig sind, ob sie sich auf den nationalen Markt konzentrieren, Unternehmen benötigen eine stringente Strategie.

7. Ein Komma steht zwischen Aufzählungen **gleichartiger Gliedsätze**, falls diese nicht durch *und* oder *oder* verbunden sind.

Beispiel
- Weil sie über eine ausreichende Kapitaldecke verfügen, weil sie qualifizierte Mitarbeiter beschäftigen und weil sie überdurchschnittlich auslandsorientiert sind, besitzen viele deutsche KMU in zahlreichen Branchen Wettbewerbsvorteile.

8. Ein Komma steht nach **herausgehobenen Satzteilen**, die durch ein Adverb oder ein Pronomen wieder aufgenommen werden.

Beispiele
- Die deutschen KMU, die sind auf die Herausforderungen der Globalisierung bestens vorbereitet.
- In asiatischen Ländern, da neigen viele Konsumenten dazu, westliche Produkte zu kaufen.

9. Ein Komma steht vor einem **erweiterten Infinitiv**, wenn die Infinitivgruppe

a) eingeleitet wird durch *als, anstatt, außer, ohne, statt, um*

Beispiele
- In den vergangenen Jahren wurden zahlreiche kognitions- und sozialpsychologische Theorien herangezogen, um das Phänomen der Fremdheit zu erklären.
- Ein Entscheidungsträger kann risikoreiche Optionen vorschlagen bzw. unterstützen, ohne bei Misserfolg sofort Gesichtsverlust zu erleiden oder gar um seine Position fürchten zu müssen.
- Manche Entscheidungen haben keinen anderen Sinn, als frühere Entscheidungen nachträglich zu rechtfertigen.

b) von einem Substantiv abhängt.

Beispiele
- Viele KMU verfolgen die Strategie, einen oder mehrere Auslandsmärkte zu erschließen.
- Bei dem Gedanken, Ende Juli eine Diplomklausur schreiben zu müssen, wurde ihm heiß und kalt zugleich.
- Das Unternehmen fasste den Plan, die beiden Konkurrenten friedlich zu übernehmen.

c) von einem Verweiswort abhängt.

Beispiele
- International tätige Unternehmen ziehen es häufig vor, Konkurrenten in einem Auslandsmarkt zu übernehmen.
- Viele Topführungskräfte mögen es nicht, durch unvorhergesehene Telefonanrufe gestört zu werden.
- Dem Vorgesetzten gefiel es, wie sich der neue Mitarbeiter entwickelte.
- Viele Unternehmen versäumen es, ihre Kunden nach deren eigentlichen Bedürfnissen zu fragen.

10. Das Komma schließt **Appositionen** ein.

Beispiele
- Ernst Ulrich Weinz, ein ausgewiesener Experte in der Wirtschaftsinformatik, konnte das Problem binnen einer halben Stunde lösen.
- Frau McManus und Frau Thiery, unsere Sekretärinnen, sind stets freundlich, bestens organisiert und sehr gut vorbereitet.
- Hanspeter Schwenninger, mein ehemaliger Deutschlehrer, hat das Manuskript gelesen.

11. Das Komma trennt bzw. umschließt **Erläuterungen**, die eingeleitet werden mit: *d.h., z.B., wie, bspw., und zwar, nämlich* (Hinweis: *z.B., wie* und *bspw.* drücken **dasselbe** aus).

Beispiele
- Das Unternehmen führt seine Kerngeschäftsfelder global, und zwar mithilfe der von der Konzernleitung gesteuerten Segmente.
- Privatanleger behandeln Aktien mit negativem Verlauf zumeist ganz anders als Aktien mit positiver Kursentwicklung, nämlich risikofreudig.
- Heuristiken, z.B. die Verfügbarkeits- oder die Simulationsheuristik, können sich gegenseitig verstärken.

12. Das Komma trennt den **Gliedsatz** vom übergeordneten Hauptsatz.
a) den Kausal-, Temporal-, Konditional-, Konzessiv-, Konsekutiv-, Final- und Modalsatz

Beispiele
- KMU können diese Strategie nicht verfolgen, weil sie diverse größenbedingte Nachteile haben.
- Weil sie diverse größenbedingte Nachteile haben, können KMU diese Strategie nicht verfolgen.
- KMU können, weil sie diverse größenbedingte Nachteile haben, diese Strategie nicht verfolgen.

b) den indirekten Fragesatz

Beispiele
- Häufig wissen wir gar nicht, wann wir „genügend" oder gar „alle" Informationen gesammelt haben.
- Wann wir „genügend" oder gar „alle" Informationen gesammelt haben, wissen wir häufig gar nicht.

c) Relativsatz

Beispiele
- Selbst strategische Entscheidungen, die für das langfristige Überleben des Unternehmens maßgeblich sein können, fällen Manager häufig mehr oder minder irrational.
- Häufig fällen Manager selbst strategische Entscheidungen, die für das langfristige Überleben des Unternehmens maßgeblich sein können, mehr oder minder irrational.

13. Das Komma **kann** das **erweiterte Partizip** vom Satz trennen.

Beispiel
- Angespornt durch ihre jüngsten Exporterfolge [,] treiben die deutschen KMU ihre Internationalisierung immer stärker voran.

Ist das erweiterte Partizip in den Satz eingeschoben oder nachgestellt, MUSS es durch Kommata getrennt werden.

Beispiel
- Die deutschen KMU, angespornt durch ihre jüngsten Exporterfolge, treiben ihre Internationalisierung immer stärker voran.

14. Das Komma trennt zwei **ungebeugte Partizipien** vom Satz, falls sie durch *und* verbunden sind.

Beispiele
- Der Marketingprofessor, geachtet und wegen seiner exzellenten Vorlesungen geschätzt, betrat das Auditorium Maximum.
- Die Studierenden, stöhnend und vor Angst schwitzend, schrieben Ende Juli ihre Diplomklausur.

15. Das Komma trennt zwei **nachgestellte Adjektive** vom Satz, falls sie durch *und* verbunden sind.

> **Beispiele**
> - Deutsche Unternehmen, große und kleine, treiben ihre Internationalisierung voran.
> - Der chinesische Markt, groß und weitgehend ungesättigt, bietet deutschen Unternehmen vielfältige Chancen.

16. Das Komma unterteilt mehrteilige **Datums-** und **Zeitangaben**.

> **Beispiele**
> - Mannheim, den 7. April 2008
> - Appenweier, August 2007
> - Am Freitag, dem 21. November 2008, wird mein geschätzter Arbeitskollege und Freund Bernhard Ling 60 Jahre alt.

7.2.2.2 Doppelpunkt

Der Doppelpunkt steht bspw. nicht nur vor wörtlichen Zitaten, sondern mitunter auch vor Sätzen, in denen man das Gesagte **zusammenfasst** oder eine **Schlussfolgerung** ableitet.

> **Beispiele**
> 1. Vor der angekündigten **wörtlichen Rede**
> Der Sprecher der Unternehmensleitung verkündete: „Der Umsatz im 3. Quartal lag unter unseren Erwartungen."
>
> 2. Vor Sätzen, die das zuvor Gesagte (auf einer anderen Ebene) **zusammenfassen**.
> Hat sich die Auslandsniederlassung etabliert, so dient der ausländische Standort häufig als Basis für Exporte in Drittländer: Es beginnt eine neue Phase des Wachstums und der Internationalisierung.
>
> 3. Vor angekündigten **Aufzählungen** und Erklärungen
> Mit der neuen strategischen Ausrichtung verfolgt das Unternehmen drei Ziele: Kostensenkung, Verbesserung der Qualität und Zugang zu wichtigen Rohstoffen.

Falls Erläuterungen durch *z.B.*, *nämlich* oder *und zwar* eingeleitet werden, steht kein Doppelpunkt, sondern ein Komma.

Beispiel

Mit der neuen strategischen Ausrichtung verfolgt das Unternehmen drei Ziele, und zwar Kostensenkung, Verbesserung der Qualität und Zugang zu wichtigen Rohstoffen.

7.2.2.3 Gedankenstrich

Mithilfe des Gedankenstrichs können Sie eine kurze, aber wichtige Information **„einschieben"** oder ankündigen, dass etwas **Unerwartetes** folgt bzw. sich das Thema **ändert**. Da Einschübe jedoch den Lesefluss unterbrechen und die Aufmerksamkeit auf sich ziehen, sollten Sie damit sparsam umgehen.

Beispiele

1. Einschub
- Demnach eignet sich ein Unternehmen das für die Internationalisierung notwendige Know-how in einem längerfristigen Prozess an: Es tastet sich – bildhaft gesprochen – Schritt für Schritt voran.
- Die geozentrische Orientierung verkörpert das erstrebenswerte Ideal, das zu erreichen aufgrund vieler Probleme und Grenzen – ob rechtlich oder steuerlich, ob politisch oder volkswirtschaftlich bedingt – häufig unmöglich ist.
- Die Europäer haben – bis auf einige Kulturromantiker – andere Zivilisationen bisher eher gering geschätzt.

2. Unerwartetes ankündigen
- So kann er am Ende mehr bekommen – und doch nach eigener Wertschätzung mit weniger dastehen.
- Konsumenten mögen mitunter Produkt A lieber als B, dieses lieber als C, aber C wieder lieber als A – rational ein Unding, für Menschen jedoch ganz normal.

3. Thema erweitern / ergänzen / ändern
- Verbraucher können zwar unter mehr Optionen wählen als je zuvor, mehr auf sie zugeschnittene Produkte und Dienste kaufen und mit-

hilfe des Internets Vieles billiger erstehen – sie sparen bspw. das Geld für die Leistung des Reisebüros, wenn sie direkt im Netz ihr Hotel und ihren Flug buchen.

- Entscheidungen sind nicht nur von Stimmungen abhängig, sondern auch von der Reihenfolge, in der die Optionen wahrgenommen werden – egal, ob es sich um Socken oder Strategien handelt.
- Oft versuchen die Menschen, ihr Verhalten im Nachhinein als rational zu erklären – aus Mangel an Einsicht in die eigenen Motive und Unzulänglichkeiten.
- Der Mensch, nie ganz 'homo oeconomicus', ist für die Turboökonomie nicht geschaffen – weder als einzelner noch im Kollektiv.

7.2.2.4 Semikolon

Das Semikolon ist stärker als das Komma und schwächer als der Punkt. Es trennt **gleichrangige** Teilsätze oder Wortgruppen.

Beispiele

1. **Ersatz** für das Komma, falls dieses zu schwach, der Punkt hingegen zu stark trennt

Das Schlüsselargument der Befürworter einer strategischen Handelspolitik lautet, dass erst Subventionen und andere gezielte Eingriffe gleiche Wettbewerbsbedingungen (z.B. bei Sozial- und Umweltstandards) herstellen; ihr Paradebeispiel ist die Förderung der europäischen Airbusindustrie, was den Weltmarkt für Flugzeuge vor einer Monopolstellung von Boeing bewahrt habe.

2. Zwischen **längeren Sätzen**, wenn diese durch **Konjunktionen** verknüpft sind (z.B. denn, aber, doch)

- Die zentrale Marke des Unternehmens ist Coca Cola; doch gleichzeitig will der Konzern auch andere Wünsche seiner Konsumenten befriedigen.
- 78,8% der befragten japanischen Manager gaben an, sie würden problematische Entscheidungen ausschließlich nach Rücksprache mit ihren Mitarbeitern treffen; aber europäische Manager tun dies noch weit häufiger (= 92,5%).
- Es ist rational, die operativen Entscheidungen jenen Geschäftspartnern zu überlassen, die „kulturell nah" sind; denn diese können den

kulturspezifischen Bedürfnissen der Konsumenten weitaus besser Rechnung tragen.

3. In Aufzählungen zwischen Gruppen **zusammengehörender Begriffe**
Als Markteintrittsstrategie kommen verschiedene Optionen in Betracht: direkter und indirekter Export; Minderheits-, 50/50- und Mehrheits-Joint Venture; Lizenzvergabe.

7.2.3 Korrekte Zitierweise der verarbeiteten Literatur

7.2.3.1 Belegen der Literatur im Text
Notwendigkeit einer korrekten Zitierweise
Es entspricht akademischer Redlichkeit, fremdes Gedankengut eindeutig zu kennzeichnen und mit **Quellenangabe** zu belegen, gleichgültig ob die Aussagen wissenschaftlicher oder bspw. statistischer Natur sind. Es gilt der Grundsatz: Jeder Leser soll die Gedankenführung **nachvollziehen** und die Befunde **prüfen** können. Dementsprechend müssen Sie in einer schriftlichen Arbeit alles mit einer Quelle belegen – von zwei Ausnahmen abgesehen:

• Die verwendeten Begriffe bzw. dargelegten Informationen sind **selbstverständlich**.
• Ihre Aussagen beruhen auf **eigenen** Überlegungen und Schlussfolgerungen bzw. sind **logisch** begründbar. Allerdings müssen Sie all jene **Quellen** angeben, **mit denen** Sie Ihre eigenen Aussagen **begründen**.

Nicht gerade wenige Studierende sind der Meinung, dass sie nur dann zitieren, wenn sie Aussagen anderer **wörtlich** wiedergeben. Dies ist natürlich **grober Unfug**. Denn immer, wenn man Positionen, Gedanken oder bspw. Ergebnisse Dritter in seiner wissenschaftlichen Arbeit übernimmt, verwendet man ein sog. **Zitat**. Es ist folglich unerheblich, ob die fremden Gedanken
• unverändert im **Wortlaut** (= wörtlich, direkt) oder aber
• **sinngemäß** (= indirekt)
wiedergegeben werden. Alle wörtlich oder sinngemäß aus fremden Quellen übernommenen Gedanken (= Zitate) müssen als solche zu **erkennen** und

prüfbar sein; sie sind im Text **eindeutig** zu kennzeichnen. Wichtig ist ebenfalls, dass man zwischen direkten und indirekten Zitaten konsequent und eindeutig **unterscheidet**. Verstöße gegen diese Grundregeln des wissenschaftlichen Arbeitens werden geahndet und können im Falle einer Benotung dazu veranlassen, die gesamte Arbeit mit „nicht ausreichend" zu bewerten.

Übliche Zitierweise: Kurzbeleg, Harvard-Zitierweise bzw. amerikanische Methode

Heutzutage wird die **deutsche Zitierweise** (per Fußnoten) nur noch **selten** genutzt. Üblich ist die sog. Harvard-Zitierweise, die auch als Kurzbeleg oder amerikanische Methode bezeichnet wird. Der Kurzbeleg ist einfacher und verbraucht weniger Platz als die Zitierweise per Fußnote. Letztere verleitet außerdem dazu, in die Fußnoten weit mehr als nur die Literaturquellen zu schreiben, wodurch mitunter **unsinnige Textkonstruktionen** entstehen. So ist auf manchen Seiten der eigentliche Text kürzer als die Fußnote; darin erklärt der Autor dann „seitenweise", dass er ein bestimmtes Thema nicht weiter diskutieren werde, weil es für den Verlauf seiner Studie nicht wichtig sei.

Ein Widerspruch in sich!

Immer dann, wenn es in Ihren Fingern kribbelt und Sie eine Fußnote einfügen wollen, sollten Sie sich die alles entscheidende(n) Frage(n) stellen:
(1) Ist das, was Sie „in die Fußnote packen wollen", wichtig? Wenn ja, dann ist die Fußnote der **falsche** Platz dafür; denn Ihrer Meinung nach ist die Information ja **bedeutsam**! Schreiben Sie diese Passage folglich in den eigentlichen Text.
(2) Ist der für die Fußnote vorgesehene Text „**doch nicht** so wichtig"? Dann lassen Sie ihn **weg** und verschonen Sie den Leser mit einer überflüssigen Information.

Wörtliche (direkte) Zitate

Von einem wörtlichen Zitat spricht man dann, wenn fremde Ausführungen unverändert, d.h. **original- und buchstabengetreu** in den eigenen Text übernommen werden. Wörtliche Zitate werden zwischen Anführungszeichen gesetzt (wie bei der wörtlichen Rede). Die Quellenangabe beginnt unmittelbar mit dem bzw. den Nachnamen des bzw. der zitierten Autoren, d.h. **ohne „vgl."**.

Von sehr wenigen Ausnahmen abgesehen sind **wörtliche Zitate nicht notwendig**. Ein wörtliches Zitat sollte – wenn überhaupt – maximal zwei bis drei Sätze umfassen und allenfalls dann verwendet werden, wenn es derart gelungen oder originell formuliert wurde, dass dem Leser das Spezifische der Aussage nur dadurch vermittelt werden kann, dass der Autor die Textpassage wörtlich wiedergibt. Gegebenenfalls erforderliche längere Zitate sollte man i.d.R. einrücken und engzeilig (in kleinerer Schrift) schreiben.

Kürzere Zitate in Englisch oder Französisch sind nur in begründeten **Ausnahmefällen** erforderlich; sie werden im Allgemeinen nicht übersetzt, sind aber in den Text einzubinden. Längere Zitate bzw. Zitate in einer **anderen** Sprache (z.B. Polnisch) werden normalerweise übersetzt und in beiden Sprachen angegeben (Originaltext einzeilig und in kleinerer Schrift).

Wörtliche Zitate, wie im Übrigen auch Quellenangaben, erfordern **Originaltreue**, d.h., man übernimmt nicht nur den Text im Original, sondern auch Zeichensetzung, Rechtschreibung, Hervorhebungen sowie alle in der Ursprungsquelle enthaltenen Fehler. Wer im Original einen Fehler erkannt hat, sollte die betreffende Stelle direkt am Ende durch [sic!] kennzeichnen, was so viel bedeutet wie „dieser Fehler stand ‚wirklich so‘ in der Originalquelle". Mit [sic!] verdeutlicht man dem Leser, dass der Fehler im wörtlichen Zitat nicht auf eigener Unachtsamkeit beruht.

Beispiel

„Mithilfe der Regresionsanalyse [sic!] ließ sich zeigen, das [sic!] zwischen den untersuchten Variablen kein Zusammenhang besteht" (Kaiser 2005, S. 162).

Jedwede **Veränderung im wörtlichen Zitat** ist durch **eckige Klammern** („[ ]") kenntlich zu machen:

(a) Wer Text, Hinweise bzw. Anmerkungen in das Originalzitat **einfügt**, klammert diese Ergänzungen ein und kennzeichnet sie mit dem Hinweis [xxx; Anmerk. d. Verf.].

Beispiel

„Diese [ausführlichen; Anmerk. d. Verf.] Hinweise zum Umgang mit wörtlichen Zitaten waren keineswegs überflüssig" (Kaiser 2005, S. 373).

(b) **Hervorhebungen** im Originaltext (z.B. Fettdruck, Unterstreichungen, Kursivschrift) sind grundsätzlich zu übernehmen. Andernfalls sollte man auch dies durch einen Hinweis in eckigen Klammern kenntlich machen: [Herv. im Original]. **Eigene Hervorhebungen** im wörtlich zitierten Text, z.B. durch Kursiv- oder Fettschrift, sind mit dem Zusatz **„Herv. durch den Verf."** zu kennzeichnen.

Beispiel

„Diese Hinweise zum Umgang mit wörtlichen Zitaten waren KEINES-WEGS [Herv. durch den Verf.] überflüssig" (Kaiser 2005, S. 373).

(c) Wer innerhalb eines Zitats Text **weglässt** (sog. **Auslassungen / Ellipsen**), kennzeichnet dies durch

[.] für **ein** ausgelassenes Wort,

[…] für **mehr** als ein Wort.

Beispiele

- „Diese Hinweise zum Umgang mit [.] Zitaten waren keineswegs überflüssig" (Kaiser 2005, S. 373).
- „Diese Hinweise […] waren keineswegs überflüssig" (Kaiser 2005, S. 373).

Ein entsprechender Vermerk ist dann nicht notwendig, wenn die Auslassung am Beginn oder am Ende des Zitats ist. An dieser Stelle (Beginn und Ende) dürfen außerdem **Groß- und Kleinschreibung** sowie **Interpunktion** an den Text **angepasst** werden.

Bei einem wörtlichen Zitat **im wörtlichen** Zitat ist das „**Zitat im Zitat**" zwischen einfache Apostrophe zu setzen und auch die zweite (indirekt zitierte) Quelle anzugeben (Kurzbeleg und Literaturverzeichnis).

Beispiel

„Die Relevanz dieser ‚ungewöhnlichen Entwicklung in der Kundenzufriedenheitsforschung' (König 2004, S. 87) lässt sich derzeit nur ansatzweise bewerten" (Kaiser 2005, S. 346).

Im Falle eines wörtlichen Zitats **im indirekten** Zitat verwendet man Anführungszeichen („…"). Die zweite (indirekt zitierte) Quelle ist auch in diesem Fall anzugeben (Kurzbeleg und Literaturverzeichnis).

> **Beispiel**
> Wie Kaiser (2005, S. 346) auf Basis einer eingehenden Literaturrecherche belegt, ist der Stellenwert dieser „ungewöhnlichen Entwicklung in der Kundenzufriedenheitsforschung" (König 2004, S. 87) bislang allenfalls in Ansätzen erkennbar.

Sinngemäße (indirekte) Zitate

Mit einem sinngemäßen Zitat ist gemeint, dass man Gedanken bzw. Ausführungen anderer **übernimmt** oder sich an die Argumentation anderer Autoren **anlehnt**, ohne indessen den betreffenden Text wörtlich wiederzugeben. Hingegen ist mit einem indirekten Zitat **nicht** gemeint, dass man den Originaltext (mit mehr oder weniger großer Mühe) umformuliert; vielmehr sollte man sich vom jeweiligen Text lösen und den Inhalt in eigenen Worten wiedergeben (= **paraphrasieren**). Indirekte Zitate werden **nicht** zwischen Anführungszeichen gesetzt.

Eine **„neutrale" Paraphrasierung** (= ohne Wertung) könnten Sie bspw. mit einer der folgenden Phrasen einleiten:

- Nach Meinung / Auffassung des Autors ist …
- Der Autor vertritt dabei die Position, dass …
- So betont der Autor, dass …
- …, so der Autor, …
- Dieser Umstand sei …

Der Quellenverweis bei sinngemäßen Zitaten muss unbedingt mit dem Zusatz **„vgl."** beginnen. Dieser entfällt, falls ein **einleitender Satz** den / die Autor(en) nennt; dann erscheinen in **Klammern** lediglich Jahr und Seite(n).

> **Beispiele**
> - Die folgenden Ausführungen beruhen auf den Überlegungen von Nieschlag u.a. (2002, S. 103f.), die davon ausgehen, dass …
> - Nach Meinung / Auffassung von Ling (2006, S. 60) ist …
> - Lohmann (2007, Sp.1964) vertritt die Position, dass …

- So betont Pluznik (1996, S. 40), dass …
- …, so Geppert (1997, S. 10), …

Wichtig: **Für den Leser muss der Umfang eines sinngemäßen Zitats erkennbar sein.** Dessen Anfang und Ende sind deshalb auch **eindeutig** zu kennzeichnen. Auch bei längeren sinngemäßen Zitaten steht der Kurzbeleg (Harvard-Zitierweise) am Ende des Satzes oder Abschnitts, **keinesfalls** aber hinter einer Kapitelüberschrift. Um den Umfang eines Zitats eindeutig zu kennzeichnen, ist mitunter ein **zusätzlicher Hinweis** notwendig. Denkbar wäre zum einen, dass man ein längeres Zitat bereits im Text mit einer entsprechenden **Formulierung** einleitet, z.B.

- Der Inhalt des folgenden Abschnitts beruht / basiert im Wesentlichen auf Dichtl (1995, S. 14f.), der …
- Die folgende Darstellung lehnt sich an Dichtl (1995, S. 14f.) an.
- Folgt man den Überlegungen von Dichtl (1995, S. 14f.), so lässt sich …
- Wie Dichtl (1995, S. 14f.) eingehend darlegte, sind …
- Nach Meinung / Auffassung von Dichtl (1995, S. 14f.) sind …

Zum anderen kann man im Kurzbeleg **verdeutlichen**, dass sich mehr als ein Satz der dann folgenden Ausführungen auf eine Quelle bezieht, z.B. durch den Hinweis „(vgl. zu diesem Abschnitt Kaiser 2005, S. 23f.)“ oder durch „(vgl. zum Folgenden Kaiser 2005, S. 23f.)“.

Beispiel
Ein Wettbewerbsvorteil zeichnet sich durch verschiedene Merkmale aus (vgl. zum Folgenden Simon 2004, S. 34ff.): …

(Stilistischer) Umgang mit Zitaten
Zitate, d.h. Aussagen, Gedanken usw. Dritter, sind nur dann zweckmäßig, wenn man seine eigenen Überlegungen bzw. Argumentationslinie(n) **damit unterstützt** (oder ggf. bewusst schwächt / widerlegt). Zitate – gleichgültig, ob wörtlich oder sinngemäß – müssen deshalb in den Text **integriert** („eingearbeitet“) und **kommentiert** werden. Neben der **Stringenz** der Argumentation ist entscheidend, dass die zitierten (fremden) Gedanken den **eigenen Schreibstil** nicht unterbrechen. Schon allein aus diesem Grund sollte man wörtliche Zitate **äußerst selten** (wenn überhaupt) ver-

wenden. Im Übrigen versteht es sich von selbst, dass der **Sinn** eines (wörtlichen oder sinngemäßen) Zitats **nicht** dadurch verändert werden darf,
dass man es aus dem ursprünglichen Zusammenhang reißt.

Selbstverständlich können – und sollen – Sie auch Ihre **eigene Position** zu erkennen geben; entscheidend ist, dass Sie **begründen**, weshalb Sie
für oder gegen etwas sind. Hier einige Beispiele für **kritisch-kommentie-
rende** Paraphrasierungen:

- Der Autor betont zu Recht, dass … ; denn …
- Ohne sie indes zu begründen, stellt der Autor die These auf, dass …
- Allerdings verzichtet der Autor darauf darzulegen, dass …; dies ist vor
  allem deshalb bemerkenswert, weil …

7.2.3.2 Ergänzende Hinweise zur korrekten Zitierweise

Bei der **Harvard-Zitierweise** steht die Quelle jeweils direkt nach dem
Zitat in Klammern im laufenden Text, d.h. Verfasser, Erscheinungsjahr
und Seite der Fundstelle.

Beispiele
- Harvard-Zitierweise bei einem wörtlichen Zitat:
  „…………..“ (Kaiser 2005, S. 12).
- Harvard-Zitierweise bei einem sinngemäßen Zitat:
  ………….. (vgl. Kaiser 2005, S. 12).

Bei **Autorengemeinschaften** – mit **mehr** als zwei Personen (z.B. Nie-
schlag/Dichtl/Hörschgen 2002, S. 100) – genügt es, im **Text** (**nicht** im Literaturverzeichnis) den ersten Verfasser mit dem Zusatz „u.a.“ zu versehen
(also: Nieschlag u.a. 2002, S. 100).

Zu einem vollständigen Zitat gehört die **genaue Angabe der Seite(n)**,
denen der Inhalt des Zitats entstammt. Gibt ein Zitat eine Textstelle wieder, die sich in dem zitierten Werk über mehr als eine Seite erstreckt, muss
dies aus der Seitenangabe hervorgehen:

- Bezieht sich das Zitat auf **zwei aufeinanderfolgende** Textseiten, so
  schreibt man bspw. „S. 1f.“;
- bei **mehr** als zwei Seiten lautet die korrekte Angabe z.B. „S. 1–4“ bzw.
  „S. 1ff.“.

Auf die Seitenzahl kann **allenfalls dann verzichtet** werden, wenn sich der Autor nicht auf eine spezifische Aussage auf einer bestimmten Seite bezieht, sondern auf den Artikel an sich oder auf das Buch insgesamt, was im Regelfall jedoch eher selten vorkommt; denn in einer wissenschaftlichen Arbeit soll nicht das Allgemeine, sondern das **Spezifische** herausgearbeitet werden.

Bei Quellen, die dem **Internet** entstammen und **keine Seitenzahl** haben, genügt es i.d.R., wenn man im Text Autor bzw. Herausgeber und Jahr nennt.

Beispiele
- Harvard-Zitierweise eines wörtlichen Zitats aus einer Internetquelle: „.............." (Kaiser 2005).
- Harvard-Zitierweise eines sinngemäßen Zitats aus einer Internetquelle:
  .... (vgl. Kaiser 2005).

Sind für die Internetquelle Seitenzahlen verfügbar (z.B. pdf-File einer Dissertation oder Diplomarbeit), so sind diese selbstverständlich anzugeben.

Alle Zitate – unabhängig ob wörtlich oder sinngemäß – sind grundsätzlich dem **Originaltext** zu entnehmen, da sich nur so **Folgefehler** vermeiden lassen. Eine **Ausnahme** kommt dann in Betracht, wenn glaubwürdig nachgewiesen werden kann, dass die Originalquelle **nicht** oder nur unter unverhältnismäßig **schwierigen Umständen** zugänglich ist. Wer gezwungen ist, eine Quelle „aus zweiter Hand" zu zitieren, muss den Rückgriff auf **Sekundärliteratur** deutlich machen.

Beispiele
- Hinweis auf Sekundärliteratur (wörtliches Zitat): „.............." (Kaiser 2005, S. 12; zit. n. Berger 2006, S. 45).
- Hinweis auf Sekundärliteratur (sinngemäßes Zitat):
  .... (vgl. Kaiser 2005, S. 12; zit. n. Berger 2006, S. 45).

Im **Literaturverzeichnis** gibt man in diesem Fall lediglich jene Quelle an, der das Zitat entnommen wurde, d.h. in diesem Beispiel Berger (2006).

Zitieren „sonstiger" Literatur
Zitiert werden muss auch sog. **graue Literatur**, d.h. öffentlich nicht
zugängliche Quellen (ohne ISBN / ISSN), sowie **Information**, die man z.B.
durch persönliche Gespräche (z.B. mit Experten) gewonnen hat. Handelt
es sich dabei um **sensible** Information (z.B. Firmeninterna), so kann – bzw.
muss – diese **anonymisiert** werden. Aber auch dann sollten die Informa-
tionsquelle sowie deren Qualität immer noch **erkennbar** sein. Persönlich
geführte Expertengespräche und graue Literatur werden im Literaturverzeichnis i.d.R. unter „**Sonstige Quellen**" festgehalten.

7.2.3.3 Angabe der Quellen im Literaturverzeichnis

Im Literaturverzeichnis müssen Sie alle Quellen, die Sie in Ihrer Arbeit
zitiert haben, vollständig aufführen; denn jeder Leser, der sich für Ihre
Aussagen interessiert oder diese gar anzweifelt, muss die in Ihrem Text
erwähnten Quellen eindeutig identifizieren und ggf. nachlesen können.
Die einzelnen Angaben zur korrekten Bezeichnung sind den Quellen
selbst zu entnehmen. Die wesentlichen **Kriterien** zur **Gestaltung** des Lite-
raturverzeichnisses sind (vgl. Becker 2006, o.S.):

- Richtigkeit (= fehlerfreie Angabe der Quellen),
- Vollständigkeit (= Angabe der wesentlichen Informationen zum Auf-
  finden der Quellen),
- Einheitlichkeit / Konsistenz (= Beibehalten einer einmal gewählten
  Systematik der Literaturangabe),
- Übersichtlichkeit (z.B. alphabetische Reihenfolge, Form der Darstel-
  lung).

Zur Vollständigkeit gehören zumindest der Name des Verfassers (der Verfasser), das Erscheinungsjahr, der Titel der Arbeit, gegebenenfalls die Seitenzahlen, Name und Jahrgang der Zeitschrift bzw. der Titel des Sammel-
werks und deren Herausgeber sowie der Erscheinungsort.

Gewöhnlich ergeben sich gerade bei der Angabe von Quellen im Literaturverzeichnis zahlreiche Detailprobleme. Da Lehrstuhlinhaber i.d.R.
eine eigene Vorstellung davon haben, wie die Quellen im Literaturverzeichnis anzugeben sind, sollten Sie die Leitlinien jenes Lehrstuhls zu Rate
ziehen, bei welchem Sie Ihre wissenschaftliche Arbeit anfertigen.

7.2.4 Abbildungen, Tabellen, Grafiken

7.2.4.1 Stellenwert von Schaubildern

Grafiken, Abbildungen und Tabellen sind sehr bedeutsam und aus kaum einer wissenschaftlichen Arbeit wegzudenken: Ihren Lesern können Sie damit einen ganz bestimmen **Sachverhalt verdeutlichen** und näherbringen.

- Schaubilder vermitteln komplexe Zusammenhänge auf gleichermaßen **anschauliche** wie **zeitsparende** Weise.
- Sie **konkretisieren** einen Sachverhalt, z.B. die Umsatzentwicklung eines Unternehmens (mithilfe einer Tabelle oder Abbildung) oder auch das Produktprogramm eines Unternehmens (z.B. durch Fotos).
- Sie fassen einen Text **zusammen**.
- Sie dienen als „**Eye-catcher**" und lockern das **Schriftbild** auf.
- Sie helfen dem Leser dabei, sich in der Arbeit **zurechtzufinden**.

Den Informationsgehalt von Abbildungen, Tabelle usw. müssen Sie im Text immer auch **ausformulieren**; geben Sie an jener Stelle, wo Sie mit der inhaltlichen Aussage der Tabelle oder Grafik argumentieren, einen entsprechenden Hinweis (z.B. „vgl. Abb. 35" oder „vgl. Tab. 10").

WICHTIG: Jede Abbildung, Tabelle usw. muss einem ganz **konkreten** Zweck dienen! Nutzen Sie diese Darstellungsformen vorzugsweise dann,

- wenn der pure Text (d.h. ohne Abbildung) **unübersichtlich** wäre,
- wenn aufgrund der **Komplexität** der Zusammenhänge eine lediglich verbale Darstellung sehr viel mehr Raum beanspruchen würde,
- wenn Abbildungen usw. das **Verständnis** des Textes erleichtern,
- wenn Sie damit z.B. eine **Aussage unterstreichen** wollen.

Abbildungen, Tabellen usw. erfüllen in Ihrer Arbeit ganz offensichtlich äußerst **wichtige Funktionen**; sie bei Platzmangel in den **Anhang** zu **verfrachten** wäre demnach **unsinnig** und **schädlich** zugleich, weil man dann bspw. nicht so kraftvoll argumentieren kann. Sind Schaubilder hingegen „nicht so wichtig", dann sollten Sie diese rausnehmen – und zwar **aus der gesamten Arbeit**. Auch der Anhang ist kein **Müllabladeplatz**: Dort ist nur umfangreicheres Material wiederzugeben, das für Ihre eigentliche Argumentation (innerhalb des Textes) nur mittelbar bedeutsam ist, z.B. die detaillierte Übersicht über die Ergebnisse Ihrer empirischen Studie, größere tabellarische und grafische Darstellungen, ausführliche Notizen der von Ihnen geführten Expertengespräche, längere Gesetzestexte. Missbrauchen Sie den Anhang keinesfalls dazu, eine etwaige Seitenbegrenzung zu umgehen! Sie sehen: Es gilt dasselbe **Prinzip** wie bei Fußnoten.

Auf Grafiken sollten Sie immer dann verzichten, wenn es vorrangig um **Effekthascherei** und Show geht. Auch Mehrfarbdruck ist häufig vergebliche Liebesmüh', es sei denn, die verschiedenen Farben haben eine **spezifische Bedeutung** (bspw. könnten Sie mit verschiedenfarbigen Linien die Umsatzentwicklung unterschiedlicher Produkte kennzeichnen). Erfüllt das bunte Werk hingegen keinen konkreten Zweck und geht es lediglich darum, die triste Arbeit „farblich aufzulockern", dann sollten Sie darauf verzichten. Außerdem: Farbig gestaltete „Luftnummern" unterstreichen die Trivialität des Blendwerks und erleichtern es dem Korrektor einer wissenschaftlichen Arbeit, die „Qualität" zu beurteilen. Mit bunten Bildchen können Sie fachkundige Leser jedenfalls **nicht beeindrucken**.

Ein letzter Hinweis: Fallen Sie vor Abbildungen und Tabellen, die Sie aus **anderen Quellen** übernehmen wollen, nicht „auf die Knie". Es gibt **gute Gründe**, die entsprechenden Werke anderer zu verändern:
- Zum einen will jeder Autor mit einem Schaubild eine ganz spezifische Aussage transportieren;
- zum anderen sind Abbildungen, die man in anderen Quellen findet, häufig derart **schlecht gestaltet** und inhaltlich unvollständig, dass es zweckmäßig ist, ein Schaubild so zu modifizieren, dass es den **eigenen Ansprüchen** genügt.

Je nachdem, wie stark Sie sich inhaltlich von einer oder mehreren Quellen entfernt haben, können Sie zwischen den folgenden **Optionen** wählen.

Beispiele (für die korrekte Quellenangabe bei Abbildungen, Tabellen usw.)
- Quelle: Ling (2007, S. 1948).
- Quelle: Weibel (2005, S. 44); leicht modifiziert.
- Quelle: Meyer (2005, S. 23); stark modifiziert.
- Quelle: eigene Darstellung auf der Basis von Schwartz (2007, S. 815f.) und Schneider (2008, S. 4711).
- Quelle: eigene Erhebung.

7.2.4.2 Hinweise zur Gestaltung von Schaubildern

Verständlichkeit

Versorgen Sie den Leser mit allen wichtigen Informationen. Jedes Schaubild muss **ohne Text verständlich** sein.

- Bezeichnen Sie den Inhalt von Tabellen, Abbildungen usw. eindeutig, indem Sie jeweils einen aussagekräftigen **Titel** wählen.
- Setzen Sie unter die Tabelle bzw. das Schaubild eine **Legende**, in welcher Sie die verwendeten Symbole, Kontrastierungen und ggf. Farben erklären.
- Auch die vom Verfasser hinzugefügten oder übernommenen **Anmerkungen** sind unter die Schaubilder zu setzen.
- Beschriften Sie die **Achsen** / Dimensionen **konkret**.
- Führen Sie ggf. ein **Lesebeispiel** an.
- Tabellen und Schaubilder werden **fortlaufend** nummeriert.
- Geben Sie unter dem Schaubild die **Quelle** an.

Greifen Sie im weiteren Verlauf Ihrer Arbeit bzw. Argumentation auf die Aussage einer früheren Abbildung oder Tabelle zurück, so sind Nummer und Seitenzahl anzugeben, z.B. „vgl. Abb. 35, S. 815"), es sei denn, Verweis und Grafik stehen auf **derselben** Seite.

Übersichtlichkeit

Gestalten Sie Ihre Schaubilder **übersichtlich**!

- Wählen Sie Kontraste / Grautöne, anhand derer die Leser z.B. einzelne Balken **eindeutig** unterscheiden können.
- Verwenden Sie Symbole, die leicht **zuordenbar** sind.
- Achten Sie auf die **Schriftgröße**.
- Nutzen Sie möglichst die gesamte zur Verfügung stehende **Fläche**.

Keine Informationsüberlastung!

Überfrachten Sie Ihre Leser **nicht** mit Information!

- Vermeiden Sie **Zahlenfriedhöfe**.
- Seien Sie nicht „**hypergenau**": Es genügt grundsätzlich, wenn Sie Zahlen auf eine Stelle hinter dem Komma runden (vgl. hierzu auch Kap. 7.2.7).
- Vermeiden Sie **redundante** Information: Sie müssen nicht jeden Befund doppelt und dreifach kommentieren.

- Verzichten Sie auf **„EDV-Spielereien"** und halten Sie sich an den Grundsatz: „Lieber eine einfarbige, unmittelbar nachvollziehbare Abbildung statt eines mehrfarbigen Schaubilds, das vor allem durch seine Aufmachung und weniger durch den Inhalt besticht."
- Wenn Sie die Wahl haben, sollten Sie statt Tabellen grundsätzlich **Abbildungen** verwenden; deren Inhalt ist häufig leichter zu erfassen.

Selbstverständlich können und sollen Sie auch **Tabellen** einsetzen – allerdings möglichst sparsam und „hochverdichtet". Tab. 2 entspricht einem solchen „Idealfall", der auf kleinstem Raum sehr viel Information liefert.

Tab. 2: Verwendung einer Tabelle am Beispiel „Stärken / Schwächen-Vergleich von Filialen"

Leistungs- ebene	Eigene Filiale	„Poor dog"	Abwei- chung vom „Poor dog"	„Bench- mark"	Abwei- chung vom „Bench- mark"	Alle Filialen (= Durch- schnitt)	Abwei- chung vom Durch- schnitt	Verän- derung ggü. Vorjahr	Position im Ran- king aller Filialen
Gesamtzufrie- denheit	2,2	1,4	+0,8	2,8	-0,6	2,0	+0,2	-0,2	18
Außenbereich der Filiale	1,8	0,0	+1,8	2,6	-0,8	1,9	-0,1	+0,2	23
Sauberkeit des Marktes	....								
Verfügbarkeit der Waren	....								
....	....								

Legende: „Poor dog" / „Benchmark" = Filiale, welche bei der jeweiligen Leistungsebene am schlechtesten / am besten abschneidet.

Unterscheiden Sie zwischen Abbildung und Tabelle
Eine Tabelle zeichnet sich dadurch aus, dass sie aus **Zeilen** und **Spalten** besteht und überdies nur **Zahlen** enthält. Geben Sie nicht Zahlen, sondern Text wieder, so handelt es sich um eine Abbildung. Ein solcher Fall ist in Abb. 48 dargestellt: eine **tabellenartige Zusammenstellung** von Text. Auch eine solche Abbildung eignet sich sehr gut für wissenschaftliche Arbeiten, da die wesentlichen Informationen übersichtlich und leicht nachvollziehbar dargestellt sind.

Abb. 48: Verwendung einer tabellenartigen Abbildung am Beispiel „Handlungsbedarf in einer Niederlassung"

Priorität	Frage	Inhalt	Erfolgsbereiche
1.	F1	Freundlichkeit des Gesprächspartners	Telefonkontakt
2.	L3	Pünktlichkeit der Anlieferung	Anlieferung
....	....	....	....
....	....	....	....
20.	R2	Verständlichkeit der Rechnung	Rechnung

7.2.4.3 Schaubildtypen

Wer seine Ergebnisse verständlich, vergleichbar und leicht nachvollziehbar kommunizieren will, kann verschiedene Typen von Schaubildern nutzen (vgl. Kornmeier/Schneider 2006, S. 302f.; Zelazny 2003). Deren Eignung richtet sich dabei vor allem nach dem zu vermittelnden Inhalt.

(1) Das **Kreisdiagramm** (vgl. Abb. 49) kommt in Betracht, um Anteile an der Gesamtheit darzustellen. Typische Kennzeichen sind Begriffe wie Anteil, Prozentsatz oder x%.

Beispiele
- 18% der Kunden sind mit Unternehmen X sehr zufrieden.
- Das Unternehmen hatte 2007 einen Marktanteil von 35%.

Abb. 49: Beispiel eines Kreisdiagramms

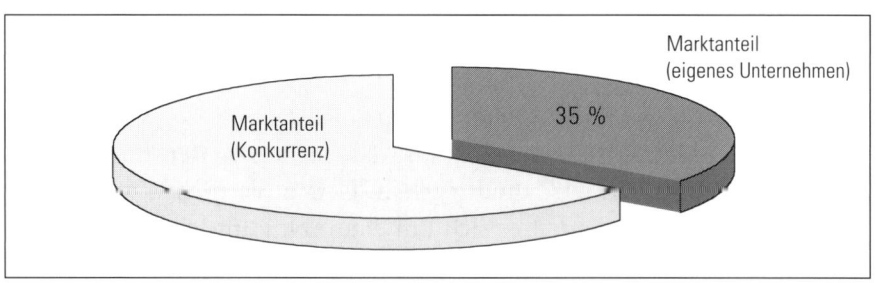

(2) Mit **Balkendiagramm** bzw. **Säulendiagramm** (Kennzeichen: Begriffe wie „größer als", „kleiner als", „gleich") lassen sich einzelne Objekte in eine **Rangreihe** bringen (vgl. z.B. Abb. 28, s. S. 124).

Beispiel
Die Kunden von Fast-Food-Restaurant B sind zufriedener als jene der Restaurants A und C.

Außerdem kann man mit einem Balken- bzw. Säulendiagramm die Besetzung von **(Größen-)Klassen** visualisieren (Kennzeichen = Begriffe wie Verteilung, Häufigkeit, Bereich X – Y, Konzentration).

Beispiel
Je nach Altersgruppe (bis 18 Jahre; 19 bis 35 Jahre; 36 bis 55 Jahre; über 55 Jahre) unterscheidet sich die Kundenzufriedenheit deutlich.

(3) Mit Punkte- und Kurvendiagramm können Sie Beziehungen zwischen Variablen darstellen (z.B. Jahr und Exportquote; Alter und Kundenzufriedenheit). Kennzeichen sind Begriffe wie verändern, wachsen, steigen, zunehmen, fallen, sinken, schwanken. Beide Darstellungsformen unterscheiden sich darin, dass im **Punktediagramm** die Beziehung zwischen den Variablen **diskret** ist, weil man die entsprechenden Werte bspw. nur zu bestimmten Zeitpunkten erhoben hat (vgl. z.B. Abb. 29, s. S. 125), z.B. einmal für das Jahr 2003, einmal für das Jahr 2004, einmal für das Jahr 2005 usw. Streng genommen sind die zwischen den Punkten gezogenen Linien lediglich „gedacht".

Beispiel
Seit 2003 ist die Exportquote des Unternehmens in jedem Jahr gewachsen.

Beim **Kurvendiagramm** hingegen kann man von einer stetigen (oder quasi-stetigen) Beziehung zwischen den Variablen ausgehen. Wer bspw. 2000 Konsumenten jeden Alters befragt, kann u.a. grafisch die Beziehung zwischen Alter und bspw. Zufriedenheit beschreiben.

Beispiel
Je älter die Kunden, desto zufriedener sind sie.

7.2.5 Mathematische Formeln und Gleichungen

Schreiben Sie Formeln und Gleichungen jeweils in eine eigene Zeile und zwar grundsätzlich zentriert. Lediglich bei aufeinanderfolgenden Gleichungen, die zusammengehören, sollten Sie linksbündig schreiben, sodass die Gleichheitszeichen untereinander stehen. Es versteht sich von selbst, dass alle Bruchstriche in einer Zeile auf derselben Höhe stehen.

Erklären Sie Formeln und Gleichungen im **Text**; denn Leser, die in einer geisteswissenschaftlichen Arbeit mit einer Formel konfrontiert werden, müssen den mathematischen Zusammenhang „**entschlüsseln**", was den Lesefluss unterbricht. Überdies sind nicht alle Leser Ihrer Arbeit Mathegenies. Betrachten Sie die mathematische Darstellung deshalb eher als **Ergänzung**.

Beispiel (Auszug aus einer Arbeit zur Kundenzufriedenheit)
„Bei der Berechnung der Gesamtzufriedenheit (= GZ) berücksichtigt man häufig die kundenspezifische **Wichtigkeit** der einzelnen Leistungskomponenten (= W_i). Werden die **Differenzen** zwischen erwarteter (= E_i) und wahrgenommener (= Q_i) Qualität der einzelnen Leistungskomponenten anschließend mit der jeweiligen Wichtigkeit multipliziert und die einzelnen Werte addiert, so ergibt sich die **Gesamtzufriedenheit**. Die entsprechende Formel lautet:

$$GZ = \sum_{i=1}^{n} (Q_i - E_i) \cdot W_i$$

Dabei bedeutet:
GZ = Gesamtzufriedenheit
Q_i = Wahrgenommene Qualität der Leistungskomponente i
E_i = Erwartungen an die Leistungskomponente i
W_i = Bedeutung der Leistungskomponente i
i = Art der Leistungskomponente
     (z.B. Freundlichkeit des Servicepersonals)"

7.2.6 Abkürzungen und Symbole

(1) Da sie im Allgemeinen schwer verständlich sind, sollte man Abkürzungen im laufenden Text möglichst **selten** verwenden, insbesondere dann, wenn sie wenig geläufig oder gar unbekannt sind. Auch in Abbildungen und Tabellen benutzte Abkürzungen müssen Sie in einer speziellen **Legende** erklären, sodass Grafiken, Statistiken usw. für den Leser unmittelbar, d.h. „aus sich selbst heraus" nachvollziehbar sind. Nicht gestattet sind Abkürzungen aus Bequemlichkeit (z.B. „MS" für „Marketingstrategie" oder „IU" für „Internationale Unternehmensführung"). Derartige Akronyme sind nicht gängig und erschweren damit das Textverständnis. Im Folgenden finden Sie einige Beispiele für **sinnvolle Abkürzungen**.

Beispiele

AHP	=	Analytisches Hierarchie Prozess-Verfahren
NICs	=	Newly Industrializing Countries
AKA	=	Ausfuhrkredit-Gesellschaft mbH
NUTS	=	Nomenclature des Unités Territoriales Statistiques
APEC	=	Asian-Pacific Economic Cooperation
OECD	=	Organization for Economic Cooperation and Development
F&E	=	Forschung und Entwicklung
ROI	=	Return On Investment
GATT	=	General Agreement on Tariffs and Trade
UWG	=	Gesetz gegen unlauteren Wettbewerb
HGB	=	Handelsgesetzbuch

---

(2) Wer **Symbole** verwendet, sollte folgende Hinweise beachten (vgl. Rossig/Prätsch 2006, S. 170):

- Bei **mathematischen Formeln** sind die verwendeten Symbole zu erklären (z.B. Q_i = wahrgenommene Qualität der Leistungskomponente i).
- Erfinden Sie keine mathematischen Symbole, sondern verwenden Sie den **Standard** lt. DIN 1302 (Formelzeichen: DIN 1304).
- Achten Sie auf **Konsistenz**: Ordnen Sie jedem Symbol genau einen Begriff zu (et vice versa). Verwenden Sie die Symbole in der gesamten Arbeit **gleich**.

- **Erklären** Sie jedes Symbol, das in Ihrem Fachgebiet nicht verbreitet ist, sobald Sie es zum ersten Mal verwenden. Falls möglich sollten Sie auf derartige Zeichen verzichten.
- Symbole, von denen man annehmen kann, dass sie nicht allen Lesern bekannt sind, sollten Sie in einem **Symbolverzeichnis** gesondert aufführen (Ausnahmen: z.B. =; <; >; ≠; ≈).
- Ein Symbol einzuführen ist nur dann zweckmäßig, wenn Sie **mehr als einmal** darauf zurückgreifen. Andernfalls verfehlt es seinen Zweck: Arbeit zu sparen. Dasselbe gilt bspw. auch für Abkürzungen, falls Sie den entsprechenden Begriff lediglich einmal verwenden.

7.2.7 Zahlen, Zahlwörter und Einheiten

(1) Im Text werden Zahlen von null bis zwölf grundsätzlich **ausgeschrieben**, es sei denn,
- die Zahl erscheint zusammen mit dem **Wort „Zahl"** oder
- die Zahlen von null bis zwölf werden zusammen mit **größeren Zahlen** verwendet (vgl. Rossig/Prätsch 2006, S. 170f.).

Beispiele
- „Das Unternehmen hat sieben Mitarbeiter."
aber:
- „Beim Lotto entschied er sich für die Zahl 7." oder „Die Zahl 7 hat für Christen eine besondere Bedeutung."
- „Die Skala reicht von 0 bis 100." oder „Die Zahl der Besucher pro Tag schwankt zwischen 0 und 15."

(2) Die **Genauigkeit**, mit der Sie in Ihrem Text Zahlen angeben, sollte dem jeweiligen Anlass bzw. Kontext **angemessen** sein:
- Makroökonomische Daten zu einzelnen Ländern (z.B. Volkseinkommen, Zahl der Einwohner) sind i.d.R. derart ungenau, dass ein „korrekter" Wert („bis auf die zehnte Stelle hinter dem Komma") ohnehin nicht möglich ist.
- Auch bei Umfrageergebnissen (z.B. Wählerbefragung zur Bundestagswahl) dürften im Allgemeinen maximal zwei Nachkommastellen genügen; weil der statistische Fehler (Varianz) viel größer ist,

würde ein „exakteres" Ergebnis allenfalls Scheingenauigkeit sugge-
rieren.
- Dieser „großzügige" Umgang mit Zahlen gilt jedoch nicht in jedem
Fall. Beispielsweise sind bei der Angabe von **Signifikanzniveaus** (= p)
die Stellen hinter dem Komma sehr entscheidend. Es ist z.B. ein großer
Unterschied, ob die Irrtumswahrscheinlichkeit p = 0,001 beträgt, p =
0,01 oder gar p = 0,1!

(3) **Zahlwörter** (z.B. Tausend, Million) und **Einheiten** (z.B. physikalische
Einheiten) werden im Text ausgeschrieben, es sei denn, sie konkretisieren
eine angegebene Zahl. Dabei gilt:
- abgekürzte **Einheiten** stehen ohne Punkt (z.B. t, kg, g, km, qkm bzw.
km², m, min, s, kWh),
- abgekürzte **Zahlwörter** enden mit einem Punkt (z.B. Tsd.; Mio.;
Mrd.),
- zwischen Zahl und Zahlwort (bzw. Einheit) ist eine **Leerstelle**.

Beispiele
- „Tausend", aber „42 Tsd.",
- „Million", aber „3,57 Mio."
- „Milliarde", aber „3,1 Mrd."
- „Kilogramm", aber „68 kg"
- „Kilometer", aber „8,7 km"
- „Kilowatt", aber „5,6 kW"
- „Quadratkilometer", aber „4 qkm" bzw. „4 km²"

(4) Achten Sie darauf, dass zwei **unabhängige Zahlen** nicht unmittelbar
hintereinander stehen.

Beispiel
„Das Gewinnwachstum betrug 2006 5,5%."
besser: „2006 betrug das Gewinnwachstum 5,5%."
noch besser: 2006 konnte das Unternehmen seinen Gewinn um 5,5%
im Vergleich zum Vorjahr steigern.

7.2.8 Kapitel, Absätze, Aufzählungen / Auflistungen, Hervorhebungen

Ein unverzichtbares Hilfsmittel zur Strukturierung eines Textes sind **Glie-derungspunkte**, d.h. Kapitel und Unterkapitel. Damit verdeutlichen Sie dem Leser, was Gegenstand des betreffenden Teils Ihrer Arbeit ist. Allerdings sollten Sie i.d.R. auch den Text **innerhalb** eines Kapitels unterteilen, denn grundsätzlich gilt:

- Jeder Satz enthält eine **Aussage**.
- **Mehrere Sätze** konkretisieren einen bestimmten **Gedanken** und bilden zusammen einen Absatz. Absätze ersetzen folglich die **tabellarische Gliederung**, d.h., man könnte sie mit erstens, zweitens, drittens usw. einleiten.
- Mehrere Absätze bilden eine **Gruppe von Gedanken** und damit einen Gliederungspunkt bzw. einen Abschnitt oder ein Kapitel.

Achten Sie vor allem auf **Absätze**; denn in Ihrer **Argumentationskette** hat jeder Absatz eine wesentliche Funktion. Wer auf eine Gliederung verzichtet oder aber keine Absätze bildet, offenbart damit, dass er sich über die **innere Struktur** seiner Arbeit, d.h. über die einzelnen Gedanken und Argumente sowie deren **innere Verbundenheit** nicht im Klaren ist. Ein neuer Absatz ist immer dann erforderlich, wenn ein Gedanke zu Ende geführt ist oder wenn ein Vorgang in eine neue Phase tritt.

Absätze sollten im Allgemeinen **nicht zu lang** sein. Dies hat zum einen mit „Leseunfreundlichkeit" zu tun; zum anderen aber zeigt sich darin, dass der Autor es nicht verstanden hat, einzelne Gedanken klar herauszuarbeiten. Allerdings sollten Absätze auch **nicht nur** aus lediglich **einem Satz** bestehen; denn dieser reicht i.d.R. nicht aus, um einen Gedankengang vollständig darzulegen.

Belassen Sie es nicht bei Absätzen! Selbst innerhalb eines Satzes oder eines Abschnitts können Sie **Schwerpunkte** bilden oder **Übersicht** schaffen und damit dafür sorgen, dass die Leser Ihre Aussagen leichter nachvollziehen können.

- Nutzen Sie **Aufzählungen** (= 1., 2., 3. usw.) und **Auflistungen** (z.B. durch Punkte).
- Betonen Sie das Wesentliche durch **drucktechnische Mittel**. Verwenden Sie **Fettdruck** für die zentralen Begriffe – und zwar ausschließlich

für die **wesentlichen** Begriffe; ansonsten verliert dieses Instrument seine Wirkung.

- Heben Sie Namen durch **Kursivschrift** hervor.
- Setzen Sie auch **rhythmische** Akzente, z.B. durch Satzstellung oder Doppelpunkt. Üben Sie diese Option: Stellen Sie Sätze um und beschreiben Sie deren Wirkung.

Wählen Sie eine angemessene **Gliederungstiefe**: Ausführungen, die einer Überschrift folgen, sollten

- nicht **zu lang** sein, da der Leser sonst den Faden verlieren kann,
- nicht **zu kurz** sein, weil der Text dann zerrissen wirkt.

Als Anhaltspunkt kann man pro Gliederungspunkt **eine Textseite** veranschlagen.

8

Halten Sie sich an die Backzeit!

Seit ich in der Wissenschaft arbeite, hat **kein** Student, dem ich eine verlängerte Bearbeitungszeit gewährt habe, anschließend eine wirklich gute Arbeit vorgelegt. Ich spreche hier nicht von Abzügen in der Note, weil die Zeit nicht eingehalten wurde, sondern von der Qualität der Arbeit an sich (Nicht berücksichtigt sind hier natürlich die Studierenden, die ihren Abgabetermin wegen Krankheit oder anderen unvorhersehbaren Zwischenfällen nicht einhalten konnten). Allerdings ist dieses Ergebnis auch nicht verwunderlich. Überraschender wäre es nämlich, wenn einem Trödler in der eingeräumten Verlängerung tatsächlich der große Wurf gelänge. Ist es nicht auch Ausdruck des **intellektuellen Vermögens**, wie ein Autor in einer nur sehr begrenzt verfügbaren Zeit die Vielzahl an Arbeitsschritten, Aufgaben, Terminen usw. koordiniert und bewältigt (neudeutsch = **Zeit- / Selbstmanagement**)?

Eine wissenschaftliche Arbeit ist ein komplexes, **ganzheitliches** Werk. Denken Sie nochmals an den Kuchen:

- Ihr Gugelhupf braucht **Zeit** zum Gehen. Planen Sie also einige Tage ein, in denen Sie Ihre Arbeit einfach mal liegen lassen. Sie können dann wieder klare Gedanken fassen und ggf. sogar einen neuen Denkansatz entwickeln.
- Falls Ihnen wegen mangelhaften Zeitmanagements die Zeit davonrennt und Sie Ihren Kuchen deshalb nicht lange genug backen können, leidet dessen Konsistenz. Selbst gute Zutaten (z.B. Beiträge aus erstklassigen Journals) kommen dann nicht hinreichend zur Geltung,

weil Sie keine Zeit haben, die einzelnen Bestandteile zu **verknüpfen** und dem Leser schmackhaft zu machen.

- Backen Sie Ihren Kuchen allerdings zu lange, laufen Sie Gefahr, ihn zu „**verschlimmbessern**": Der Gugelhupf wird zu trocken – oder verbrennt.

Die Abgabe von Seminar-, Studien-, Bachelor- und Masterarbeiten ist i.d.R. an einen bestimmten Termin gebunden; die Ihnen zur Verfügung stehende Zeit ist demnach äußerst knapp. Sie sollten damit – wie mit jedem nur begrenzt verfügbaren Gut – ökonomisch umgehen. Klären Sie deshalb den genauen Abgabetermin und stellen Sie sicher, dass Sie diesen auch einhalten, indem Sie eine zumindest grobe **rollierende Planung** einführen – und Ihre Vorgaben je nach Arbeitsfortschritt aktualisieren (vgl. Rossig/Prätsch 2006, S. 50). Diese Vorgehensweise birgt nicht zuletzt folgende **Vorzüge**:

- Sie haben einen besseren **Überblick** über die einzelnen Arbeitsschritte, vor allem dann, wenn sie gleichzeitig verlaufen, sich wiederholen oder überschneiden.
- Sie können die zu bewältigenden Aufgaben besser **koordinieren** und Ihre knapp bemessene Zeit auf die Arbeitsschritte sowie auf die sonstigen (persönlichen) Tätigkeiten angemessen **verteilen**. Beispielsweise benötigen Studierende für die Sammlung von Literatur bzw. sonstiger Information nicht selten übermäßig viel Zeit, die ihnen dann für das Überarbeiten des Textes fehlt, von Einschränkungen bzw. Verzicht im privaten Bereich ganz zu schweigen (z.B. Vernachlässigung von Hobbys, Beziehung usw.).
- Sie können Ihren Arbeitsfortschritt leichter **kontrollieren** und das restliche Zeitbudget (= Dauer bis Abgabetermin abzüglich Zeitbedarf) einfacher **aktualisieren**.

Auch für das Schreiben der endgültigen Version müssen Sie ausreichend Zeit vorsehen (vgl. Abb. 50). Dabei sollten Sie nicht nur einen „letzten Blick" auf den **Inhalt** werfen, sondern bspw. auch

- Ihren **Schreibstil** überarbeiten,
- den Text in Bezug auf **formale** Fehler prüfen (z.B. Literaturverzeichnis, Rechtschreibung, Interpunktion usw.).

Im Übrigen müssen Sie Ihre Arbeit am Ende auch noch **kopieren** sowie heften bzw. **binden.**

Abb. 50: Vereinfachter Zeitbedarfsplan für das Schreiben einer wissenschaftlichen Arbeit

Arbeitsschritt	Vorgesehene Arbeitszeit (in Wochen)
Vorarbeiten, lfd. Planung, Kontrolle	
Material sammeln (z.B. Literatur) / Thema abgrenzen	
Material sichten / auswählen / ordnen; Grobgliederung	
Material auswerten / Gliederung erarbeiten	
Erste Version verfassen	
Erstfassung überarbeiten	
Mehrfaches Überarbeiten bis zur Druckfassung	
Drucken / Binden	
Gesamt	

Quelle: Rossig/Prätsch (2006, S. 51); modifiziert.

Bei der Zeitplanung könnten Sie sich an dem in Abb. 51 dargestellten Schema orientieren, das wesentliche Schritte einer auf drei Monate angelegten Bachelorarbeit berücksichtigt. Aufgrund individueller Gegebenheiten wird natürlich hie und da Bedarf bestehen, den **Plan anzupassen.** Bei der Berechnung der tatsächlich verfügbaren Arbeitszeit kann das in Abb. 52 skizzierte Beispiel hilfreich sein.

Bedenken Sie außerdem, dass Sie nicht an jedem Tag und nicht in jeder Stunde eines Tages gleichermaßen **leistungsfähig** sind. Planen Sie deshalb auch Phasen verminderter Leistungsfähigkeit und -bereitschaft ein, in denen Sie Arbeitsschritte bewältigen, die gleichfalls wichtig sind, Ihnen aber leichter von der Hand gehen (z.B. Abbildungen anfertigen; formatieren). Bestimmen Sie für jeden Arbeitsschritt einen festen Termin ("Redaktionsschluss"), sodass Sie für die verbleibenden Phasen nicht in Zeitnot geraten und Qualitätseinbußen hinnehmen müssen.

Abb. 51: Zeitplanung für das Schreiben einer wissenschaftlichen Arbeit
(vereinfachtes Schema)

Arbeitsschritt	Woche												
	1	2	3	4	5	6	7	8	9	10	11	12	13
Vorarbeiten, lfd. Planung, Kontrolle													
Material sammeln (z.B. Literatur) / Thema abgrenzen													
Material sichten / auswählen / ordnen; Grobgliederung													
Material auswerten / Gliederung erarbeiten													
Erste Version verfassen													
Erstfassung überarbeiten													
Mehrfaches Überarbeiten bis zur Druckfassung													
Drucken / Binden													

Quelle: Rossig/Prätsch (2006, S. 51); modifiziert.

Abb. 52: Schema zur Kalkulation der verfügbaren Arbeitszeit
(in Tagen)

	Woche												
	1	2	3	4	5	6	7	8	9	10	11	12	13
Arbeitstage (brutto)	7	7	7	7	7	7	7	7	7	7	7	7	7
Sonntag													
Feiertag													
Verpflichtungen an der Hochschule (z.B. Vorlesungen)													
Arbeit / Nebenjob													
Freizeit													
Arbeitstage (netto)													

Quelle: Rossig/Prätsch (2006, S. 52); modifiziert.

Literatur

Backhaus, K.; Erichson, B.; Plinke, W.; Weiber, R. (2006): Multivariate Analysemethoden: Eine anwendungsorientierte Einführung, 11. Aufl. Berlin 2006.

Becker, F. G. (2006): Zitat und Manuskript: Eine praktische Arbeitshilfe zur Erstellung von wirtschaftswissenschaftlichen Arbeiten, in: https://www.schaeffer-poeschel.de/index.php?mod=zitat&menu=2 (Stand: 2. September 2006).

Berger, M.; Uhlmann, L. (1985): Auslandsinvestitionen kleiner und mittlerer Unternehmen, Berlin 1985.

Brühl, R. (2006): Abduktion und Induktion in wissenschaftlichen Untersuchungen, in: Wirtschaftswissenschaftliches Studium, 35.Jg. (2006), Nr.4, S. 182–186.

Dichtl, E. (1996): Deutsch für Ökonomen: Lehrbeispiele für Sprachbeflissene, München 1996.

Disterer, G. (2007): Studienarbeiten schreiben: Seminar-, Bachelor-, Master- und Diplomarbeiten in den Wirtschaftswissenschaften, 4. Aufl., Berlin u.a. 2007.

Esselborn-Krumbiegel, H. (2008): Von der Idee zum Text: Eine Anleitung zum wissenschaftlichen Schreiben, 3. Aufl., Paderborn 2008.

Gemünden, H. G. (1991): Success Factors of Export Marketing: A Meta-analytic Critique of the Empirical Studies, in: Paliwoda, S. J. (Ed.): New Perspectives on International Marketing, London 1991, pp. 33–62.

Hammann, P.; Erichson, B. (2000): Marktforschung, 4. Aufl., Stuttgart 2000.

Hennig-Thurau, T.; Walsh, G.; Schrader, U. (2004): VHB-JOURQUAL: Ein Ranking von betriebswirtschaftlich-relevanten Zeitschriften auf der Grundlage von Expertenurteilen, in: Zeitschrift für betriebswirtschaftliche Forschung, 56. Jg. (2004), S. 520–543.

Hennig-Thurau, T.; Walsh, G.; Schrader, U. (2007): VHB-JOURQUAL: Ein Ranking von betriebswirtschaftlich relevanten Zeitschriften auf der Grundlage von Urteilen der VHB-Mitglieder, in: http://pbwi2www.uni-paderborn.de/WWW/VHB/VHB-Online.nsf/id/88073FF9B3B52370C12 5705F002D511E (Stand: 17.08.2007).

Kornmeier, M. (2004): Entsendungsbereitschaft von Studierenden: Ergebnisse einer empirischen Studie, in: Studium Duale: Jahrbuch der Berufsakademie Mannheim 2003, Nr. 9, Mannheim 2004, S. 101–110.

Kornmeier, M. (2007): Wissenschaftstheorie und wissenschaftliches Arbeiten: Eine Einführung für Wirtschaftswissenschaftler, Heidelberg 2007.

Kornmeier, M.; Schneider, W. (2006): Balanced Management: Toolbox für erfolgreiche Unternehmensführung, Berlin 2006.

Kutschker, M.; Schmid, S. (2006): Internationales Management, 5. Aufl., München u.a. 2006.

Lingnau, V. (1995): Kritischer Rationalismus und Betriebswirtschaftslehre, in: Wirtschaftswissenschaftliches Studium, 24.Jg. (1995), Nr. 3, S. 124–129.

Manekeller, W. (2003): Auf den Punkt gebracht: Gekonnt und unmissverständlich formulieren, Wien 2003.

Müller, S.; Kornmeier, M. (2000): Internationale Wettbewerbsfähigkeit: Irrungen und Wirrungen der Standort-Diskussion, München 2000.

Müller, S.; Kornmeier, M. (2002): Strategisches Internationales Management: Internationalisierung der Unternehmenstätigkeit, München 2002.

Nienhüser, W.; Magnus, M. (2003): Die wissenschaftliche Bearbeitung personalwirtschaftlicher Problemstellungen: Eine Einführung, Essener Beiträge zur Personalforschung Nr.2/2003, Fachbereich Wirtschaftswissenschaften Universität Duisburg–Essen, Essen 2003.

Nieschlag, R.; Dichtl, E.; Hörschgen, H. (2002): Marketing, 19. Aufl., Berlin 2002.

Pausenberger, E.; Nöcker, R. (2000): Kooperative Formen der Auslandsmarktbearbeitung, in: Zeitschrift für betriebswirtschaftliche Forschung, 52.Jg. (2000), Juni, S. 393–412.

Popper, K. (1987): Gegen die großen Worte, in: Popper, K. (Hrsg.): Auf der Suche nach einer besseren Welt, München 1987, S. 99–113.

Popper, K. R. (1994): Logik der Forschung, 10. Aufl., Tübingen 1994.

Rossig, W. E.; Prätsch, J. (2006): Wissenschaftliche Arbeiten: Leitfaden für Haus- und Seminararbeiten, Bachelor- und Magisterthesis, Diplom- und Magisterarbeiten, Dissertationen, 6. Aufl., Weyhe 2006.

Schneider, W. (2001): Deutsch für Profis: Wege zu gutem Stil, 12. Aufl., München 2001.

Schneider, W. (2006): Deutsch für Kenner: Die neue Stilkunde, 3. Aufl., München u.a. 2006.

Schneider, W.; Kornmeier, M. (2006): Kundenzufriedenheit: Konzept, Messung, Management, Bern 2006.

Sick, B. (2004): Der Dativ ist dem Genitiv sein Tod: Ein Wegweiser durch den Irrgarten der deutschen Sprache, 10. Aufl., Köln 2004.

Sick, B. (2005): Der Dativ ist dem Genitiv sein Tod: Neues aus dem Irrgarten der deutschen Sprache (Folge 2), 1. Aufl., Köln 2005.

Sick, B. (2007): Der Dativ ist dem Genitiv sein Tod: Noch mehr Neues aus dem Irrgarten der deutschen Sprache (Folge 3), 5. Aufl., Köln 2007.

Spandl, O. P. (1977): Methodik und Praxis der geistigen Arbeit: Beispiele und Anleitungen für schriftliche Arbeiten und Vorträge, 4. Aufl., München 1977.

Theisen, M. R. (2006): Wissenschaftliches Arbeiten: Technik, Methodik, Form, 13. Aufl., München 2006.

Tomczak, T. (1992): Forschungsmethoden in der Marketingwissenschaft: Ein Plädoyer für den qualitativen Forschungsansatz, in: Marketing·ZFP, 14.Jg. (1992), S. 77–87.

Von Reibnitz, U. (1987): Szenarien: Optionen für die Zukunft, Hamburg u.a. 1987.

Wind, Y. (1982): Product-Policy: Concepts, Methods and Strategy, Reading/MA 1982.

Winter, S. (2005): Mitarbeiterzufriedenheit und Kundenzufriedenheit: Eine mehrebenenanalytische Untersuchung der Zusammenhänge auf Basis multidimensionaler Zufriedenheitsmessung, Diss., Universität Mannheim, Mannheim 2005.

Zelazny, G. (2003): Wie aus Zahlen Bilder werden: Der Weg zur visuellen Kommunikation, 5. Aufl., Nachdruck, Wiesbaden 2003.

Index

Dieter Euler / Angela Hahn

Wirtschaftsdidaktik

Uni-Taschenbücher (UTB) – mittlere Reihe. Band 2525
2., aktualisierte Auflage 2007. 588 Seiten, 122 Abbildungen,
26 Übersichten, kartoniert
CHF 49.90 / EUR 29.90
ISBN 978-3-8252-2525-4

Ein umfassendes Lehrbuch zur Wirtschaftsdidaktik. Neben den klassischen Fragestellungen (z.B. didaktische Modelle, lernpsychologische Grundlagen, Lehrmethoden, Unterrichtsplanung) werden auch die »überfachlichen« Handlungskompetenzen und Schlüsselqualifikationen wie Sozial- und Selbstlernkompetenzen ausführlich behandelt. Dabei rücken die Verfasserin und der Verfasser durchgehend die wechselseitigen Bezüge von Theorie und Praxis ins Zentrum. So wird in den Kapiteln durchgängig darauf geachtet, dass theoretische Systematisierungen in praktische Beispiele bzw. Fälle übertragen, andererseits praxisbezogene Ausführungen immer wieder auf theoretische Grundlagen zurückgeführt werden. – Mit zahlreichen Übungsaufgaben.

: Haupt **Haupt Verlag** Bern • Stuttgart • Wien
verlag@haupt.ch • www.haupt.ch

Jussi Baade / Antje Schlottmann /
Holger M. Gertel

Wissenschaftlich arbeiten

Ein Leitfaden für Studierende der Geographie

Uni-Taschenbücher (UTB) – mittlere Reihe. Band 2630
2005. 236 Seiten, 30 Abbildungen, kartoniert
CHF 34.– / EUR 18.90
ISBN 978-3-8252-2630-5

Wer heute studieren will, muss effizient sein und selbständig arbeiten können. Dabei gilt es, sowohl inhaltlichen als auch formalen Anforderungen gerecht zu werden. Dieses Buch bietet eine umfassende, leicht verständliche Anleitung für das wissenschaftliche Arbeiten. Es thematisiert den Umgang mit Literatur, die Gestaltung von schriftlichen Arbeiten und verschiedene Präsentationstechniken. Mit Tipps, Anregungen, vielen Beispielen und weiterführenden Literaturangaben ist das Buch ein verlässlicher Begleiter für Studierende (nicht nur) der Geographie – vom ersten Referat bis zur Abschlussarbeit.

⋮ Haupt **Haupt Verlag** Bern · Stuttgart · Wien
verlag@haupt.ch · www.haupt.ch

Ulrich Albertshauser

Kompaktlehrbuch Makroökonomie, Wirtschaftspolitik, moderne Verwaltung

Uni-Taschenbücher (UTB) – mittlere Reihe. Band 2928
2007. 456 Seiten, 107 Abbildungen, kartoniert
CHF 48.90 / EUR 27.90
ISBN 978-3-8252-2928-3

Das erste VWL-Kompaktlehrbuch, das Institutionenökonomie und Verwaltungswissenschaften miteinbezieht: Erstmals wird eine Einführung in die Volkswirtschaftslehre um institutionenökonomische und verwaltungswissenschaftliche Fragestellungen erweitert. Das Buch behandelt in einer komprimierten und in sich geschlossenen Zusammenschau die Gebiete der volkswirtschaftlichen Theorie, der praktischen Wirtschaftspolitik und der aktuellen Verwaltungsmodernisierung. Es eröffnet einen verständlichen Zugang zu den komplexen Zusammenhängen von Mikro- und Makroökonomie und erstmals auch der Neuen Politischen Ökonomie. Dieses Lehrbuch ist für Studierende der Volkswirtschafts- und Betriebswirtschaftslehre, der Politik- und der Verwaltungswissenschaften gleichermaßen unverzichtbar.

: Haupt **Haupt Verlag** Bern · Stuttgart · Wien
verlag@haupt.ch · www.haupt.ch

Siegfried von Känel

Kostenrechnung
und Controlling

Grundlagen, Anwendungen, Excel-Tools

Siegfried von Känel
Kostenrechnung
und Controlling
Grundlagen, Anwendungen,
Excel-Tools

Haupt UTB

Uni-Taschenbücher (UTB) – mittlere Reihe. Band 3151
2008. XX + 483 Seiten, 102 Abb., 60 Tabellen, kartoniert
CHF 59.– / EUR 34.90
ISBN 978-3-8252-3151-4

Dieses Lehrbuch deckt den prüfungsrelevanten Lehrinhalt des Fachgebiets in BWL-Studiengängen voll ab. Es bietet erstmals graphische und mathematische Modellbildungen zum Betriebsprozess als Einheit von Leistungs- und Kostenverursachungsprozess und zeigt die Verbindung mit dem Controlling auf. Die Lernsoftware auf der beiligenden CD bietet viele EXCEL-basierte Fallbeispiele, Übungen und Tools sowie Zugriff zu einem Glossar, zu wichtigen Internet-Adressen, zu PowerPoint-Präsentationen u.a.m.

: Haupt **Haupt Verlag** Bern · Stuttgart · Wien

verlag@haupt.ch · www.haupt.ch

William Ellet

Das Fallstudien-Handbuch der Harvard Business School Press

Business-Cases entwickeln und erfolgreich auswerten

2008. 345 Seiten, 35 Abb. und 33 Arbeitsvorlagen, kartoniert
CHF 48.– / EUR 29.90
ISBN 978-3-258-07327-9

Um erfolgreich Management-Studiengänge zu absolvieren, muß man souverän mit Fallstudien umgehen können. Wer sich an Fallstudien ohne das nötige Rüstzeug heranwagt, verschwendet Zeit oder zieht irrige Schlussfolgerungen. Dieses umfassende Handbuch erläutert anhand ausgewählter Fälle aus der Harvard Business School alle Methoden und Techniken, die man für Business Cases kennen muss:
– Wie man die Ausgangslage einer Fallstudie erkennt
– Wie man angemessene Problemlösungs-, Entscheidungsfindungs- oder Bewertungs-Tools einsetzt
– Wie man schnell eine Wissensbasis über den Fall aufbaut
– Wie man sich in der Gruppendiskussion fundiert über Fallstudien äußert
– Wie man selber überzeugende Fallstudien entwickelt

Das Handbuch bietet nicht nur Strategien, sondern auch die nötigen Vorlagen und Beispiele zur direkten Anwendung der Fallstudien-Methode.
William Ellet ist Herausgeber der Training Media Review, einer führenden amerikanischen Fachzeitschrift für BWL- und Management-Didaktik. Als Dozent der Harvard Business School lehrt er Studenten der berühmten Harvard-MBA-Programme seit über 12 Jahren, wie man mit Business Cases erfolgreich ist.

 **Haupt** **Haupt Verlag** Bern • Stuttgart • Wien
verlag@haupt.ch • www.haupt.ch